KB189403

무함마드에 대한 우리의 오만과 편견에 관하여

이슬람교를 위한 변명

종교문해력 총서 4 이슬람교

무함마드에 대한 우리의 오만과 편견에 관하여

이슬람교를 위한 변명

박현도 지음

불광출판사

이제 종교문해력이다

인류 문명사에서 오랜 기간 종교는 삶의 나침반이었고, 절망의 시간에는 희망의 등불이었습니다. 그러나 오늘날과 같은 다원화된 세계, 다양한 문제들이 등장하는 시대에 종교의 역할은 제한적일 수밖에 없습니다. 과학과 인문적 지식으로 계몽된 세계에서 사람들은 종교가 개인과 사회의 모든 문제에 답을 줄 수 있다고 기대하지 않습니다. 종교에 대한 믿음의 방식과 내용에도 적지 않은 변화가 일어나고 있습니다. 오늘날 종교는 더 이상 초자연적 신(神)이나 '절대자'에 대한 믿음에만 국한되는 것이 아니며, 종교적 가르침은 세속에서의 '좋은 삶' 곧 개인과 공동체의 안녕과 행복이라는 가치의 문제로 전환되고 있습니다.

전통적 종교관의 변화와 함께 최근 10여 년간 '종교를 믿는' 신자(信者)의 숫자도 급감하고 있습니다. 이른바 '탈종교 현상'입니다. 이를 두고 일부 학자들은 '종교 없는 삶', '신(神) 없는 사회'를 섣부르게 예견하기도 합니다. 그렇지만 탈(脫)종교, '종교를 떠난다'는 것이 곧 유물론적 세계관으로의 전환이거나 물질적 욕망만을 추구하는 삶으로 향한다는 것은 아닐 것입니다. 소수의 유물론자를 제외하고 대부분의 사람들은 여전히 물질적 세계 너머의 가치를 지향하고, 삶의 의미와 목적, 궁극의 진리에 관심을 가지고 있습니다. 어떤 사람들은 자신의 종교 '안'에서 또 다른 사람들은 종교 '밖'에서 나름의 방식으로 진정한 삶의 의미와 실천적 지혜를 찾고자 합니다. 소위 종교를 믿지는 않지만 영적인 삶을 추구하는 SBNR(Spiritual But Not Religious)의 등장은 오늘날 달라진 종교지형의 한 모습입니다. 오랫동안 견고하게만 여겨지던 종교 간의 칸막이, 종교의 '안'과 '밖'의 구분이 퇴색하고 그 의미가 달라지고 있습니다. 지금 우리가 맞고 있는 문명사적 전환은 종교에 대해 이전과는 다른, 새로운 이해를 요청하고 있습니다.

이러한 시대적 배경과 문제의식으로 종교문해력 총서를 발간했습니다. 2022년 5월을 기점으로 다섯 번의 기획회의를 거쳐 다음과 같이 집필의 방향을 정했습니다.

- 각 종교 창시자의 삶을 중심으로 그분들이 고민했던 인생의 근본 문제를 중심으로 한다.
- '또 하나의 개론서'가 되어서는 안 되며, 오늘날 시대가 직면하고 있는 문제들, 특히 탈종교 현상 그리고 기후변화와 팬데믹 등 문명 전환에 대한 시대적 문제의식을 바탕으로 각 종교 전통 고유의 해법과 방향을 제시한다.
- 전통적 의미의 신자/신도만이 아니라 이웃 종교인 그리고 종교에 관한 인문적·영성적 관심이 있는 일반 독자(SBNR, Spiritual But Not

Religious)를 주요 독자로 염두하고 내용을 집
필한다.

이상의 집필 방향은 자신이 믿는 종교에 관한 '이해'는 물론
이웃종교와 종교 일반에 관한 이해를 제고하는데 초점이 맞
추어져 있습니다. 곧 종교를 '믿음'의 문제로서만이 아니라
'이해'의 문제로 인식하는 종교문해력의 관점에서 본 총서를
기획, 집필했습니다.

오늘날 사회 여러 부문에서 통용되고 있는 문해력(文解
力, literacy)이란 글을 아는 능력을 넘어 그 의미를 이해하고 활
용하는 능력을 뜻합니다. 그런 점에서 종교문해력이란 종교
를 단지 '믿음'의 문제로서만이 아니라 이성적 '이해'의 문제
로 인식하는 능력을 뜻합니다. 지난 2023년 3월 넷플릭스에
서 방영된 8부작 다큐멘터리 〈나는 신이다〉와 같은 경우는 사
이비 교주의 사악한 행태에서 비롯된 극단적 예이긴 하지만,
이성적 이해가 부족한 맹목적 믿음의 결과를 잘 보여주고 있
습니다. 종교문해력이 강조하는 비판적 성찰과 모색의 힘은
올바른 종교의 선택과 바른 신행의 지향점을 제공해 줄 수 있
습니다.

또한 종교문해력은 이웃종교 나아가 비종교인 그리고
우리 사회의 다른 부문과의 소통역량을 더욱 키울 수 있게 해

줍니다. 자신의 종교를 '객관적'으로 설명하고, 다른 종교와 세계관을 이해하는 기반이 되기 때문입니다. 종교문해력이 요청하는 '이해'와 활용의 능력은 다원적 사회를 살아가는 오늘날 불필요한 종교 간 긴장과 갈등을 해소하고 종교 간 대화를 촉진하는 것은 물론 사회적 공동선을 위해 함께 협력하고 연대하는 원동력이 될 수 있습니다.

종교문해력은 단지 종교인들에게만 요청되는 것은 아닙니다. 다양성과 다원성을 기반으로 하는 현대 사회에서 요청되는 필수적 과제이기도 합니다. 최근 사회문제가 되는 무슬림 차별과 혐오 현상은 이슬람에 대한 우리 사회의 무지를 단적으로 보여주고 있습니다. 문화 다양성에 관한 이해는 겉으로 드러나는 피부색이나 언어 그리고 음식이나 의상에 한정되는 것은 아닙니다. 세계관과 가치관의 바탕이 되는 종교에 관한 이해가 다른 문화를 이해하는 핵심이라고 할 수 있습니다. 밖으로 해외와의 교류가 더욱 확장되고, 안으로 해외 이주민의 유입이 지속적으로 증가할 것으로 예상되는 지금, 종교문해력은 우리 사회의 세계시민 의식과 공동체의 평화를 만들어 가는데 필수적인 시민역량이라고 할 수 있습니다.

종교학을 비롯해 불교, 기독교, 이슬람 그리고 원불교에 관한 다섯 권 각각의 책은 탈종교, 다종교 그리고 초종교라고 하는 시대적 요청에 따른 새로운 입문서의 역할을 자임하고 있습니다. 본 총서를 통해 우리 사회에서 종교 일반을 비롯한 불교, 기독교, 원불교 그리고 이슬람에 관한 이해가 한층 더 깊어지길 간절하게 바랍니다.

다섯 차례의 기획회의, 그 외 수시로 가졌던 회의를 통해 지혜를 나누어주신 다섯 분의 필자들께도 심심한 감사의 말씀을 드립니다. 발간사의 내용이 잘못된 것이 있다면 그것은 오로지 제 이해의 부족일 따름입니다.

한 종교가 아니라 여러 종교 전통의 책을 총서로 묶어 출판하는 일은 선례가 없던 일입니다. 어려운 출판시장에도 불구하고 이를 선뜻 맡아주신 불광출판사 류지호 대표님께 감사드립니다. 그리고 다섯 종의 원고를 꼼꼼히 읽고, 필자들과 교신하면서 좋은 책 출간을 위해 많은 수고를 하신 불광출판사 편집부에도 감사의 말씀을 전합니다.

끝으로 총서 발간을 위한 재정적 지원을 해주신 재단법인 플라톤 아카데미에 감사드립니다. 특히 우리 사회 모두의 '행복'과 '영적 성장'이라는 큰 뜻을 세우고, 인문학을 비롯한 관련 분야의 연구과 사회적 확산을 위해 재정적 지원은 물론 여러 사람들의 동참을 이끌어 오신 최창원 이사장님께 깊이 감사드립니다.

조성택(마인드랩 이사장)

무함마드
문맹 탈출기

믿는 사람의 수로 보면 이른바 세계 대종교 관련 종교인 중에서 이슬람교의 예언자 무함마드보다 욕을 더 많이 먹는 사람을 찾아보기는 힘들다. 간질 환자, 여성 편력자, 유아성애자, 전쟁광, 이단 등 특별히 무슬림(Muslim, 이슬람교를 따르는 사람) 세계와 가까운 곳에서 살며 교류가 잦았던 서구 그리스도교 세계에서는 무함마드를 끊임없이 나쁜 인간으로 묘사했다.

2006년 9월 12일 교황 베네딕토 16세는 '신앙, 이성과 대학'이라는 제목의 독일 레겐스부르크 대학 특별강연에서 서구 그리스도교 신앙은 이성이라는 튼튼한 토대 위에 자리 잡고 있다고 강조했다. 그런데 신앙과 이성의 관계를 설명하기 위해 강연 도입부에 1391년경 페르시아 출신 무슬림에게 마누엘 2세 팔레올로고스 동로마 황제가 한 말인 "무함마드가 가져왔다는 새로운 것을 내게 보여 봐라. 그러면 칼로 신앙을 전파하라는 명령과 같이 악하고 비인간적인 것들만 보게 되리라"를 인용했다가 호된 곤욕을 치렀다.

황제에 따르면 하느님은 피 흘리는 것을 싫어하고, 무력을 쓰는 것은 비이성적인 행동으로 하느님의 본질에 어긋난다. 신앙은 육체가 아니라 영혼에서 나오기에 목숨을 위협하는 무력적 방법을 쓰지 않고 이성적인 방식으로 전파해야 한다는 것이다. 1071년 제국의 동쪽 끝 만지케르트[Mazikert, 오늘날 튀르키예의 말라즈기르트(Malazgirt)]에서 튀르크 무슬림군에 결정적 패배를 당한 이래 끊임없이 군사적 위협을 느끼고 있던 동로마 제국은 이슬람 신앙을 과격하고 비이성적이며 야만스럽다고 느꼈을 것이다. 이슬람과 달리 제국의 국교인 그리스도교를 이성적이고 문화적인 신앙 전통으로 여겼음은 두말할 필요조차 없다.

교황 베네딕토 16세가 신앙과 이성의 관계를 쉽게 풀어 설명하고자 동로마 황제의 발언을 인용한 것은 이해할 수도 있지만, 굳이 논란이 될만한 반이슬람 발언을 거론할 필요가 있었을까? 교황 자신은 이슬람을 폄훼할 의도가 없다고 거듭 주장하며 불필요한 오해가 생긴 점에 유감을 표명하는 등 적극적으로 나섰다. 발언 전문을 찬찬히 읽어보면 이슬람을 욕하고자 하려 한 의도가 없었다는 교황의 말을 이해할 수는 있지만, 부적절한 인용문을 사용하여 불필요한 논쟁을 불러일으켰다는 인상은 쉽게 지울 수 없다. 그리스도교 신앙 전통 내에서 벌어진 일을 인용하는 것이 훨씬 더 자연스러웠을 것이다.

안타깝게도 교황의 거듭된 해명에도 무슬림의 분노와 실망은 쉽게 가라앉지 않았다. 발언 이후 튀르키예의 이슬람 성원을 방문하여 무슬림과 함께 기도하며 화해와 평화의 뜻을 보였음에도, 교황을 바라보는 눈은 따뜻하지 않았다. 교황 자신은 동로마 황제의 말을 절대 지지하지 않는다고 하였지만, 교황이 반이슬람적이라 그런 인용문을 사용했다고 믿는 무슬림이 적지 않았다. 심지어 친미, 친이스라엘, 반이슬람 정서를 완벽하게 보여 주었다는 정치적 주장마저 터져 나왔다.

교황의 진의를 둘러싼 논란은 이슬람 신앙 전통에 속하는 사람들이 서구를 얼마나 불신하는지 적나라하게 보여 주었다. 현대 무슬림은 근대 서구의 이슬람 문화권 식민 지배와 오늘날 미국의 중동 무슬림 국가 지배 정책 등을 중세 십자군 전쟁의 연속선상에 놓고 보는 경향이 있다. 그리스도교 서구가 중세부터 계속해서 이슬람 신앙 문화권을 침탈하고 짓밟는다고 생각하기에 교황의 특별강연 파장이 컸다. 한 걸음 더 나아가 교황의 인용문을 대하는 무슬림의 태도는 이슬람 종교 전통의 이상과 현실 사이의 괴리를 냉혹하게 드러낸다.

단언하건대, 이슬람이 폭력적인 종교 전통이라고 믿는 무슬림은 단 한 명도 없을 것이다. 그러나 지난 1,400년 이슬람 역사는 이러한 무슬림의 이상적 믿음과 어긋나는 현실을 보여 준 것 또한 사실이다. 경제적 측면을 고려하여 피정복민을 대체로 관대하게 다스리긴 했지만, 무슬림 군대가 정복 전쟁을 한 것은 엄연한 사실이다. 같은 이슬람 신앙을 고백하는 무슬림이라도 표현을 문제 삼아 이교도로 낙인찍어 잔인하게 죽이기도 했다. 엄밀한 역사적 관점에서 보면 교황이 인용한 동로마 황제의 반이슬람적 발언이 듣기에는 불편하지만, 과장되거나 완전히 틀린 것은 아니다. 이슬람은 폭력을 가르치진 않지만, 무슬림은 폭력을 사용해서 정복 전쟁을 수행했기 때문이다.

그러나 이슬람 역사에는 동로마 황제의 반이슬람적 발언을 무색하게 만드는 사건도 있음을 기억해야 한다. 1690년 이슬람 문화권을 대표하는 오스만 제국이 그리스도교 문화권의 오스트리아 합스부르크 왕가와 전쟁을 벌일 때 어느 수피(Sufi, 신비주의 영성가) 무슬림은 오스만 제국 군인들에게 "바보 같은 사람들! 왜 중요하지도 않은 것에 목숨을 바치는가! 가여운 사람들! 성스러운 전쟁과 순교의 미덕은 말도 안 되네. 오스만 황제는 궁전에서 즐거움을 누리고, 프랑크 왕은 향락에 빠져 있는데, 왜 여기 산 정상에서 목숨 바쳐 싸우려 하는지 나는 진정 모르겠네"라고 말했다.

종교적 이상과 현실 사이의 다양한 변주곡은 비단 이슬람에만 한정되진 않는다. 동로마 황제는 "칼로 신앙을 전파하는 것은 비이성적이요, 신께서 원하시는 것이 아니"라고 주장하며 이슬람을 비난했지만, 교황이 속한 그리스도교 전통 역시 비이성적이고 신이 원하지 않는 방식으로 신앙을 퍼뜨린 죄에서 절대 자유롭지 못하다. 1095년 클레르몽 공의회에서 "신이 원하신다"고 외치면서 십자군 전쟁을 시작한 사람은 바로 다름 아닌 교황 우르바노 2세였다. 성인으로 추앙받는 클

래르보의 성 베르나르는 2차 십자군 직전 성전을 재촉하며 이렇게 말했다.

"불신자를 죽이는 그리스도인은 보상을 확실히 받을 것이고, 순교하는 자는 더 확실한 보답을 받을 것이다. 그리스도인의 영광은 이교도의 죽음에 있다. 그리스도께서 영광을 받으시기 때문이다."

종교적 이상과 현실의 차이는 무서우리만치 냉혹하고 크며, 다양한 주파수를 지니고 있다. 이슬람과 그리스도 신앙 전통의 이상은 고귀하고, 아름답고, 평화롭고, 지극히 거룩하다. 그러나 그 전통에서 살아 숨 쉰 신앙인이 만든 현실은 이상과 동떨어져 온전하지 못하다. 생각이 여기까지 이르면 신앙인이 해야 할 일이 의외로 단순 명백하다. 역사적 사실을 있는 그대로 인정하자!

무슬림은 지난 1,400년 동안 7세기 아라비아에서 유복자로 태어나 고아로 가난하게 살다 예언자가 된 무함마드의 삶에서 끊임없이 인생의 길을 묻고 찾았다. 그런데 무슬림이 아닌 우리는 이슬람을 줄기차게 비난하기에 바빠 이러한 사실에 관심을 기울일 줄 몰랐다. 이슬람의 경전 『꾸란』은 무함마드가 무슬림이 따라야 할 모범이라고 가르친다.

하나님의 사도는 하나님과 최후의 날을 소망하

고, 하나님을 자주 기억하는 사람들에게 훌륭한
모범이라.

(『꾸란』33장 21절)

무함마드는 1,400년 전에 죽었지만, 무슬림 삶의 지표로 여전히 생생하게 살아 있다. 이 책은 바로 가장 이상적인 인간으로 모든 무슬림의 마음속에 보석처럼 빛나는 무함마드와 무함마드가 전한 이슬람을 21세기 한국이라는 시간과 공간에서 이해하는 작업의 산물이다. 무슬림이 소중하게 여긴 무함마드가 남긴 이슬람 신앙과 종교문화는 오늘날 어떤 의미가 있고, 어떻게 이해해야 우리가 종교 문맹을 벗어날 수 있는지 고민하며 무슬림과 이웃으로 함께 잘 살아갈 수 있는 길을 보여 주려는 마음을 담았다.

알라·하나님·하느님 표기에 관하여

이슬람 신앙 전통을 설명하는 글을 쓸 때마다 이슬람의 신 이름과 아랍어 표기가 가장 고민스럽다. 모두 다 알다시피 이슬람 신앙을 따르는 무슬림은 신을 아랍어를 써서 '알라(Allah)'라고 한다. 무슬림 설명에 따르면, '알라'는 '알일라(Al-Ilah)'의 축약형이다. 발음하기 좋게 알일라가 알라가 되었다고 한다. '알'은 영어의 '더(the)'와 같은 정관사로 '그'라는 뜻이고, '일라'는 '신(神)'을 가리키니, 알일라의 준말인 알라는 '그 신'이다.

한국 이슬람교에서 순니파는 알라를 하나님으로 번역한다. 그런데 시아파 무슬림은 하나님보다 하느님을 선호한다. 이슬람교에서는 알라가 99가지 속성을 가지고 있다고 가르친다. 그런데 알라는 "하나이시다, 한 분이시다"라는 뜻의 하나가 99가지 속성 중 하나다. 하나가 속성 중 하나인데, 알라를 하나님이라고 하는 것은 문제가 있기에 하나님보다는 하느님이 더 낫다고 본다.

무슬림은 자신들이 따르는 알라가 유대인과 그리스도인이 믿는 신이라고 한다. 유대인이나 그리스도인이 이를 인정하지 않더라도 무슬림은 그렇게 여긴다. 그런데 한국 그리스도교 전통에서는 유일신의 명칭이 하느님과 하나님으로 갈라진다. 가톨릭은 하느님, 개신교는 하나님이다. 필자의 고

아랍어로 쓴 알라

민이 여기에 있다. 알라를 그냥 쓸까? 아니면 하느님이나 하나님으로 쓸까? 어떤 이름을 쓰든 문제가 있다. 알라로 쓰면, 한국인에게는 낯설다. 더욱이 이슬람의 알라가 유대교나 그리스도교의 유일신과 같다는 뜻을 잘 전달하기 어렵다. 그렇다고 하느님이나 하나님으로 써도 문제다. 둘 다 병행해서 쓰기는 더 어렵다. 결국 며칠 동안 고민 끝에 하나님으로 쓰기로 했다. 한국 이슬람교의 주류인 순니파에서 하나님을 쓰고 있는 현실을 받아들였다.

두 번째 문제는 아랍어 음사다. 우리에게 잘 알려진 십자군 시대 무슬림의 영웅 '살라딘(Saladin)'의 아랍어를 그대로 풀어쓰면 '살라흐 알딘(Salah al-Din)'이다. 그런데 이렇게 말하는 사람은 없다. '살라훗딘(Salahuddin)'이 정답이다. 신라라고 쓰고 실라로 발음하는 것과 다를 바 없다. 그래도 신라와 실라보다 살라흐 알딘과 살라훗딘의 차이가 너무 크다. 무슬림이 들어도 이상하지 않도록 가능한 현실의 발음대로 실라처럼 음사하고, 로마자 표기는 신라에 맞게 했다. 장음이나 특수 문자 표기는 과감히 생략했다.

알라와 아랍어 표기 외에도 이 글 전체에 생소한 용어가 적지 않다. 그러한 말은 이해가 쉽도록 본문 내에서 설명하되 자세한 해설이 필요하면 각주로 처리했다.

목차

발간사   이제 종교문해력이다   006
들어가는 글   무함마드 문맹 탈출기   012
     알라·하나님·하느님 표기에 관하여   020

1장 무함마드의 삶   예언자가 되기 전 무함마드   026
     종교 생활   032
     꾸란   041
     도전과 비판   052
     유혹과 반성   064
     메디나 이주와 죽음   068

2장 무함마드를 이어서   정통 칼리파   082
     순니와 시아   094
     순니도 시아도 아닌 이바디   108
     시아파 알라위(Alawi)   115

3장 무함마드를 따라서   법관이 되기 싫었던 법학자들   126
     세상을 조심하시오: 하산 알바스리   132
     지옥의 불은 끄고 천국은 불 지르고: 라비아   137
     사랑하는 분에게는 끝이 없어요: 두운눈   143
     함빡 취하고 싶습니다: 무아드와 바예지드   149
     나는 하나님이다: 할라즈   154
     불신자라 불러다오: 주나이드   160
     가장 비천한 피조물입니다: 시블리   165
     모스크여, 사라져라: 아부 알카이르   171
     지금 애착을 끊지 않으면
     언제 끊을 것인가: 가잘리   177
     혀를 조심하라: 가잘리   186

	우상숭배를 버려라: 질라니	**192**
	천사와 술을 마시네: 하페즈	**198**
4장 무함마드와 이슬람 이해하기	인간 무함마드는 하나님의 사도이다	**204**
	글을 모르는 예언자	**209**
	이슬람법	**215**
	정결례	**224**
	예언자의 얼굴	**229**
	무함마드 곰 인형	**235**
	스위스 첨탑 논란	**242**
	자살	**248**
	예배와 헌금	**252**
	이슬람의 13교리	**257**
	예언자의 결혼 스캔들	**270**
	무슬림 세계의 여성 지도자	**277**
	여자는 남자의 반(半)	**288**
	무슬림의 시간: 이슬람력	**293**
	라마단	**305**
	우리말 속의 이슬람: 세계의 중심 메카	**312**
	할랄과 하람	**320**
	이자를 금하라	**328**
	예루살렘: 무슬림의 성지 알하람 앗샤리프	**336**
	40	**352**
5장 현대 무슬림 이해하기: 이슬람 근본주의와 탈레반	무슬림 세계는 왜 뒤처졌는가	**360**
	무슬림형제단	**367**
	아프가니스탄의 괴물들	**372**
	근본주의의 지향점과 문제점	**376**
나가는 글	비무슬림의 이슬람 설명서	**380**
부록	이슬람 종파 구조도	**386**
	시아파 구조도	**388**

우리는 그대를 복음의
전달자요 경고자로 보냈다.

(『꾸란』 17장 105절)

1장

무함마드의
삶

예언자가 되기 전 무함마드

무함마드는 이슬람의 여러 전통 중에서도 특히 수피(Sufi, 신비주의 영성가) 전통에서 영적으로나 형이상학적으로 가장 완벽한 존재다. 무함마드는 하나님이 천지창조 이전에 우주 만물 중 가장 먼저 창조한 존재다. '세상 이전에 먼저 존재했다'는 뜻에서 '선재(先在, Pre-Existence)'라고 한다.

하나님은 세상 창조 이전에 가장 먼저 무함마드의 빛(Light of Muhammad, 누르 무함마디, Nur Muhammadi)을 만들었고, 세상 만물이 여기에서 나온다. 하나님은 "나는 숨겨진 보물, 알려지길 원하여 세상을 창조하였다"라고 하면서, 무함마드가 아니었다면 "세상을 창조하지 않았을 것이다"라고까지 한다.

13세기 시인 유누스 에므레(Yunus Emre, 1238~1328)는 하나

아랍어로 쓴 무함마드

님이 세상 이전에 무함마드를 창조했음을 시로 표현한다. "나는 나의 빛으로 그를 창조하였다. 어제도 오늘도 그를 사랑한다. 그가 없는 세상에서 무엇을 할까? 나의 무함마드, 광명의 아흐마드여!" 또 다른 수피는 무함마드의 빛을 두고, "이는 하나님의 빛, 예언자에게 들어갔네. 마치 달빛이 햇빛에서 나오는 것처럼"이라고 표현했다.

　세상은 하나님이 만족하길 바라지만, 하나님은 무함마드가 만족하길 바라며, 이러한 하나님은 당신의 영원한 고독을 알리고 사랑받고자 무함마드를 하나님의 빛과 아름다움을 비추는 거울로 창조했고, 무함마드에게서 사랑에 가득 찬 하나님 자신을 발견한다. 그리하여 급기야 무함마드는 "나를 본 사람은 신을 본 것이다"라는 말을 했다고 전해진다. 무함마드가 신적 아름다움을 비추는 완벽한 거울이요, 모든 신적인 이름과 속성을 그대로 드러내는 장소임을 표현한 말이다. 그러나 이는 어디까지나 영성 및 형이상학적 차원의 표현이다. 하나님은 무함마드의 빛을 먼저 만들고 여기에서 세상 만물을 만들었고, 무함마드가 하나님의 모든 이름과 속성을 보여주지만, 결코 신성을 갖춘 존재는 아니다. 지극히 인간적인 존재다.

　그런데 인간 무함마드가 정확히 언제 태어났는지는 알 수 없다. 무슬림의 전승은 출생 연도에 관심을 보이지 않고, 오히려 몇 살까지 살았는가를 두고 다투었다. 전승은 무함마드가 60세, 63세, 65세에 죽었다는 세 가지 의견을 전한다. 무함마드가 세상을 떠난 해를 보통 632년으로 계산하니, 아마도 570년쯤 오늘날 사우디아라비아의 메카에서 태어났다.

전승에 따르면, 무함마드는 코끼리 해에 태어났다고 한다. 6세기 초 예멘의 왕이 유대교로 개종하여 그리스도인을 박해했다. 이에 홍해 건너 아비시니아(Abyssinia, 오늘날 에티오피아) 그리스도교 왕국의 아브라하(Abraha) 장군이 응징의 차원에서 예멘을 정복한 후 코끼리 부대를 이끌고 메카를 침공했으나 하늘에서 새들이 돌로 공격해서 코끼리 부대를 전멸시켰다고 한다. 전승에 따르면, 바로 이 해에 무함마드가 태어났다고 한다. 현재 고고학적 증거를 보면, 아브라하 코끼리 부대의 메카 공격은 570년쯤이 아니라 이보다 훨씬 앞선 554년 이전에 있었던 것 같다. 외적의 침입을 기적적으로 막은 상서로운 해에 무함마드가 출생했다고 연결했지만, 역사적 가능성은 지극히 낮다. 무함마드에게 전해진 하나님의 계시를 집대성한 이슬람교 경전 『꾸란』은 무함마드가 고아였고, 가난했음을 다음과 같이 암시한다.

그분은 고아인 그대를 발견하여 보호하지 않으셨던가.

(『꾸란』 93장 6절)

그분은 가난했던 그대를 부유하게 만들지 않으
셨던가.

(『꾸란』 93장 8절)

무함마드는 꾸라이시(Quraysh)족 하심(Hashim) 가문 출신이다.
무함마드가 어머니 아미나(Amina)의 태중에 있을 때 아버지
압둘라(Abd Allah)가 세상을 떠났기에, 말 그대로 무함마드는
유복자(遺腹子)였다. 안타깝게도 어머니 역시 무함마드가 여
섯 살일 때 세상을 떠났다. 고아가 된 무함마드를 할아버지 압
둘 무딸립(Abd al-Muttalib)이 맡아 키웠지만, 할아버지마저 2년
후 사망하면서 어린 무함마드는 숙부 아부 딸립(Abu Talib) 아
래에서 자랐다.

그러면 무함마드는 어떤 일을 하면서 살았을까? 『꾸란』
은 "계산하는 날(최후의 심판일)", "하나님께 빚을 진다", "각자의
몫을 가진다" 등 무함마드가 상업 관련 일을 했음을 암시하는
표현을 쓴다. 전승 역시 무함마드를 상인이라고 전한다.

부유한 과부 상인 카디자(Khadijah)는 무함마드를 종업원
으로 고용했다가 무함마드의 성실함에 반했다. 중매인을 써
서 무함마드에 청혼하고 부부의 연을 맺었다. 전승에 따르면
이때 무함마드는 25세, 카디자는 40세였다고 한다.

중동 문화에서 40은 완성된 숫자이기에 카디자의 생물

학적 나이를 40으로 믿을 필요는 없다. 둘 사이에 딸 넷과 아들 둘이 있었다는 기록으로 보아 카디자가 혼인할 때 나이가 40세였다고 믿기는 어렵다. 무함마드는 619년 카디자가 죽을 때까지 카디자 외 다른 여인과 혼인 관계를 맺지 않았다. 카디자가 죽은 후 여러 여인과 결혼했지만, 어린 아이샤 외에는 모두 과부였다.

종교 생활

예언자로 부름을 받기 전에 무함마드는 아마도 당시 메카의 관습을 따랐을 것이다. 전승은 무함마드가 다신교 신앙을 가져본 적이 없다고 하나 비무슬림 학자들은 『꾸란』의 표현이 이와 다르다고 본다.

> 그분은 방황하는 그대를 발견하여 인도하지 않
> 으셨던가.
> (『꾸란』 93장 7절)

『꾸란』에서 "방황한다"는 말은 다신교 신앙을 가졌다는 말이다. 방황하여 길을 잃은 무함마드를 하나님이 인도했다는 뜻이다. 무함마드가 계시를 받기 이전에는 메카 사람들과 마찬가지로 다신교 관습을 지키며 살았다고 추측할 수 있다. 아랍의 역사가 이븐 알칼비(Ibn al-Kalbi)는 "무함마드가 여신 알웃자(al-Uzza)에게 양을 바쳤다"고 기록한다. 무함마드는 아들 이름을 '마나프(al-Manaf)의 종'이라는 뜻인 '압둘 마나프(Abd al-Manaf)'로 지었다. 다신교식 작명으로, 무함마드가 당시 메카 관습을 따랐음을 보여준다고 비무슬림 학자들은 생각한다. 이러한 정황을 고려하면, 예언자 소명을 부여받기 이전에 무함마드가 메카의 다신교 신앙 관습을 따랐을 것이라고 보는 게 대체로 자연스럽다.

그렇다면 계시는 언제 어떻게 받았을까? 전승을 종합하면, 무함마드는 40세 되던 해에 메카 근교 히라(Hira)산, 또는 히라산 동굴에 가서 "타한누스(tahannuth)"를 했다. 타한누스가 무엇인지 현재 정확히 밝히기는 어렵다. 메카인의 연례 종교 의례인지, 아니면 무함마드가 개인적으로 행한 의례인지 분명하지 않다. 또 혼자 갔는지, 아니면 가족과 함께 갔는지도 확실히 규명하기가 쉽지 않다. 관련 전승이 서로 다른 내용을 전하기 때문이다.

그런데 타한누스를 할 때 무함마드는 천사 가브리엘로부터 하나님의 계시를 받고 예언자 반열에 올랐다고 한다. 전승은 대체로 『꾸란』 96장 1~5절을 최초의 계시로 꼽는다.

예언자 무함마드가 계시를 받은 곳으로 알려진 히라산 동굴 ⓒWikimedia

자비로우시고 자애로우신 하나님의 이름으로.

1. 만물을 창조하신 주님의 이름으로 읽어라.

2. 그분은 한 방울의 정액으로 인간을 창조하셨다.

3. 읽어라! 주님은 가장 은혜로운 분으로,

4. 연필로 쓰는 것을 가르쳐 주셨으며,

5. 인간이 알지 못하는 것도 가르쳐 주셨다.

아랍어 원문은 "읽어라"로 시작한다. 그런데 "읽어라"의 아랍어 "이끄라(iqra)"는 "읽다"라는 뜻의 동사 "까라아(qara'a)"에서 나온다. 『꾸란』 역시 "까라아"에서 파생한 동명사다. 즉, 96장 첫 단어인 "읽어라"와 『꾸란』이 서로 같은 동사에서 파생한 말이다. 그래서 무슬림들이 96장을 최초의 계시라고 보았을 것이라고 비무슬림 학자들은 생각한다.

"일어나 경고하라"로 시작하는 74장도 최초의 계시 후보로 손꼽힌다. 전승은 대개 74장 1~3절을 이야기하나, 4~5절까지 언급하기도 한다.

1. 망토를 걸친 자여,

2. 일어나서 경고하라.

3. 그대 주님을 찬양하고,

4. 그대의 망토를 청결히 하고,

무함마드의 삶

5. 부정한 것을 피하라.

무함마드는 첫 계시를 받은 지 약 3년 후에 본격적으로 가르침을 펴기 위해 사람들에게 다가섰다고 하는데, 74장을 이때 받은 계시로 보기도 한다.

　『꾸란』은 라마단(Ramadan, 이슬람력으로 9월) 밤에 무함마드가 하나님의 계시를 받았다고 기록한다.

> 사실을 밝히는 이 성서를 두고 맹세한다. 하나님께서는 축복받은 밤에 계시로 경고하셨다. 그날 밤 지혜로운 모든 일이 명백해졌다.
>
> (『꾸란』 44장 2~4절)

> 진실로 하나님께서는 거룩한 밤에 이 계시를 내리셨다.
>
> (『꾸란』 97장 1절)

> 사람들을 인도하고, 옳고 그름을 가리고자 라마단에 꾸란을 계시하였으니, 그달에 단식하라. 그러나 병중이거나 여행 중일 경우는 다른 날에 단식하라. 하나님께서는 너희를 어렵게 만들

길 원치 않으신다. 단식을 마치고 인도하신 하나님을 경배하며 감사하라.

(『꾸란』 2장 185절)

이렇게 하나님은 그대에게 계시하신다. 이전에 그대는 경전이 무엇인지, 믿음이 무엇인지 알지 못했다. 그러나 우리는 광명의 꾸란으로 여러 종을 인도하였다. 실로 그대는 사람들을 옳은 길로 인도하라.

(『꾸란』 42장 52절)

『꾸란』 구절을 종합하면, 라마단 밤에 무함마드는 하나님의 계시인 『꾸란』 96장 또는 74장을 받았는데, 전승은 최초의 계시로 96장을 더 유력하게 본다.

그런데 『꾸란』에는 무함마드의 종교체험을 암시하는 구절이 있다. 전승에 따르면 무함마드는 첫 계시가 내린 후 잠시 소강상태가 되었을 때 절망했는데, 그때 계시를 전해주던 천사 가브리엘이 지평선에 있는 것을 보았다고 한다. 『꾸란』은 지평선에서 있던 가브리엘이 가까이 다가왔고, 가브리엘과 무함마드의 거리는 활의 양쪽만큼이나 가까워졌다고 한다.

청명한 지평선에 있는 그를 보았다.

(『꾸란』 81장 23절)

자비로우시고 자애로우신 하나님의 이름으로. 지는 별을 두고 맹세하니. 너희의 동료는 방황하지도, 유혹되지도 않았다. 자신의 욕망을 말하고 있는 것도 아니다. 그것은 그에게 내린 계시다. 능력 있는 분으로부터 배웠다. 그는 지혜를 가지고 나타났다. 지평선 가장 높은 곳에 있었다. 그런 후 가까이 다가왔다. 거리는 활 양쪽 끝 사이의 길이거나 그보다 더 가까웠다. 그렇게 하여 하나님은 종에게 전하고자 한 계시를 내렸고, 그의 마음은 본 것을 거짓 없이 전했다. 그래도 너희는 그가 본 것을 놓고 논쟁하는가. 실로 그는 다시 한번 그를 보았다. 마지막 시드라(Sidra) 나무 옆에 있었다. 그곳 가까이에는 영원히 살 천국이 있다. 보라! 시드라 나무가 가려지면서 그의 시선은 흩어지지도, 한계를 넘지도 않았다. 실로 그는 가장 위대한 하나님의 예증을 보았다.

(『꾸란』 53장 1~18절)

예루살렘 서쪽 벽. 무슬림은 하늘을 나는 말 부락(Buraq)을 묶어놓은 곳이 서쪽 벽 마당에 있다고 믿는다. ⓒ이원주

또 무함마드는 하룻밤 사이에 메카에서 하늘을 나는 말 부락 (Buraq)을 타고 예루살렘으로 가서 하늘로 올라가는 천상 여행을 했다고 한다. 전승은 이때 무함마드가 하나님으로부터 하루에 예배를 다섯 번 하라는 명령을 받았다고 한다.

> 밤에 종을 하람(Haram) 성원에서 축복받은 아끄사(Aqsa) 성원으로 데리고 가서 표징을 보여주신 분께 영광이 있길!
>
> (『꾸란』17장 1절)

무슬림은 오늘날 예루살렘의 아끄사 성원(聖院, 예배하는 건물)이 바로 무함마드가 방문한 곳이고, 천상을 나는 말 부락 (Buraq)을 묶어놓은 곳이 예루살렘 서쪽 성벽 마당에 있다고 믿는다. 유대인이 성전의 서쪽 벽이라고 부르고, 우리가 흔히 '통곡의 벽'으로 일컫는 곳을 '부락의 벽'이라 한다.

꾸란

무함마드의 아내 아이샤(Aishah)는 무함마드가 "꾸란이 좋아하는 것을 좋아하고, 꾸란이 화낼 때 화를 냈다"고 하면서 무함마드의 성격이 바로 『꾸란』이었다고 말했다. 전승에 따르면, 40세에 첫 계시를 받은 무함마드는 자신이 받은 하나님의 말씀이 사람들을 바른길로 이끄는 가르침임을 확신했다.

무함마드는 죽을 때까지 약 23년간 상황에 따라 조금씩 조금씩 계시를 받았다고 한다.

> 그대가 사람들에게 때를 두고 낭송하도록 우리
> 는 꾸란을 나누어 계시한다.
>
> (『꾸란』 17장 106절)

무함마드의 삶

이러한 계시를 모아놓은 책이 『꾸란』이다. 현대의 대표적 무슬림 지성인으로 손꼽히는 세예드 호세인 나스르(Seyyed Hossein Nasr)는 『꾸란』이 하나님의 본성, 창조의 본질, 인간 영혼, 윤리, 종말론적 실상 등 다양한 주제에 관한 가르침을 담고 있다고 한다. 후대의 무슬림이 『꾸란』을 여러 측면에서 이해한 결과다.

『꾸란』은 총 114장 6,346절로 구성되어 있고, 첫 장인 개경장(開經章, 경을 여는 장)을 제외하고 나머지 113장은 짧은 장이 뒤쪽에, 긴 장이 앞쪽에 놓여있다. 대체로 뒤쪽에 있는 짧은 장들은 예언자가 메카에 있을 때 받은 계시, 앞쪽 긴 장은 메디나로 이주해서 받은 것이라 할 수 있다. 장마다 이름이 붙어 있는데, 장의 이름은 그 장의 내용을 담은 주제가 아니라 그 장에 나온 특정 단어다. 암송 편의상 그렇게 붙인 것 같다.

초기 계시는 최후의 심판, 유일신의 자애로우심과 권능, 신을 향한 감사와 숭배, 사람들에게 자비를 베풀라고 가르치는 내용이다. 학자들은 최후의 심판과 하나님을 향한 감사를 최초 가르침으로 보는데, 둘 중 무엇이 먼저 강조되었을까는 여전히 논란거리다.

『꾸란』계시는 전통적으로 무함마드의 거주처에 따라 메카와 메디나 계시로 나눈다. 전승에 따르면, 무함마드는 메카에서 예언자가 된 후 13년을 살다가 메디나로 이주해 죽을 때

무함마드가 하나님에게 받은 계시를 모아놓은 책 『꾸란』 ⓒ이원주

까지 10년을 거주했기 때문이다.

하나님의 부름을 받고 예언자 활동을 시작한 메카에서 받은 계시는 신학적 담론보다는 강렬한 도덕·윤리·종교적 가르침, 신이 창조한 인간의 도덕적 책무, 최후의 심판과 부활, 자연을 통해 드러나는 초월적 힘의 존재, 권력을 남용하거나 가난한 자를 박해하지 말라는 경고 등이 주를 이룬다. 박해를 피해 메카에서 메디나로 이주해 받은 계시는 신앙공동체 생활 규범 관련 내용이 많다. 메디나에서 무슬림 공동체를 형성해 생활한 흔적이 고스란히 드러난다고 해도 지나친 말이 아니다.『꾸란』의 내용을 좀 더 직관적으로 정리하면 다음과 같다.

1) 유일신 하나님

『꾸란』은 "하나님 외에 다른 신은 없다(37장 35절)"고 하면서 무함마드가 체험한 하나님은 새로운 신이 아니라 유대인, 그리스도인이 따르는 신앙의 선조 아브라함의 하나님이라고 말한다. 하나님은 목의 동맥보다 더 가까이 계신 분으로 인간은 하나님의 예증이 담긴 자연(3장 26~27절), 하나님이 개입하는 역사(30장 2~9절), 예언자가 전한 경전(16장 36절)을 통해 하나님의 존재를 확인한다. 하나님의 계시를 인정하고 믿음을 가진 자를 무으민(Mu'min), 하나님의 뜻에 헌신하는 사람을 무슬림

(Muslim)이라고 한다. 이들은 말 그대로 이슬람교 신자다. 그러나 하나님의 유일성을 부정하여 무엇인가를 계속 하나님에게 붙이려는 사람, 즉 하나님의 유일 신성을 훼손하는 자나 하나님에게 감사하지 않는 자는 불신자다.

2) 최후의 심판

『꾸란』의 핵심적 가르침은 역시 유일신 하나님 신앙이다. 그런데 단순히 유일신 신앙에 그치는 것이 아니다. 유일신 신앙이 지닌 최후의 심판 사상은 사람들에게 현세를 올바르고 경건하게 살 것을 항상 요구하고, 이러한 삶은 결국 필연적으로 사회정의 의식과 밀접히 연결되어 있다. 물질적으로 잘살고 힘 있는 자가 아니라, 하나님을 경외하고 하나님의 뜻에 맞게 윤리적으로 사는 것이 참으로 중요하다고 『꾸란』은 가르친다. 곧 닥쳐올 최후의 심판을 모른 채 사회적 약자를 괴롭히면서 살아서는 안 된다는 것이다.

> 최후의 심판을 부정하는 자를 알고 있는가? 고아를 배척하고 가난한 자에게 베풀 줄 모르는 자. 재앙 있으라, 예배하면서도 예배에 마음 쓰지 못하고, 겉으로 경건한 척만 하고 자선을 베풀지 못하는 자에게.

무함마드의 삶

(『꾸란』107장 1~7절)

실로 최후의 심판을 두려워하지 않고 약자를 괴롭히며 자신의 재산에만 마음이 팔린 사람들을 『꾸란』은 혹독하게 경고한다.

> 너희들은 고아를 너그러이 대하지 않았고 서로 힘써 가난한 자에게 음식 베푸는 일을 하지 않았으며 탐욕으로 유산을 집어삼켰으며 절제함 없이 재물을 사랑한다. 아, 대지가 가루로 될 때 그대의 주님이 대열을 이룬 천사들을 거느리시며 나타나시고, 그날 지옥으로 끌려가나니. 그날 인간은 기억하겠지만, 그것이 무슨 소용이리. 그는 말하리 "아, 내 목숨을 위해 선한 일을 하였더라면."
>
> (『꾸란』89장 18~24절)

반면 최후의 심판을 믿는 자는 유한한 이승의 삶을 늘 인식하면서 하나님의 길에 재물을 쓰는 선행을 하면서 경건하게 살아가야 한다고 강조한다.

너희들은 하나님의 길에 가진 것을 쓰도록 요
구받고 있다. 너희들 중에는 인색한 자가 있다.
그들은 영혼에 인색하다. 하나님께서는 부족함
이 없으시다. 너희들이 부족한 자들이다. 너희
들이 등을 돌리면 하나님께서는 너희들을 다른
백성으로 대체하실 것이다. 이들은 너희들과 같
지 않을 것이다.

(『꾸란』 47장 38절)

실로 최후의 심판은 무슬림 신앙의 핵심 요소다. 당장 내일 아
침, 잠에서 깨어나지 못한다면 오늘 하루를 감히 제멋대로 마
구 살 수 있을까? 그런데 『꾸란』은 최후의 심판이 먼 미래가
아니고 바로 코앞에 닥쳤으니 경건하게 살라고 한다. 사회적
약자와 어울려 살며 내세를 준비하는 신앙인의 자세를 믿는
자에게 요구한다.

3) 영적인 존재

『꾸란』은 진(Jinn), 천사, 사탄, 영(靈) 등 영적인 존재를 가르친
다. '진'은 사막, 폐허 등 연관된 존재로 동물이나 독사나 기어
다니는 형태를 취하기도 한다. 두려움의 대상이긴 하나 늘 해
로운 존재는 아니다. 인간처럼 진흙이 아니라 불에서 창조되

무함마드의 삶

었고, 하나님 숭배가 존재의 목적이다. 하나님은 '진'을 예언자들에게 보내는데, '진'은 신자나 불신자가 된다. 몇몇은 무함마드를 따라 신자가 되기도 했다(72장 1~19절). 불신자는 지옥에 가지만, 신자가 천국에 간다는 정확한 표현은 없다.

'천사'는 하나님의 사도로 계시를 전한다. 인간을 지켜보고 행위를 기록한다. 인간이 죽을 때 인간의 영혼을 부른다. 심판의 날에 기록자로 참여하고(2장 210절), 하나님 권좌 옆에서 시중을 들고 찬미가를 부른다. 가브리엘과 미카엘만을 구체적으로 언급하는데(2장 98절), 가브리엘은 무함마드에게 계시를 전한 '천사'다. '타락한 천사'를 이블리스(Iblis)라고 하는데(2장 34절), '사탄'이다. 하나님은 인간 아담을 만든 후 '천사'들에게 아담 앞에 엎드리라고 했다. 그런데 이를 거부한 '천사'가 바로 이블리스다. 하나님의 말씀을 어겨 천국에서 쫓겨난 '천사'로, 인간을 유혹하는 임무를 받았다. 끝으로 '영(靈)'은 아랍어로 '루흐(al-Ruh, 26장 193절)'라고 하는데, 천사 중 하나로 보기도 한다(16장 2절). 훗날 무슬림은 '영'을 '천사' 가브리엘로 보았다.

4) 예언자와 경전

『꾸란』은 하나님이 인류 각 공동체에 예언자를 보냈는데, 이를 거절하면 징벌을 받았다고 가르친다. 이슬람 이전에 경전

을 받은 종교로 조로아스터교, 유대교, 그리스도교, 사비(Sabi)
교를 든다. 경전으로는 토라(Tawra, 유대교의 토라), 인질(Injil, 그리
스도교의 복음서), 자부르(Zabur, 히브리성서의 시편)를 든다. 예수를
동정녀 마리아에서 태어난 예언자로 인정하나, 하나님의 아
들로는 절대 보지 않는다.

5) 공동체 규약

『꾸란』에는 법규가 있지만, 『꾸란』을 율법서로 부르면 곤란하
다. 『꾸란』에 나오는 법규는 전체 분량의 10분의 1이 채 안 되
기 때문이다. 예배는 정확히 몇 번 해야 하는지 명확히 명기하
지 않고, 금요일 정오 예배를 강조한다. 정결 의례 및 예배 방
향을 메카로 규정하며 희사, 라마단 단식(2장 185절), 메카 순례
를 언급한다.

　　결혼, 이혼, 상속에 관한 규정을 말한다. 상속은 이슬람
이전 사회와 달리 여성 상속권을 인정해 남자의 반이라고 규
정하고, 과부에게는 상속권이 없지만, 과부를 부양하는 것은
의무로 규정한다(2장 240절).

　　유대인이 먹는 음식은 무슬림도 먹을 수 있다(5장 5절). 유
대인의 음식법은 하나님이 내리신 벌이기에 따르지 않아도
된다(4장 160절). 그리스도교의 『사도행전』과 같이 단순한 음식
법(15장 29절)이지만, 돼지고기는 허락하지 않는다(5장 3절). 술

이집트 카이로의 길에서 『꾸란』을 읽고 있는 노인 ⓒ이원주

먹고 예배에 참여한 사람들 때문에 술을 금지한다(4장 43절). 유대인의 고리대금업을 비난(4장 161절)하고 이자를 금지한다 (3장 130절). 노예제는 허용하지만, 노예를 친절하게 다스리라 고 가르치고(4장 36절), 노예해방을 경건한 행동으로 여긴다(24 장 33절). 계약을 준수하고(5장 1절), 빚을 기록한다(2장 282절). 간 통 음행은 처벌하나, 반드시 4명의 증인을 데려오라고 한다(4 장 2~4절, 13절). 도둑질은 손목을 자르고(5장 38절), 도박을 금지 하고(2장 219절, 5장 90절), 예언자를 접견하는 예의를 가르치며 (49장 1~5절, 58장 12절), 전리품 분배법을 명시한다(8장 1절, 8장 41 절, 59장 6~10절).

무슬림은 『꾸란』이 창조되지 않은 영원한 하나님의 말씀 이라고 굳게 믿는다. 태초부터 하나님과 함께 존재한 하나님 말씀이라는 뜻이다. 무슬림의 믿음에 따르면, 하나님이 하늘 에 있는 모든 책의 어머니(13장 38~39절)에서 모세에게 유대인 의 토라, 예수에게 그리스도교 복음서를 내려주었다. 그런데 시간이 흐를수록 유대인과 그리스도인이 자신들의 생각을 덧 붙여 하나님 말씀을 혼탁하게 만들자 하나님이 최후의 예언 자 무함마드를 선택해 천사 가브리엘을 통해 인류에게 전하 는 마지막 말씀을 다시 아랍어로 보냈다. 무슬림은 이 말씀이 바로 『꾸란』이라고 굳게 믿는다.

도전과 비판

예언자로서 무함마드가 전한 가르침을 당시 고향 메카 사람들은 잘 받아들이지 않았다. 특히 무함마드가 속한 꾸라이시(Quraysh) 부족의 지도층은 무함마드가 자신들의 권위에 도전한다고 생각한 듯하다. 무엇보다도 메카에 있는 다신교 신전 카으바(Ka'ba, 메카 순례지에 있는 육면체 건물) 성원을 순례지로 존중했다. 그런데 무함마드가 가르친 유일신 신앙은 이러한 다신교 신앙을 반대했다. 이에 메카 사람들은 무함마드가 조상대대로 내려오는 전통적인 종교 생활을 파괴한다고 비난했다.

사실 다신교 신앙을 행하던 메카 사람들에게 무함마드가 강조한 유일신 "하나님"이 결코 낯선 신은 아니었다. 하나님은 메카 사람들도 인정하는 최고신이었다. 『꾸란』에 따르면, 메카 사람들은 하나님을 천지를 창조한 신으로 잘 알고 있다.

> 그리고 그들에게 "누가 천지를 창조했는가?"라고 물으면, 분명히 "하나님"이라고 대답할 것이다. 말하라! "하나님을 찬미하라." 그러나 그들 대부분은 알지 못한다.
>
> (『꾸란』31장 25절)

> 그리고 그들에게 "누가 천지를 창조했는가?"라고 물으면, 분명히 "하나님"이라고 대답할 것이다. "그렇다면 하나님 외에 무엇을 믿는지 생각해 보았는가? 하나님이 내게 해를 끼치려 하면, 그들이 해를 제거해 주겠는가? 하나님이 내게 자비를 베풀려 하면, 그들이 하나님의 자비를 막겠는가?" 말하라! "나는 하나님만으로 충분하다. 현명한 사람은 그분에게만 의지한다."
>
> (『꾸란』39장 38절)

따라서 하나님을 가르친 무함마드에 큰 반응을 보인 것 같지는 않다. 오히려 무함마드의 유일신 신앙 가르침보다는 별로 중요하지도 않은 인물인 무함마드에게 계시가 내려온다는 사실이 달갑지 않았던 것 같다. 『꾸란』은 이렇게 진한다.

> 불신자는 『꾸란』을 왜 두 도시• 지도자에게 계
> 시하지 않았는지 묻는다.
>
> (『꾸란』 43장 31절)

무함마드가 나고 자란 메카 사회는 느슨한 부족 연합체 사회로, 유력한 가문이 영향력을 행사했다. 왕이란 존재가 없었다. 무함마드가 속한 하심 가문은 전승에서 미화한 것과는 달리, 위 『꾸란』의 표현에서 볼 수 있듯 그다지 유력한 가문은 아니었을 것이다. 힘 있는 집안사람들은 무함마드가 하나님의 계시를 받았다고 하면서 종교적 카리스마를 보이는 것을 못마땅하게 여겼을 것이다. 더욱이 부와 권위를 비판하는 『꾸란』 계시를 받은 무함마드가 꽤 불편했을 것이다.

> 하나님께서는 이자를 없애시고 희사를 늘리신
> 다. 하나님께서는 죄짓는 불신자를 좋아하시지

• 메카와 따이프(Ta'if)라고 한다.

않는다.

(『꾸란』 2장 276절)

친척과 가난한 자와 여행자에게 제 몫을 주고, 낭비하지 말라. 함부로 헛되이 쓰는 사람은 진정 악마의 형제요, 악마는 주님께 감사한 적이 없다.

(『꾸란』 17장 26~27절)

다른 사람의 재물을 부당하게 쓰거나 잘못인 줄 알면서도 한 몫 얻으려는 속셈으로 죄인의 재산을 판관에게 주지 말라.

(『꾸란』 2장 188절)

또한 당시 부활을 믿지 않는 현실적 종교관을 가지고 있던 메카 사람들은 부활을 이야기하는 무함마드가 메카 전통을 파괴한다고 생각했을 것이다. 특히 여러 신상을 모신 성소를 중심으로 상업이 흥했는데, 무함마드가 하나님은 한 분뿐이라고 하면서 여러 신을 섬기는 사람을 비판하자 메카의 신앙 전통이 무너지리라 걱정해서 메카의 유력한 사람들 마음은 불편했을 것이다. 무함마드는 하나님을 믿지 않고 먼저 세상을 떠난 조상들이 천국에 가지 못했다는, 실로 청천벽력 같은 선언으로 전통과 조상의 길을 중시하는 당시 사회에 충격을 주었다.

> 성서의 백성 중 믿지 않는 사람들과 다신 숭배자는 지옥의 불에 처할 것이다. 그들은 최악의 존재다.
>
> (『꾸란』 98장 6절)

무함마드가 하나님의 명령대로 이슬람을 전파하기 시작했을 때, 우상을 비판하기 전까지 사람들은 무함마드를 비난하지 않았다. 그러나 무함마드가 비판을 시작하자 권력을 추구한다고 비난하면서 계시를 부인하고 서로 힘을 합쳐 무함마드를 해치기 위해 공격했다. 현존 최고(最古)의 예언자 전기인 이븐 이스하끄(Ibn Ishaq, 704~767)의 『무함마드 전기』에 따르면, 꾸라이시족의 여러 지도층 사람이 자신들이 믿는 여러 신을 모욕하고, 신앙을 비난하고, 조상들이 잘못했다고 주장하는 무함마드를 비난했다. 그러면서 무함마드를 감싸고 도는 숙부 아부 딸립에 거칠게 항의했다고 한다.

스코틀랜드의 이슬람 학자 와트(William Montgomery Watt, 1909~2006)는 메카 사람들이 부가가치가 큰 예멘의 값비싼 향료를 동로마에 운송하는 중간무역상 역할로 큰 부자가 되면서, 메카에 빈부 차가 발생하고 소외 계층이 생겼다고 분석했다. 이때 무함마드가 약자 보호를 외치면서 인간미 사라진 메카의 사회변혁을 주도하자 기득권층이 반감을 표출했다고 주장했다. 그러나 메카가 중개무역지 역할로 부강했다는 주장은 역사적 근거가 희박하다. 값비싼 향료는 약탈의 위험이 큰 아라비아 내륙보다는 배에 실어 홍해로 운반하는 것이 더 안전했다. 메카 사람들은 짐승 가죽 등 일상 용품을 시리아(Syria) 지역에 팔고 곡식이나 필요한 물건을 사 왔다. 빈부 차이가 날 만큼의 고부가가치 물품을 중개하지 않았다는 말이다.

다만 무함마드를 따라 이슬람 신앙을 받아들인 사람 대다수가 젊은이와 함께 외국인 출신 및 메카 밖에서 온 아랍인 등 부족의 보호를 제대로 받지 못하는 소외층이었다. 당시 메카 사회는 혈연 중심의 부족 사회로 부족의 보호를 받지 못하면 삶의 기반이 무너질 수밖에 없어 불안했다. 따라서 부족의 보호를 받기 어려운 사람들은 신앙 중심의 이슬람 운동에서 희망을 보았는지도 모른다. 무함마드의 이슬람이 사회 밑바닥층의 변혁 운동이나 사회주의 혁명 운동은 아닐지 몰라도, 약자를 보호하는 데 진심이었던 것은 사실이다.

그런데 무함마드도 사회적 강자를 이슬람으로 초대하려고 노력하다가 그만 약자를 모르는 척한 적이 있다. 그런 예언자를 『꾸란』의 하나님이 그냥 가만 둘리 없다. 『꾸란』은 하나님의 가르침을 구하러 찾아온 시각장애인을 무시하고 더 부유하고 잘난 사람의 마음을 잡기 위해 애쓰는 무함마드를 크게 꾸짖는다.

> 눈살을 찌푸리며 등을 돌렸다.
> 시각장애인이 다가와 방해하였기에.
> 그 사람 스스로 정결해지거나
> 가르침으로 도움을 줄 수 있었는데도.
> 스스로 부족함이 없다고 여기는 자에게
> 그대는 왜 그리 정성을 기울이는지.
> 그런 자가 정결하지 않은 것은 그대의
> 책임이 아니다.
> 진실로 열망하며
> 마음속에서 두려움을 느끼고 다가오는 사람을
> 그대는 소홀히 대하였다.
>
> (『꾸란』 80장 1~10절)

전승은 물질적으로 풍요하고 정치적으로 유력한 인사에 주의를 기울이느라 정결한 사람이 되고자 가르침을 청하러 온 시각장애인을 외면한 예언자가 뉘우쳤다고 전한다. 사회적 약자를 외면한 예언자를 『꾸란』은 이처럼 생생하게 꾸짖는다. 무슬림이 믿는 유일신 하나님은 신앙인에게 물질적인 것에 빠지지 말 것을 강력히 요구한다. 사회 곳곳에 있는 가난하고 헐벗은 사람, 도움을 간절히 필요로 하는 사람에게 깊은 관심을 쏟으라고 항상 주문한다.

무슬림이 하나님을 믿는 것은 부자가 되기 위해서가 아니다. 올바르게 살기 위해서다. 하나님이 명령한 도덕적으로 올바른 길, 곧게 난 길을 따라 걷기 위해서다. 그 길을 벗어날 때 인간은 하나님을 믿지 않는 자가 된다고 믿는다. 경제적 약자를 모르는 체하고 부자들만을 위하는 가르침은 이슬람에 없다. 물질적으로 부자가 되는 법을 가르치는 설교도 기도도 없다.

이슬람은 하나님을 믿고 따라 내면적으로 부자가 되는 법을 가르치는 신앙이다. 가난한 사람을 돕는 것은 바로 그런 내면적 부자가 되는 지름길 중 하나다. 그래서 무슬림은 남모르게 재산을 선뜻 희사한다. 모두 다 행복한 공동체를 위해서다. 여유가 되는 사람은 수시로 더 희사하기도 한다. 말없이, 조용히, 티 내지 않고 말이다.

무함마드는 당시 관습이던 여아 살해에 제동을 걸었다. 전승에 따르면 무함마드가 살던 시대에 사람들은 여아를 낳으면 생매장했다고 전한다. 『꾸란』은 이렇게 말한다.

여아가 무슨 죄를 지었기에 생매장을 하는가?

(『꾸란』 81장 8~9절)

말하라! 오라, 내가 주님께서 금지하신 것을 알
려주겠다. 그분을 어느 무엇에도 비유하지 말
고, 부모에게 효도하고, 가난을 이유로 자식을
죽이지 말라. 우리가 너희와 그들에게 양식을
줄 것이다. 보이든 보이지 않든 비도덕적인 일
은 하지 말라. 정의와 법적인 절차 없이 하나님
께서 성스럽게 여기시는 생명을 앗아가지 말라.
하나님께서 명령하신 것이니 너희는 배워 지혜
로워져라.

(『꾸란』 6장 151절)

사람들은 무함마드가 예언자라는 주장과 무함마드가 받았다
는 계시의 진실성을 의심했다. 사실 무함마드조차 자신이 받
은 계시가 하나님으로부터 오는 것인지 의문을 가졌던 듯하
다. 이를 두고 『꾸란』은 이렇게 답한다.

우리가 그대에게 계시한 것을 의심한다면, 그대

보다 앞서 경전을 읽고 있는 사람들에게 물어
보라. 진리가 주님으로부터 그대에게 내렸으니
의심하지 말라.

(『꾸란』 10장 94절)

우리는 진리로 꾸란을 계시했고, 진리로 꾸란을
내렸다. 우리는 그대를 복음의 전달자요 경고자
로 보냈다.

(『꾸란』 17장 105절)

사람들은 무함마드가 옛날이야기를 누군가에게서 배워 『꾸
란』이라고 한다고 비판한다. 그러나 『꾸란』은 옛날이야기도,
외국어도 아니라고 한다. 명백히 아랍어로 된 계시라고 강조
한다.

아침저녁으로 그가 그들에게서 옛사람의 이야
기를 듣고 기록했다.

(『꾸란』 25장 5절)

우리는 어떤 사람이 예언자를 가르친다고 말하
는 것을 분명 잘 알고 있다. 그들이 말하는 사람

은 외국어를 하지만, 꾸란은 아랍어다.

(『꾸란』16장 103절)

또 유대인은 무함마드가 전한 『꾸란』 계시가 자신들이 읽는 경전에 없다고 하면서 진실성을 의심한다. 그러나 『꾸란』은 유대인이 이야기를 감추고 있다고 논박한다.

그들은 하나님께서 사람에게 어떤 것도 계시하시지 않는다고 하면서 하나님을 찬미하지 않는다. 말하라! 모세가 광명으로, 사람들을 인도하기 위해 가져온 경전을 누가 계시했는가? 너희들은 문서로 만들어 일부만 공개하고 많은 부분을 감추고 있다.

(『꾸란』6장 91절)

사람들은 무함마드를 예언자로 받아들이지 않았다. 무엇인가 신통한 능력을 갖춘 것은 무함마드가 신들렸거나, 시인이거나, 점술가이기 때문이라고 보았다. 『꾸란』은 이를 강력히 부인한다.

이것은 시인의 말이 아니나 너희들은 믿지 않

는다. 점술가의 말도 아니나 너희들은 믿지 않는다.

(『꾸란』 69장 41~42절)

진정 꾸란은 고귀한 사도가 전한 말이다.

(『꾸란』 81장 19절)

무함마드의 삶

유혹과 반성

무함마드는 자신을 반대하는 메카의 다신교 신자들의 전통
을 수용해, 메카인들이 좋아하는 세 여신 알라트(al-Lat), 알웃
자(al-Uzzah), 알마나트(al-Manat)를 유일신 하나님의 중재자로
인정하는 계시를 낭송했다. 그러자 사람들이 기뻐하며 이슬
람 신앙을 받아들였다. 그러나 천사 가브리엘이 무함마드에
게 여신을 중재자로 인정한 계시는 자신이 전한 게 아니라 사
탄의 계시라며 무함마드의 잘못을 지적했고, 무함마드는 계
시가 잘못되었다고 취소했다. 그러자 사람들은 무함마드에게
다시 등을 돌렸다.

이 이야기는 10세기 역사가 따바리(Tabari, 829~923)의 대
작인 『예언자와 왕의 역사』에 나온다. 이를 살만 루시디(Salman

Rushdie)가 살해 위협의 원인이 된 자신의 소설책 『악마의 시 (Satanic Verses)』에 옮겼다. 관련 『꾸란』 구절은 53장 19~23절이다.

> 19. 실로 너희는 알라트와 알웃자를 보았는가?
> 20. 세 번째의 우상 알마나트를 보았는가?
> 21. 너희에게는 남자가 있고 하나님께는
>   여자가 있단 말인가?
> 22. 이는 실로 가장 불공평한 분배다.
> 23. 이는 너희와 너희 조상이 붙인 이름일 뿐.
>   하나님은 여기에 아무런 권위를 부여하시지
>   않았다. 주님께서 가르침을 주신다고
>   해도 그들은 추측만 하고 원하는 것만 따른다.

따바리에 따르면, 20절에 "그들은 높이 나는 두루미. 중재를 바라니"라는 구절이 들어갔으나 취소되었다고 한다. 이 구절이 바로 사탄의 계시다. 평생 단 한 순간도 무함마드가 유일신 신앙을 어긴 적이 없다고 믿는 무슬림에게는 참으로 곤혹스러운 이야기다. 그러나 따바리는 아주 상세하게 편견 없이 이야기를 전한다. 오히려 인간적이지 않은가? 잘못을 고치는 모습이 더 정겹지 않은가? 『꾸란』은 사탄의 유혹을 다음과 같이 말한다.

> 그대 이전에 우리가 보낸 사도나 예언자가 말할
> 때마다 사탄이 유혹하였고, 하나님께서는 사탄
> 의 유혹을 무효로 만드셔서 말씀을 정확히 하셨
> 다. 하나님께서는 아심과 지혜로 충만하시다.
>
> (『꾸란』 22장 52절)

이후 무함마드는 메카의 다신 신앙과는 완전히 차별된 길을 강조한다. 메카 사람들은 전통을 무시하는 무함마드를 귀신에 들린 자, 점쟁이, 거짓말하는 마법사로 몰아붙였다. 보통 사람과 같은 말을 하지 않고 무언가 이상하고 귀신 들린 말을 하는 사람으로 본 것이다. 타협할 수 없는 양측은 서로 다름을 인정할 수밖에 없었고, 무함마드가 소수였던 무슬림과 함께 메카에서 살기는 어려웠다. 『꾸란』 109장 1~6절은 이를 반영하는 것 같다.

> 1. 말하라! 믿지 않는 사람들이여.
> 2. 너희가 경배하는 것을 나는 경배하지 않고,
> 3. 내가 경배하는 것을 너희는 경배하지
>   않는다.

4. 너희가 경배하는 것을 나는 경배하지
   않을 것이고,

5. 내가 경배하는 것을 너희는 경배하지
   않을 것이다.

6. 너희에게는 너희의 믿음,
   나에게는 나의 믿음.

무함마드의 삶

메디나 이주와 죽음

비우호적인 메카인은 무함마드의 신앙 운동을 박해했다. 전승은 일부 신앙인이 메카인의 괴롭힘을 피해 615년 홍해 건너 아비시니아로 도피했다고 하지만, 관련 구절을 『꾸란』에서 찾기는 어렵다. 메카 사람들은 무함마드가 속한 하심 가문과 상거래를 중지하는 경제제재를 가했다고 하나, 이 역시 『꾸란』에서 근거를 찾기는 어렵다. 619년 무함마드를 믿어 주던 최초의 여성 무슬림 아내 카디자, 이슬람에 귀의하지는 않았으나 무함마드를 지지하던 숙부 아부 딸립이 세상을 떠나면서 무함마드는 든든한 우군을 잃었다. 619년은 말 그대로 슬픔과 상실의 해였다. 결국 무함마드는 "예언자는 고향에서 환영받지 못한다"는 말대로 고향 메카에서 안착하지 못했다.

절체절명의 위기를 넘기면서 무함마드는 부족 간 분쟁 조정 중재자(하캄, Hakam) 역할을 맡아 메카에서 북쪽으로 약 400km 떨어진 야스립(Yathrib)으로 도망치듯 떠나 안착했다. 야스립은 이후 예언자가 머문 도시이기에 예언자의 도시, 즉 '마디나툰 나비(Madinat al-Nabi)'로 불렸고, 이를 줄여 '마디나(Madina, 메디나 Medina)'라고 한다. 도시라는 일반명사 마디나(메디나)가 고유명사가 된 것이다. 메카에서 메디나로 옮긴 사건을 '히즈라(Hijrah)'라고 한다. 아랍어로 '이주(移住)'라는 뜻이다. 이슬람력은 히즈라가 이루어진 해를 기원으로 삼는데, 서력으로 환산하면 622년이다.

메디나에서 삶은 고달팠다. 무함마드를 따라 메디나로 이주한 무슬림은 새로운 땅에서 먹고 살 기반이 없었다. 다행히 이들을 돌봐주는 조력자들이 있었지만, 경제적 곤궁을 해결할 수 있는 수준의 도움은 되지 못했다. 메카 사람들과 벌인 첫 번째 전쟁의 원인이 된 메카의 대상(隊商) 행렬 공격도 이러한 상황에서 나왔다. 메디나로 이주할 수밖에 없었던 무슬림에게 자신들을 박해한 메카 사람들은 단죄의 대상이었다. 더구나 곤궁한 상황에서 메카의 상인 행렬은 공격 대상으로 안성맞춤이었다.

메카 사람들의 무역로를 뒤흔들기 위해 상인 행렬을 공격했고, 이에 분노한 메카가 대규모 군대를 조직해 공세를 취함에 따라 벌어진 싸움이 624년 바드르(Badr) 전투다. 군사력에서 절대적 약세였던 무함마드의 무슬림 군대가 승리하면서 무슬림 마음속에 하나님이 무함마드를 보호하고 있다는 믿음이 강해졌다. 무슬림 군대가 패배했더라면 오늘날 이슬람은 존재하지 않았을 것이고, 지금 이 책도 쓸 일이 없었을 것이다. 이후 메디나와 메카 간에는 624~625년 우후드(Uhud) 전투와 627년 칸다끄(Khandaq) 전투 등 두 번의 싸움이 더 벌어졌다.

우후드 전투는 메디나가 승리를 앞둔 상태에서 전리품에 눈이 먼 무슬림군이 대오를 유지하지 못하면서 아찔한 상황이 발생했다. 무함마드의 목숨이 위태로워졌고, 많은 사람이 목숨을 잃었다. 그러나 무슬림군이 완전히 패배했다고 보기도 어려운 싸움이었다. 어찌 되었든 메카가 메디나를 굴복시키지 못한 상태로 철수했기 때문이다.

칸다끄 전투는 당시 아랍인에게 생소한 방어책인 도랑을 도입한 싸움이었다. 페르시아 출신 무슬림 살만(Salman)은 무슬림군에 페르시아식 방어법인 '도랑(칸다끄)'을 방어 진지 주변에 파는 방법을 가르쳐 적의 접근을 막았다. 오늘날 이란의 무슬림은 초기 이슬람 공동체 방어에 크게 이바지한 살만을 대단히 자랑스럽게 여긴다. 메카의 대군은 처음 보는 도랑에 속수무책이었다. 제대로 대응하지 못한 채 27일간 메디나를 포위만 하다가 결국 물러나고 말았다.

고향 메카에서 쫓겨난 무함마드는 이처럼 고향 사람들과 맞서 모두 세 차례의 전투를 치르면서 꿋꿋하게 신앙공동체를 이끌었다. 그런데 칸다끄 전투가 끝난 지 1년이 채 안 된 628년 3월 어느 날, 무함마드는 메카의 카으바 성원을 순례하는 꿈을 꾼다. 알와끼디(al-Waqidi, 약 747~823)는 역작『키타불 마가지(Kitab al-Maghazi, 무함마드의 전투기)』에서 다음과 같이 전한다.

> 그들은 말하였다. 하나님의 사도는 꿈에서 "성원(카으바)"에 들어가 머리를 삭발하고, "성원"의 열쇠를 쥐고 알아라파트(al-Arafat) 산에 섰다. 하나님의 사도는 교우들에게 "우므라(소순례)"를 행하라고 일렀고, 교우들은 서둘러 준비하였다.

연중 정해진 기간에 행하는 대순례(大巡禮) '핫즈(Hajj)'와 달리 소순례(小巡禮)인 '우므라(Umra)'는 기간에 구애받지 않고 할 수 있다. 당시 아라비아의 종교관습이었던 순례는 대상지가 메카의 카으바 성원이었다. 카으바 성원은 다신교 신전이었다. 무함마드의 이슬람 신앙 운동이 아라비아를 통일하면서 다신교의 순례가 유일신교의 순례로 바뀌었다.

무슬림 전승에 따르면 원래 메카의 카으바 성원이 유일신 성원이었다. 그런데 사람들이 진정한 유일신 신앙을 잃고 타락해 다신론자가 되면서 카으바가 다신교 신전으로 추락했고, 이를 무함마드가 정화해 원래의 유일신 전통으로 되돌려 놓았다고 한다. 역사적으로 보면 무함마드의 이슬람 운동이 다신교 관습이었던 대순례와 소순례를 이슬람화한 것이지만, 무슬림의 관점에서 보면 원래 유일신 전통으로 다시 돌아간 셈이다.

무함마드의 꿈에 따라 소순례가 시작됐다. 무함마드를 따라 약 1,400여 명의 무슬림이 메디나를 떠나 메카를 향한 순례길에 올랐다. 메카의 공격에 죽임을 당할 수 있다는 우려에도 순례이니만큼 비무장 상태였다. 메디나에서 대규모의 무슬림이 소순례에 나섰다는 소식이 메카에도 전해졌다. 서로 목숨을 빼앗겠다고 칼을 겨눈 지 1년이 채 안 되었고, 그동안 무려 3번의 큰 전투를 치르면서 서로 죽고 죽인 원수가 자신들을 향해 온다는데 반길 사람이 어디에 있을까! 크게 놀란 메카 사람들은 200명으로 구성한 기병대를 바로 보내 메디나의 소순례단을 막고자 했다. 그러나 미리 정보를 입수한 무함마드는 메카군을 피해 험한 길로 전진하다가 메카에서 약 15km 떨어진 알후다이비야(al-Hudaybiyyah)에 멈췄다. 타고 가던 낙타가 더는 움직이려고 하지 않았기에 하나님의 계시로 생각해선 것이다.

알후다이비야에서 무함마드 일행과 메카 사람들은 서로 상대방의 의도를 확인하고자 분주히 움직였다. 이때 무슬림들이 무함마드에게 보인 존경심은 대단했던 것 같다. 메카 특사 우르와는 무함마드를 존경하는 무슬림의 마음이 페르시아인, 로마인, 에티오피아인들이 각기 자신들의 왕에게 보여 준 것과 비교가 되지 않게 높은 수준이라고 평가하면서 메카 지도자들에게 무함마드 일행이 순례만을 목적으로 삼고 왔으니 메카 순례를 허락하라고 조언했다. 그러나 메카는 받아들이지 않았다.

무함마드는 메카에 우스만(Uthman b. Affan)을 특사로 보냈다. 그런데 우스만의 행방이 묘연했다. 메카 사람들이 우스만을 죽였다는 소문까지 들려왔다. 이에 소순례에 나선 무슬림들은 적과 끝까지 싸우겠다는 굳은 결의를 무함마드에게 보였다고 한다.『꾸란』은 이렇게 말한다.

> 하나님께서는 나무 아래에서 그대에게 서약한
> 신자들을 보고 기뻐하셨다. 그들의 마음을 아시
> 고 평온을 내리시며 승리로 보답하셨다.
>
> (『꾸란』48장 18절)

이처럼 하나님이 기뻐했기에 나무 아래에서 한 결의를 "기쁨의 결의"라고 부른다. 한편 이 나무가 돔 형태였기에 '하드바(Hadba)'라고 했고, 후다이비야라는 지명이 여기에서 나왔다는 설이 있지만, 추측에 불과하다. 이 나무가 있던 자리에 모스크(이슬람교의 예배 장소)를 세웠다고 하는데, 15세기 초반까지는 알려지지 않았다.

메카는 문제가 불거지자 우스만을 석방한 후 수하일(Suhayl b. Amr)을 특사로 보내 무함마드와 협상을 시도했다. 오랜 의견 교환 끝에 협상문을 작성하려고 하자, 우마르(Umar ibn al-Khattab)●가 다신교도와 어떻게 협상할 수 있느냐며 반대하고 나섰다. 이에 무함마드는 하나님의 종이자 사도로서 하나님의 뜻을 따르니 하나님이 자신을 패배자로 만들지는 않을 것이라며 협상하는 이유를 설명했다. 훗날 우마르는 자신이 이날 자기 생각을 더 낫다고 여겨 무함마드에게 조언했다고 하면서, 돌이켜 보니 당시에 한 말이 두려워 희사와 단식과 예배를 계속하고 노예를 해방한다고 고백했다.

메카 특사 수하일은 협상 문안에 상당히 민감한 모습을 보이며 무함마드 측을 압박했지만, 무함마드는 유연한 모습

● 무함마드 사후 두 번째 칼리파[Khalif, 칼리프(Caliph), 최고지도자]로서 10년간 무슬림 세계를 다스렸다.

을 보였다. 협정문은 무함마드가 구술하고 알리가 받아 적었다. 무함마드가 "자비로우시고 자애로우신 하나님의 이름으로"라고 말하자 수하일은 이를 받아들일 수 없다고 하면서 "하나님, 당신의 이름으로"라고 해야 한다고 주장했다. 무함마드는 수하일의 의견을 받아들였다. 또 "이것은 하나님의 사도 무함마드가 수하일과 합의한 것이다"라고 무함마드가 말하자, 수하일은 "만일 내가 당신을 하나님의 사도라고 받아들였다면 당신과 싸우지 않았을 것이오. 당신과 당신 아버지의 이름을 쓰시오"라며 반대했다. 그러자 무함마드는 '하나님의 사도 무함마드'를 '압둘라의 아들 무함마드'로 고쳤다.

또 다른 전승에 따르면 무함마드가 이때 문안을 작성하던 알리에게 '하나님의 사도 무함마드'를 지우라고 했는데, 알리가 따르지 않고 버티자 무함마드가 직접 자신의 이름을 지웠다고 한다. 와트는 이처럼 무함마드가 직접 자신의 이름을 지운 것을 보면 무슬림의 믿음과 달리 무함마드가 문맹은 아니었을 것이라고 주장한다. 유연한 무함마드와 까탈스러운 수하일이 합의한 내용을 정리하면 다음과 같다.

1. 양측은 향후 10년 동안 적대적 행위를 하지
   않는다.
2. 원하는 사람이나 부족은 누구든지 양쪽 중

원하는 쪽에 가담하거나 원하는 쪽과 협정을
맺을 수 있다.

3. 보호자의 허락 없이 메카 사람이 무함마드
   진영에 가담하면 메카로 돌려보내야 하지만,
   무함마드 쪽 사람이 메카에 가담할 때는
   되돌려 보내지 않는다.

4. 이번 해는 순례를 할 수 없고 다음 해에
   3일간 소순례를 행한다.

628년 3월, 무함마드는 자신의 반대자인 메카의 꾸라이시 부족과 10년 기한의 '알후다이비야 평화협정'을 맺었다. 그런데 이슬람을 포기하고 메카로 가는 사람은 돌려받지도 못하고, 오히려 무슬림이 되겠다고 온 사람을 메카로 되돌려 보내야 한다는 합의 내용 때문에 무함마드 측 사람들이 동요했다. 그러나 이를 넓게 보면 반드시 불리한 것만도 아니었다. 신앙을 버리고 가는 사람을 억지로 돌려받는 게 좋을 리 없다. 또 이슬람으로 개종한 사람을 받아들이지 못하더라도 이들이 메카에 남아 이슬람을 전파할 수 있으니 불리하다고만 할 수도 없는 일이다. 궁극적으로 협정은 무함마드의 이슬람 운동에 긍정적인 효과를 가져왔다. 무함마드의 지도력을 메카에서 공식 인정했고, 싸움을 걸지 않는 한 무슬림이 방해받지 않고 이슬람 선교 활동을 자유롭게 할 수 있는 장이 열렸기 때문이다.

그러나 평화는 2년을 넘지 못했다. 메카의 동맹 바크르 (Bakr) 부족이 평화협정을 깨고 무함마드 측 동맹인 쿠자아 (Khuza'a) 부족을 공격했다. 이에 무함마드가 동맹 부족을 돕기 위해 출병하고 메카를 포위했다. 수세에 몰린 메카는 저항을 포기하고 항복했다. 무함마드는 고향을 떠난 지 8년 만인 630년, 무혈 귀향에 성공했다. 알후다이비야 평화협정이 무슬림의 메카 정복으로 이어진 것이다.

메카를 평정한 무함마드는 다시 메디나로 돌아왔고, 632년 세상을 떠났다. 무함마드는 혈연 중심의 부족 사회를 신앙 중심 사회로 바꾸었다. 어느 집안 출신인지가 중요했던 사회를 하나님 앞에서는 모두 평등한 믿음의 사회로 만들었다. 무함마드의 위대한 업적이다. 유일신 신앙에 담긴 평등과 사회적 약자 보호 의식으로 이슬람이 아라비아반도 전 지역뿐만 아니라 무함마드 사후 전 세계로 퍼질 수 있었다.

우리는 무함마드를 세상에 자비로 보냈다.

(『꾸란』 21장 107절)

『꾸란』이 하나님의 자비로 세상에 보냈다고 한 무함마드는 종교적 체험을 거쳐 종교적 지도자에서 종교·정치적 지도자로 통일 공동체 기반을 닦고 정신적 구심점이 되었다. 그러나 무함마드가 세상을 떠난 후 무함마드가 남긴 공동체를 이끌 제일 적합한 지도자는 누가인가를 두고 공동체가 갈라졌다.

최후의 예언자 무함마드가 남기고 간
무슬림 공동체는 예언자 없이
어떻게 신앙을 수호하며 존속할 수
있었을까?

2장

무함마드를 이어서

정통 칼리파

무슬림은 창조주 하나님이 만든 최초의 인간 아담을 인류 최초의 예언자로 여긴다. 아담부터 시작한 예언자 계보는 유대-그리스도교 성서에 등장하는 여러 인물로 이어진다. 그리스도인들이 신성을 지녔다고 믿는 예수 역시 예언자라고 한다. 물론 무슬림은 예수의 신성을 인정하지 않는다. 예수는 인성만을 지닌 예언자다.

이처럼 아담에서 예수까지 이어진 예언자 전승의 마지막에 무함마드가 자리한다. 무슬림은 하나님이 인류에게 보낸 마지막 예언자가 무함마드라고 믿는다. 무함마드 이후 예언자가 더는 나오지 않는다. 말 그대로 무함마드는 최후의 예언자다.

벽돌로 만든 집에 비유하자면, 예언자라는 집을 완성하는 마지막 벽돌이 무함마드다. 시간으로 따지자면 가장 늦게 출현했지만, 무함마드가 없으면 예언자 전통이 완성되지 않는다. 따라서 무함마드는 예언자 계보를 완성한 위대한 인물이다. 아랍어로 최후의 예언자 무함마드를 '카타물 안비야(Khatam al-Anbiya, Seal of the Prophets)', 즉 '예언자의 봉인(封印)'이라고 부른다. 이슬람에서는 최후의 예언자 무함마드 이후에도 예언자 전통이 이어진다고 하는 사람을 이단으로 내친다.

역사적으로 보면 632년 무함마드가 병으로 죽은 후 무슬림 공동체는 큰 충격에 빠졌다. 예언자는 어디까지나 인간이기에 죽음을 피할 수 없는 유한한 존재다. 이를 잘 알고 있음에도 인정하기 어려웠던 모양이다. 오랜 동료이자 2년 후 무슬림 공동체의 지도자가 된 우마르는 하나님의 사도가 죽지 않았고, "이슬람이 모든 다른 종교를 지배할 때까지 죽지 않을 것"이라며 무함마드의 죽음을 부인했다. 이에 무함마드 사후 첫 지도자가 된 아부 바크르(Abu Bakr)는 충격에 빠진 공동체 사람들에게 "무함마드를 숭배하는 자들이여, 무함마드는 죽었다. 하나님을 숭배하는 자들이여, 하나님은 영원히 죽지 않는다"라고 외쳤다. 하나님의 무한성에 비추어 예언자의 유한성을 강조하면서 공동체의 동요를 수습한 것이다.

그렇다면 최후의 예언자가 남기고 간 무슬림 공동체는

예언자 없이 어떻게 신앙을 수호하며 존속할 수 있었을까? 더는 예언자가 나오지도 않는 상황에서 예언자를 대리하는 지도자가 무슬림을 이끌었다. 이러한 지도자를 '칼리파(Khalifah)'라고 불렀다. 하나님 사도(라술 Rasul)의 대리자(칼리파)라는 뜻을 지닌 '칼리파 라술 알라'의 줄임말이다. 특별히 처음 4명의 칼리파를 후대의 칼리파와 구분하여 '라시둔(Rashidun, 하나님이 올바르게 인도한 대리자)'이라고 부르고 존경을 표한다. 우리말로는 라시둔을 정통(正統) 칼리파라고 번역한다. 이슬람을 정치적 원리로 삼는 근본주의 무슬림은 예언자와 이 4명의 칼리파가 다스린 시대를 가장 이상적인 시기로 여기고 오늘날에도 재현하고자 노력한다. 그렇다면 라시둔 시대는 후대와 어떻게 달랐던 것일까?

오늘날 무슬림 세계는 거의 예외 없이 절대왕정, 또는 비민주적 공화정을 유지하고 있다. 절대왕정은 말 그대로 왕의 권한을 헌법이 제한하지 못한다. 후계자는 역시 선왕의 뜻을 존중하여 세습한다. 공화정에는 왕이 없지만, 사실상 공화정 수반이 왕처럼 군림하기에 현대 무슬림 세계에서 왕정과 공화정의 차이는 거의 없다고 해도 과언이 아니다. 공화정을 채택한 이집트나 시리아에서 보듯, 한 번 권좌에 오른 대통령은 쉽게 물러나지 않는다. 후계자 선정도 왕정과 다를 바 없다. 시리아의 경우 아버지 하페즈 알아사드에 이어 아들 바샤르 알아사드가 권좌를 이어가고 있다. 부자세습 공화정이다.

〈무함마드 사후 정통 칼리파 4인〉

	이름	재위 기간	무함마드와 관계	즉위 방식	죽음
1	아부 바크르	632-634	동료, 장인 (3번째 아내 아이샤의 아버지)	선출 (우마르가 추천)	병사
2	우마르	634-644	동료, 장인 (4번째 아내 하프사의 아버지)	선출 (아부 바크르가 임명)	살해
3	우스만	644-656	사위(무함마드의 둘째 딸과 혼인 후 사별하자 세 번째 딸과 재혼)	선출 (협의회)	살해
4	알리	656-661	사촌 동생, 사위 (네 번째 막내딸 파티마와 혼인)	선출 (메디나 주민)	살해

이렇듯 권력을 세습하는 전통은 사실 정통 칼리파 시대의 것이 아니다. 정통 칼리파는 모두 무함마드와 같은 꾸라이시 부족 출신이었지만, 부자나 형제도, 같은 집안 출신도 아니었다. 사실 무함마드가 이룬 가장 위대한 업적은 혈연 중심의 아랍 사회를 신앙 중심의 이슬람 사회로 바꾼 것이다. 이를 반영이라도 하듯, 무함마드 사후 무슬림 공동체의 지도자는 비록 꾸라이시 부족에서 나오긴 했지만, 칼리파 4명 모두가 서로 가까운 친족으로 얽히지는 않았다.

먼저 아부 바크르는 무함마드가 예언자 소명을 받았을 때부터 함께 한 오랜 동료로, 무함마드가 메카 사람들의 박해를 피해 메디나로 이주할 때 유일하게 동행한 사람이었다.

무함마드보다 세 살 어린 것으로 알려진 아부 바크르는 메디나로 이주하기 전 홀로 된 무함마드가 여섯 살 된 자신의 어린 딸 아이샤를 아내로 맞도록 했다. 둘의 혼인은 623년 또는 624년에 정식으로 이루어졌는데, 당시 아이샤의 나이는 약 10세였을 것으로 추정한다. 아부 바크르는 이로써 무함마드의 동료이자 장인이 되었다.

　　무함마드 사후 아부 바크르가 첫 번째 칼리파가 된 것은 뒤를 이어 두 번째 칼리파가 된 우마르의 힘이 컸다. 무함마드가 살아 있을 때 무함마드를 대신해 예배를 이끌 정도로 아부 바크르의 위상은 높았지만, 무함마드가 죽자 메카에서 온 무슬림을 도왔던 메디나의 조력자들은 자신들 가운데에서 지도자를 옹립하려고 했다. 이에 우마르가 설득하여 아부 바크르가 첫 번째 칼리파가 되었다. 꾸라이시 출신 공동체 지도층이 합의한 결과다. 아부 바크르는 부유함을 마음에 두지 않고 소박한 삶을 산 것으로 유명하다. 후대 사람들이 아부 바크르를 존경한 이유다.

　　아부 바크르가 2년간 칼리파로 공동체를 이끌다 죽음의 문턱에 이르러 우마르를 후계자로 옹립하라는 유언을 훗날 우스만(세 번째 칼리파)에게 남기고 세상을 떠났다. 아부 바크르의 뜻에 따라 두 번째 칼리파가 된 우마르는 원래 무함마드의 반대편에 섰던 인물로, 무함마드의 신앙 운동이 메카 사회에 분열을 조장한다고 싫어하며 이슬람을 막았다. 여동생과 매제가 무슬림이 되었다는 것을 알고 불같이 화를 냈던 우마르는 여동생 집에서 흘러나오는 『꾸란』 낭송에 매료되어 무슬림이 되었고, 이후 이슬람 보호와 전파에 혁혁한 공을 세웠다. 그리스도교의 사도 바울로처럼 박해하는 자에서 선교하는 자로 극적인 전환을 했기에 우마르를 '이슬람의 바울로'•라고 부르기도 한다. 아부 바크르처럼 우마르도 무함마드의 동료이자 장인이었다. 무함마드는 과부가 된 우마르의 딸 하프사(Hafsa)를 네 번째 아내로 맞았다.

우마르 또한 수수하고 검소한 삶으로 정평이 났는데, 그렇지 못한 일에는 벌컥벌컥 화도 잘 냈다. 무슬림 장수들이 비단옷을 입고 있는 것을 보고 돌을 던졌다는 일화가 있을 정도다. 전승에 따르면, 637년 무슬림군이 점령한 예루살렘에 낙타를 타지 않고 신발을 손에 든 채 맨발로 걸어 들어가는 우마르를 지켜본 예루살렘 주민들이 많이 놀랐다고 한다. 예루살렘의 그리스도인들은 정복자라면 으레 압도적인 기병의 호위를 받고 웅장한 말발굽 소리를 내며 입성하리라 생각했는데, 너무도 소박한 우마르의 모습을 보고 감탄했다는 것이다.

• 초기 그리스도교에서 바울로는 예수를 따르는 사람들을 박해하다 강렬한 종교 체험 후 예수를 따르는 사람이 되었다.

아부 바크르와 우마르는 지도자의 권위가 무력이 아니라 질박한 삶의 양식에서 나온다는 사실을 잘 보여주었다. 이두 사람은 무함마드 사후 무슬림 공동체를 더욱 단단하게 만든 주역이었다. 사실 무함마드와 함께 생활할 때도 두 사람은 공동체 운영에 상당히 중요한 비중을 차지했을 것이다. 그래서 조금 과장된 말로 무함마드, 아부 바크르, 우마르가 삼두정치를 했다고 보는 시각도 없지는 않다. 그런데 아부 바크르보다 우마르의 역할이 더 컸던 것 같다. 무함마드가 "하나님께서 나 다음으로 예언자를 내신다면 그건 우마르일 것이다"라고 말했다는 전승 기록은 이를 반영하는 듯하다. 그러나 순니와 달리 시아 무슬림은 우마르가 알리와 예언자 집안사람들을 제대로 우대하지 않았다고 하면서 우마르를 향한 적의를 숨기지 않는다.

우마르는 모스크에서 바스라 총독의 그리스도교인 노예의 칼에 찔려 죽었는데, 죽기 전 침상에서 자신의 후계자를 뽑을 협의회 구성을 요청했다고 한다. 우마르가 차기 지도자로 특정인을 염두에 두었는지는 확실하지 않지만, 협의회는 우스만을 세 번째 칼리파로 낙점했다. 우스만은 이슬람을 반대한 우마야 가문 출신이지만, 이슬람 신앙 운동에 일찍 참여했고, 무함마드의 둘째 딸 루까야를 아내로 맞았으며, 루까야가 죽은 후에는 셋째 딸 움 쿨숨과 부부의 연을 맺어 무함마드의 겹사위가 되었다. 우리의 가족 관념으로는 도저히 이해하기 어려운 일이다. 시아 전승은 우스만의 두 아내가 모두 예언자의 딸이 아니라고 부인한다.

부유한 상인 출신이었지만 소박했던 우스만이 칼리파로 즉위하면서 초기 무슬림 공동체에 분열의 바람이 불기 시작했다. 우스만을 향한 비판의 목소리가 상당히 많이 기록되어 있는데, 무엇보다도 자신이 속한 우마이야 가문 사람들을 요직에 중용한 것이 문제였다. 지나치게 독립적인 총독의 권한을 제한하려는 의도라고 이해할 수는 있지만, 친족에게 의존하는 인사는 환영받지 못했다. 전승은 우스만 집권 12년을 선정 6년, 실정 6년으로 나누어 본다. 전승에 따르면 7년째 되던 해 우스만이 예언자의 인장(印章)을 잃어버렸는데, 공교롭게도 그해 이라크에서 경제난과 반란의 기운이 퍼지기 시작했다고 한다.

이집트의 경우 경제적 어려움이 겹치면서 우스만이 예언자의 전통에 따라 부를 제대로 분배하지 않는다는 비난이 일었고, 우스만의 친족 등용으로 권력에서 소외된 사람들이 반란의 불씨를 키우면서 결국 이집트의 반란군이 메디나로 몰려왔다. 우스만은 이들을 잘 달래 되돌려 보냈다. 반란군은 귀향길에 우스만이 이집트 총독에게 보낸 서신을 전하려던 전령을 붙잡았는데, 편지에는 반란군이 이집트에 도착하면

처리하라고 적혀 있었다. 격노한 반란군이 메디나로 발길을 되돌렸다. 우스만은 서한이 위조됐다고 해명했지만, 결국 살해당했다. 12년에 걸친 우스만의 칼리파직은 656년에 이렇게 막을 내렸다.

우스만 피살이라는 혼돈의 시기에 알리가 네 번째 칼리파로 선출됐다. 우스만을 죽인 이들이 알리를 지지하면서 우스만의 죽음을 알리가 사주했다는 의심을 불러일으켰다. 물론 알리는 당시 메디나에 있던 무슬림의 선택을 받았기에 우스만을 죽인 사람들만의 지지에 힘입어 칼리파가 된 것은 결코 아니었지만, 우스만을 죽인 자들에게 복수의 칼을 갈고 있던 우스만 친족 눈에 알리는 공적이 되었다. 더욱이 알리는 예언자의 아내 아이샤와도 사이가 좋지 않았다. 무함마드의 사촌 동생인 알리는 무함마드의 네 번째 딸 파티마(Fatimah)를 아내로 맞아 무함마드의 사위이기도 했다. 알리가 약 15세 정도 더 연상이지만, 아이샤는 알리의 장모다.

알리와 아이샤는 서로 사이가 좋지 않았다. 전승에 따르면, 아이샤가 무슬림군과 함께 하던 중 뒤처져 일행과 떨어지자 젊은 병사가 아이샤를 찾아 나섰다. 둘이 다음 날 나타나자 불륜을 저질렀다는 소문이 퍼졌다. 이에 알리는 무함마드에게 이혼을 권했다고 한다. 물론 둘은 헤어지지 않았다. 아이샤가 부정한 짓을 하지 않았다는 『꾸란』 계시가 내려왔기 때문이다. 그러나 자신에게 불리한 말을 한 알리를 아이샤가 좋아하지는 않았을 것이다.

알리는 칼리파가 되자마자 아이샤를 중심으로 뭉친 반군의 도전에 직면했다. 656년 바스라에서 아이샤가 탄 낙타를 둘러싸며 벌어진 전투에서 알리의 군대가 승리했다. 물론 알리는 패배한 아이샤를 정중하게 대했고, 아이샤는 정치적으로 조용한 삶을 살았다. 아이샤가 탄 낙타 주변에서 치열한 격전이 벌어졌다고 해서, 역사는 이를 '낙타의 전투'라고 부른다. 이 전투에서 알리가 승리했지만, 반란의 불씨는 꺼지지 않았다. 우스만의 친족으로 우스만의 죽음을 복수하겠다는 의욕에 불타며 알리에게 책임을 묻고 있던 당시 시리아 총독 무아위야가 반란의 깃발을 다시 들었다. 657년 양측 군대는 시리아와 이라크의 국경 지역인 유프라테스강변 시핀(Siffin)에서 격돌했다.

무아위야는 영리했다. 무아위야의 군대는 창끝에 『꾸란』을 꽂아 중재를 요청했다. 무슬림의 피를 흘리기 꺼렸던 알리는 이를 받아들여 중재가 시작됐는데, 알리의 추종자 중 일부가 『꾸란』을 근거로 알리의 결정이 정의롭지 못하다고 반대했다.

그리고 믿는 사람들이 둘로 나뉘어 싸우면 먼

저 합의하라. 그러나 둘 중 하나가 다른 하나를 억압하면, 억압하는 쪽이 하나님의 명령을 들을 때까지 싸우라. 하나님의 말씀을 따르면, 정의롭게 합의하고 공정하게 행동하라. 하나님께서는 공정한 사람들을 사랑하신다.

(『꾸란』 49장 9절)

『꾸란』의 명확한 해결책을 따라야 한다는 것이다. 반란자 무아위야의 중재 요구를 받아들이는 것은 정의롭지 못하다는 불만을 제기한 이들은 결국 알리의 진영에서 이탈했다.

이 사람들을 '카와리즈(Khawarij)'라고 하는데, '떠난 자들'이라는 뜻이다. 알리는 카와리즈를 응징했고, 이에 카와리즈는 661년에 알리를 살해했다. 알리의 죽음으로 정통 칼리파 시대는 막을 내렸다.

친족을 우대하며 중용한 우스만의 실정에서 무너지기 시작한 정통 칼리파 시대는 우스만 피살 → 4대 칼리파로 알리 선출 → 낙타의 전투/시핀 전투 → 알리 피살이라는 일련의 비극적 내전의 혼란을 겪었다. 알리가 죽은 후 알리 진영은 알리의 큰아들 하산이 잠시 이끌다가 무아위야와 평화 협정을 맺어 무아위야에게 무슬림 공동체 지도자 자리를 넘겼다. 이로써 우마이야 칼리파조가 시작되었다. 무아위야는 우마이

야 가문 출신이다. 그래서 우마이야 칼리파조라고 한다. 우마
이야 칼리파조는 정통 칼리파조와 달리 세습으로 칼리파 자
리를 이었다. 예언자 무함마드가 혈연 중심의 아랍 사회를 신
앙 중심의 공동체로 바꾸었고, 정통 칼리파 시대는 신앙 중심
사회를 이어갔지만, 딱 거기까지였다. 다시 혈연이 신앙을 눌
렀다.

우마이야 칼리파조 이래 무슬림 세계의 정치 현실은 세
습과 독재의 연속이다. 그래서일까. 선출과 협의를 중시했던
정통 칼리파 시대를 무슬림은 이상적인 황금시대로 그리워한
다. 그때의 정신만 살린다면 훌륭한 정체(政體, 국가의 통치 형태)
가 될는지도 모른다. 질투와 다툼이 없었던 것은 아니지만, 부
유해졌음에도 불구하고 소박한 삶을 산 지도자를 협의하여
뽑을 수 있었던 시대였으니 말이다.

순니와 시아

‘순니’는 ‘순나(Sunna, 예언자의 전통)’와 ‘공동체(Jama'a, 자마아)를 따르는 사람들'이라는 말에서 나왔다. 편의상 뒷말 공동체 대신 앞말 전통의 아랍어인 ‘순나’, 곧 ‘예언자 무함마드의 언행을 따르는 사람’을 ‘순니’라고 부른다. 엄밀히 말하면 아랍어 표현상 순니파가 아니라 순나파라고 부르는 것이 옳다. 현재 세계 무슬림 인구의 약 85~90%가 순니다.

시아파는 당파라는 뜻을 지닌 아랍어 ‘시아(Shi'a)’에서 나온 말이다. 예언자 무함마드의 사촌 동생이자 사위인 ‘알리를 따르는 당파’라는 뜻의 ‘시아투 알리(Shi'at Ali)’에서 나온 말이다. 무슬림 인구 중 10~15% 정도가 시아파에 속한다. 시아파 사람을 ‘시이’라고 한다. 시아파는 무슬림 공동체 지도자를

'이맘'이라고 하는데, 선대 이맘(Imam)을 잇는 후계자를 두고 이견이 있었다. 그래서 전통적으로 5이맘파(자이디, Zaydi), 7이맘파(이스마일리, Ismaili), 12이맘파(이마미, Imami)로 나뉘지만, 주류인 12이맘파를 중심으로 설명하고자 한다.

시아파 이슬람국가를 이룬 곳은 이란밖에 없지만, 중동 전역 특히 이라크, 레바논, 바레인, 시리아 등지에 널리 퍼져 있다. 세속국가인 아제르바이잔의 경우 전 국민의 약 95%가 무슬림이고, 이 가운데 85%가량이 시아 무슬림이다. 파키스탄은 무슬림 중 약 20~30%가 시아파에 속한다. 오늘날 페르시아어를 쓰는 이란이 시아 국가라고 해서, 시아 이슬람을 아랍인 중심 이슬람에 저항한 페르시아인들의 민족운동으로 오해해서는 안 된다. 알리를 비롯해 시아가 존숭하는 종교적 인물은 모두 아랍어를 쓰는 아랍인이었고, 시아 운동은 아랍인이 시작했기 때문이다. 이란 지역에서 시아가 국교가 된 것은 16세기 사파비 제국 시대부터다.

이슬람이라는 큰 틀에서 순니와 시아는 기본적으로 공통 이슬람 신앙을 공유한다. 비록 소소한 의례의 차이는 있지만 순니와 시아는 함께 예배에 참석한다. 그런데도 서로 다른 길을 걷게 된 결정적 이유는 예언자 무함마드가 죽은 다음 무슬림 공동체를 이끌 가장 적합한 지도자가 누구이고, 지도자가 하는 역할이 무엇이냐를 두고 서로 생각이 달랐기 때문이다. 순니는 무함마드를 잇는 지도자를 단순히 무함마드의 칼리파, 즉 예언 능력도 영적 또는 종교적 능력이 없는 정치적 대리인으로 본다. 순니의 칼리파는 무함마드 이후 1924년 3월 3일 튀르키예 의회가 칼리파 제도를 폐기할 때까지 이어졌다.

그러나 순니 무슬림이 가장 존경하는 진정한 의미의 칼리파는 초기 4명(아부 바크르, 우마르, 우스만, 알리)의 정통 칼리파다. 반면 시아는 순니의 4대 정통 칼리파 중 알리만 인정한다. 예언자 무함마드가 죽기 직전 마지막 메카 순례를 마치고 메디나로 돌아오던 중 가디르쿰(Ghadir Khumm)이라는 곳에서 "나를 지도자로 따르는 사람들이여! 여기 알리가 지도자다"라고 한 말을 근거로 알리를 유일하게 적법한 후계자로 받든다. 따라서 무함마드가 죽은 다음 알리에 앞서 공동체의 지도자가 된 3명의 칼리파는 알리의 후계권을 찬탈한 무법자다. 물론 순니는 이러한 주장에 동의하지 않는다.

시아에게 알리는 순니의 칼리파처럼 단순한 정치적 수장이 아니라 영적인 영역까지 포괄하는 지도자로, 이맘이다. 물론 예언 능력은 없다. 예언자는 무함마드 이후 더는 나올 수 없기 때문이다. 순니에서 이맘은 예배를 이끄는 사람, 뛰어난 학자, 정치 지도자의 뜻을 지니고 있는데, 원칙적으로 무슬림이라면 누구나 이맘이 될 가능성이 있다. 그러나 시아에서 이맘은 구체적으로 예언자 무함마드 후손 중 예언자의 빛을 내적으로 지닌 흠 없이 순결한 사람으로, 예언자에게 내린 하나님의 말씀『꾸란』경전의 내적 의미를 가장 정확하게 해석할 수 있는 영적인 힘을 지닌 존재다.

시아 무슬림의 설명에 따르면 하나님은 가장 먼저 무함마드의 빛을 만들었다. 이 빛으로부터 세상 만물이 창조된다. 무함마드의 빛은 아담 이후 모든 예언자에 내재하는 것으로, 모든 예언자적 지식의 원천이다. 아담부터 시작한 예언자 시대는 무함마드로 끝이 났지만, 이 빛은 이맘에게 존재한다. 모든 오류로부터 이맘을 보호하는 이 빛은 무함마드 가계에서 알리와 무함마드의 딸 파티마 사이에서 낳은 후손들로 이어지는데, 각 세대에서 한 사람만 받는다. 이는 곧 이맘이 무함마드 가계 혈통의 계승자를 넘어서 영적인 계승자임을 나타낸다.

이맘파는 이러한 이맘으로 12명만을 인정하기에 흔히 12이맘파라고 한다. 1대 이맘은 알리, 2대 이맘은 그의 큰아들 하산, 3대는 둘째 아들 후세인, 4대부터 12대까지는 후세인의 직계 후손들이다. 이맘들은 무함마드 계시의 내적 의미를 가장 정확하게 해석하는 영적인 힘을 지닌 존재로 무함마드 집안사람들이 최적임자다. 순니 역시 무함마드 집안사람들에게 존경심을 지니고 있지만, 시아처럼 영적인 권위를 부여하지는 않는다.

시아의 이맘은『꾸란』계시와 예언자 무함마드가 가르친 것을 설명하고 법을 해석하면서 무슬림 사회의 영적인 지도자 역할을 한다. 이는 곧 상황이 허락한다면 무슬림 공동체를 다스릴 수 있음을 뜻한다. 이맘은 하나님의 증거로서 신적인 권위를 부여받은 존재다. 이맘의 말은 하나님의 말이요, 이맘의 명령은 하나님의 명령이다. 그래서 이맘의 판단에는 잘못이란 없고, 믿는 사람들은 이맘에게 반드시 복종해야 한다. 순니의 칼리파는 법의 수호자이지만, 이맘은 법을 해석하는 스승이다.

시아의 이맘은 로마 가톨릭 교황과 유사한 점이 많은데, 무엇보다도 눈에 띄는 것은 무오류성이다. 교황처럼 이맘의 무오류성은 절대적이다. 오류가 없기에 이맘의 가르침은 믿는 이들에게 절대성을 지닌다. 또한 이맘은 항상 존재한다. 가톨릭 전통이 교황직을 비워두지 않는 것처럼, 시아의 이맘 역시 그러하다. 다만 역사적으로 시아의 이맘은 12대 이맘이 마지막 이맘이다. 그렇지만 마지막 이맘은 현재 인간의 눈에 보이지 않는 모습으로 죽지 않은 채 어딘가에 숨어 존재하고, 세상 종말에 나타날 것이다. 가톨릭 전통은 예수의 수제자 베드로를 초대 교황이라고 하고, 이를 오늘날까지 이어지는 교황직 권위의 근거로 삼는다. 예수의 가르침을 가장 잘 계승하고 천국의 열쇠를 지닌 베드로가 교황직의 성스러움을 보장해주는 것이다. 이맘의 경우에는 무함마드의 가르침을 가장 가까이에서 보고 배운 알리로부터 이맘의 권위가 나오고 영적인 힘이 알리의 후손을 통해 이어진다.

시아의 이맘이 교황과 다른 점은 결혼해서 후손을 낳았다는 것이다. 그리고 교황처럼 선출되는 게 아니라 혈통으로 계승된다. 이러한 이맘을 따르기에 시아는 스스로 이맘을 추종하는 사람들, 곧 이맘파라고 한다.

순니와 시아는 카르발라 비극이라는 구체적 역사적 사건으로 서로 갈라졌다. 3대 정통 칼리파 우스만이 적의를 품은 한 무리의 무슬림에게 살해당한 후, 알리가 4대 칼리파로 선출됐다. 그러나 알리는 우스만 피살 사건을 제대로 조사하지 않았다는 이유로 반대파의 도전을 받았다. 알리는 수도를 메디나에서 쿠파로 옮기고 정권의 안정을 꾀했지만, 우스만의 친족이자 시리아 총독인 무아위야의 도전을 받아 시핀에서 맞섰다. 승리를 눈앞에 둔 상황에서 하나님의 뜻에 따라 문제를 해결하자는 무아위야 측의 중재안을 알리가 받아들이자, 불만을 품은 알리 지지자 일부가 알리 진영에서 이탈한다. 결국 알리는 이들 내부 반대파에게 살해당했고, 혼란을 틈타 무아위야는 손쉽게 칼리파직을 차지한 후 우마이야 칼리파조를 열었다.

알리에게는 하산과 후세인이라는 두 아들이 있었다. 하산은 우마이야 왕조의 회유에 따라 아버지 알리의 칼리파직을 포기하고 조용히 살다가 메디나에서 죽는다. 시아 무슬림은 하산이 독살됐다고 믿는다. 무아위야가 죽자 무아위야의 아들 야지드가 칼리파직을 계승하는데, 알리의 둘째 아들 후세인은 새로운 칼리파 야지드에게 충성의 맹세를 거절했다. 후세인은 자신을 새로운 지도자로 선포한 시아의 염원에 따라 식솔과 추종자를 이끌고 메디나를 떠나 시아의 근거지인 이라크 쿠파로 향한다. 그러나 야지드가 보낸 군대가 쿠파에서 약 40km 떨어진 카르발라에서 후세인과 일행을 무참히 살해한다. 이슬람력으로 새해 첫 달인 무하르람 10일, 서력으로는 680년 10월 10일의 일이다. 이날을 아랍어로 '아슈라(Ashura)'라고 하는데, 10일이라는 뜻이다.

후세인의 비극적 죽음은 1,300여 년이 지난 오늘날까지도 시아 무슬림에게 시아라는 정체성을 확고히 심어 준 날이다. 매년 후세인의 죽음을 기리는 아슈라 기일의례(忌日儀禮)가 40일 전부터 시작해 아슈라 당일인 10일이 되면 절정에 이른다. 시아 무슬림은 카르발라의 고통과 슬픔을 재현한다. 자신의 등을 쇠사슬이나 칼 같은 것으로 치면서 고통을 재현하고 느낀다. 바로 가까운 곳에 있었어도 죽어가는 후세인에게 도움의 손길 한 번 제대로 주지 못했던 비통함이 1,000년 넘게 지속되는 것이다. 또 예배 중 절할 때마다 시아는 (카펫에 이마를 대는 순니와 달리) 흙으로 만든 모흐르(Mohr)에 이마를 댄다. 실로 카르발라의 비극은 그리스도인의 십자가와 같은 뜻이다. 그러나 그리스도인에게는 십자가 죽음 뒤 부활이라는 영광이 있지만, 시아에게는 애통함만이 남아 있다. 한마디로 부활 없는 십자가 사건이라고 해도 좋을 것이다. 그런데 지극한 이 슬픔 뒤에는 불의한 세상 권력에 저항하는 강력한 정의 의식이 살아 숨 쉬고 있다.

이맘, 카르발라와 함께 순니와 시아를 가르는 또 다른 핵심 단어는 마흐디 사상이다. '마흐디(Mahdi)'는 아랍어 동사 '하다(hada)', 즉 '인도(引導)하다'에서 파생된 말로 '하나님이 바르게 인도한 사람'을 뜻한다. '인도하다'는 『꾸란』의 핵심어 중 핵심어다. 『꾸란』 첫 장을 펴면 하나님에게 "저희를 바른길로 인도해 주소서!(1장 6절)"라고 간절히 바라는 기원문이 나온다. 서방 그리스도교가 원죄, 세례, 구원을 이야기할 때, 이슬람은 시종일관 자비로우시고 자애로우신 하나님의 인도를 강조하고 또 강조한다. 『꾸란』에서 말하는 인도의 주체는 하나님이니, 마흐디는 하나님이 이끄는 자다.

정작 『꾸란』에는 마흐디라는 말이 나오지 않지만, 초기 이슬람 시대에 이 말은 존칭어로 쓰였던 것 같다. 7세기 초 무함마드와 같은 시대를 살았던 시인 하산 이븐 사비트(Hasan ibn

Thabit)는 무함마드를 마흐디로 불렀다. 7세기 후반에는 이슬람을 원래대로 완전한 모습으로 재현할 공동체의 지도자를 마흐디로 부르기도 했다.

그런데 후대로 갈수록 마흐디는 종말론적 인물을 뜻했다. 무슬림들은 마흐디를 하나님이 보낸 메시아와 같은 존재로 받아들였다. 종말에 이른 세상이 불의로 가득 차 있을 때 정의를 세우는 인물로 이해한 것이다. 초기 이슬람 시대에 무함마드를 마흐디로 부를 때는 이러한 종말론적 의미가 없었다.

순니파 무슬림은 마흐디의 존재를 두고 서로 의견을 달리했다. 마흐디라는 종말론적 인물이 따로 있는 것이 아니라 마리아의 아들 예수가 바로 마흐디라고 하는 의견이 있는가 하면, 예수 재림 때 마흐디가 무슬림 공동체를 이끈다는 견해도 있었다. 『꾸란』에 따르면 십자가형을 당하지 않고 하나님이 들어 올렸기에 예수는 종말의 시각에 다시 강림하는데, 마흐디와 예수의 관계를 두고 의견이 분분했다. 예수 외에 따로 마흐디는 없다는 전승과 마흐디와 예수가 둘 다 세상 종말 때 온다는 전승이 혼재한다.

순니 세계의 대표적인 석학 알가잘리(1058~1111)를 위시하여 여러 저명한 순니파 무슬림 학자는 마흐디를 언급하는 것을 애써 피했다. 마흐디라는 존재가 불확실하다고 의심했을 수도 있지만, 종말론적 존재 마흐디가 내포한 정치적 변혁,

사회변동을 우려하는 마음이 더 컸을 가능성이 크다. 마흐디는 기존 정치 질서를 무너뜨리고 새로운 세계를 건설하기에 마흐디 신앙이 커질수록 현존 무슬림 사회의 붕괴나 분열이 촉발될 여지가 더 많기 때문이다.

우리 역사와 비교하면, 후고구려를 세운 궁예가 (미륵불의 화신을 자처하면서) 새로운 세상을 여는 미륵불을 정변의 동력으로 삼았던 것처럼, 마흐디도 기존 정치 질서를 허물면서 무슬림 사회의 격변을 촉발할 수 있다.

마흐디에 관한 전승 대다수를 신뢰할 수 없다고 반박한 이븐 칼둔(1332~1406)은 그의 역작인 『무깟디마[Muqaddima, 서설(序說)]』에서 사람들이 마흐디에 대해 갖고 있던 생각을 다음과 같이 전한다.

"사람들은 종말의 시각이 오면 예언자 무함마드 집안 출신 인물이 이슬람 신앙을 굳건히 하고 정의를 확립할 것이라고 믿는다. 무슬림들이 그를 따를 것이다. 그는 무슬림들을 다스리고, 마흐디로 불린다. 그의 뒤를 이어 적그리스도가 등장한다. 이때 전승에 기록된 대로 종말의 징후가 나타난다. 그런 후 예수가 강림하여 적그리스도를 죽인다. 또는 마흐디와 함께 예수가 강림하여 마흐디를 도와 적그리스도를 죽이고, 예배 때 마흐디 뒤에 선다."

그러나 순니 이슬람에서는 마흐디가 종말에 이슬람의

정의를 굳건히 세울 것이라는 믿음이 신조로 확립되지는 못했다. 순니의 신앙을 대변하는 5가지 기둥(신앙 증언·예배·회사·단식·순례), 6가지 믿음(유일신·경전·예언자·천사·최후의 심판·정명) 어디에도 마흐디의 도래가 명문화되지 않았다.

시아, 더 상세히 구분하여 말하자면 시아의 주류인 12이맘파 시아의 마흐디관(觀)은 순니와 크게 다르다. 873년 11번째 이맘 하산 알아스카리가 죽자 장례를 이끈 12번째 이맘 마흐디는 목숨을 노리던 순니 압바스 칼리파조의 칼날을 피해 오늘날 이라크 사마르라의 10번째, 11번째 이맘 무덤 옆 모스크 아래 동굴 속으로 사라졌다고 한다.

사람들의 눈앞에서 사라졌지만, 12번째 이맘은 죽지 않고 숨어서 4대에 걸친 충직한 대리자(wakil)를 매개로 세상과 소통하며 영적으로 시아를 이끌었다. 대리자는 죽을 때 다음 후계자를 지정해 숨은 이맘과 접촉했다. 941년 이맘 마흐디는 4번째 대리인 아불 하산(Abu al-Hasan)에게 자신이 6일 후 죽을 터이니 준비를 잘하고, 다음 대리인은 지명하지 말라는 내용의 서한을 직접 서명하여 보냈다. 세상 종말의 날이 올 때까지 하나님의 허락이 없는 한 세상에 모습을 드러내는 일이 없다고 했다. 4번째 대리인은 죽기 직전 누가 다음 대리인이 될 것이냐는 주변의 질문에 "이 순간부터 모든 것은 하나님의 손에 달려 있다. 그분이 알아서 하실 것이다"라는 말을 남기고 세상을 떠났다. 마지막 대리자가 이맘의 뜻대로 다음 대리자를 지명하지 않고 죽자, 이제 시아는 죽지 않고 살아서 어딘가에 숨어 보이지 않는 이맘과 더는 소통할 수 없는 상황에 직면했다. 이맘과 세상의 시아가 더는 접촉할 방법이 없어진 것이다.

시아는 4번째 대리인의 죽음을 기점으로 874~941년을 12번째 이맘의 소은재기(小隱在期), 이후를 대은재기(大隱在期)로 나눈다. 더는 대리인이 없기에 세상은 12번째 이맘과 소통할 통로가 없다. 그래서 이맘의 대은재기다. 그러나 시아는 여전히 살아 어딘가에 숨어 있는 이맘이 마흐디로서 세상 종말에 올 것이라고 믿는다.

순니는 이슬람 신앙을 올곧게 하고 정의를 세울 마흐디가 예언자 집안사람이지만, 시아가 말하는 12대 이맘은 아니라고 생각한다. 순니와 시아 모두 마흐디는 불의와 죄로 가득 찬 세상을 정리하는 종말론의 핵심 인물로 그리스도교인들이 기다리는 재림예수와 유사하나 예수와 달리 신성이나 죽음 내지 부활의 요소는 전혀 없다. 신성이 없는 메시아로 보면 마흐디를 이해하는 것은 어렵지 않다. 그런데 마흐디가 누구인지 구체적으로 지목하지 않는 순니와 달리 시아는 12번째 이맘이 마흐디라고 믿는다.

현실 세계의 박해와 고난이 크면 클수록 정의로운 사회

를 향한 열망과 관심은 상대적으로 증가하는 법인데, 시아의 역사는 고난과 박해의 역사다. 시아는 실로 역사 속에서 박해를 당했다. 특히 이맘들은 순니 정권으로부터 끊임없는 견제와 핍박을 당했다. 그렇기에 시아는 고통을 견디며 내재화하는 힘이 순니보다 강하다. 이러한 맥락에서 시아의 마흐디 사상이 순니보다 더 강렬할 수밖에 없었을 것이다.

시아에게 지금, 바로 이 순간에도 세상 어딘가에 숨어 있는 죄 없고 흠 없는 12번째 이맘은 기나긴 불의의 역사를 마무리하고 종말이 오기 전에 나타나 평화롭고 정의로운 세상을 세울 메시아다. 숨은 이맘 마흐디는 오늘날 단순히 케케묵은 교리로 남아 있지 않고 굳은 믿음의 대상으로 시아 마음속에 생생히 살아 숨 쉬고 있다. 그러나 순니는 어렸을 때 사라졌던 12번째 이맘이 다시 나타나면 그 몸이 어린아이 그대로인지 쭈글쭈글한 백발노인인지 물으면서 시아의 믿음을 비웃는다.

마지막 12번째 이맘이 죽지 않고 어디엔가 살아 있으며 그가 세상 종말 전에 불의로 가득 찬 이 세상에 내려와 정의와 평화를 확립하리라 믿는 이맘파 시아는 12번째 이맘의 이름을 '무함마드 문타자르(Muhammad Muntazar)'라고 부른다. '기다리던 무함마드'란 뜻이다. 여기서 무함마드는 예언자 무함마드가 아니다. 12대 이맘의 이름이 무함마드다.

이제 그를 만날 수 있는 때는 오로지 사람들의 마음이 굳을 대로 굳어버리고 세상이 폭력과 불의로 가득 찬 종말의 시대뿐이다. 그러나 이맘 마흐디가 세상과 완전히 소통을 끊은 것은 아니다. 시아파는 이맘의 가르침을 이슬람법 전문가들을 통해 따른다. 이들은 이맘 마흐디를 대신하여 무슬림들에게 올바르게 사는 법을 찾아 해석하고 알려준다. 지금 어디엔가 죽지 않고 살아 있다가 종말의 날 정의를 세우기 위해 재림하는 이맘 마흐디를 위해 이슬람법 전문가들이 세상을 이끄는 것이다. 이란은 1979년 이슬람 혁명으로 왕정을 공화정으로 바꾸었는데, 법학자들이 이맘 마흐디가 올 때까지 마흐디의 뜻을 따라 나라를 이끈다.

순니도 시아도 아닌 이바디

이슬람에는 순니와 시아 외에도 이바디(Ibadi)라고 하는 종파가 있다. 오늘날 이바디의 중심 국가는 오만이다. 국민의 약 60%가 이바디 무슬림이다. 오만 외에는 탄자니아의 잔지바르, 튀니지, 알제리, 아랍에미리트 등지에 흩어져 소수로 살고 있다. 이바디 무슬림 인구는 전 세계 무슬림 인구 대비 1%에도 못 미칠 정도로 눈에 띄지 않는 소수다.

실로 대단히 적은 수이지만, 이바디는 관용 정신이 뛰어난 종파다. 이바디가 다수인 오만의 경우, 소수인 순니나 시아와 아무런 문제 없이 어울려 잘 산다. 종파 분쟁이 없다. 비록 서로 조금씩 다르지만, 이바디는 자신과 믿음이 다르다고 순니와 시아를 박해하거나 공격하지 않는다. 서로 혼인을 맺어도 문제가 없다. 비무슬림을 향한 태도도 마찬가지다. 이슬람 종파 중에서 다른 신앙에 대해 가장 열린 자세를 취하고 있는 관용의 종파가 이바디라고 해도 과언이 아니다. 역사적으로 소수로 살다 보니 시아처럼 자신이 이바디라는 것을 감추는 것도 허용한다.

632년 이슬람의 예언자 무함마드가 죽은 후 더는 하나님의 말씀을 전하는 예언자는 없지만, 예언자가 남긴 공동체를 이끌 지도자는 필요했다. 이러한 지도자를 칼리파라고 불렀는데, '(예언자의) 계승자'라는 의미다.

657년 알리와 무아위야가 맞붙은 시핀 전투에서 무아위야 쪽 군인들이 이슬람의 경전『꾸란』을 창을 걸고『꾸란』에 결정을 맡기자고 주장했다. 이에 알리의 진영이 술렁거렸고, 결국 알리는 중재에 동의하고 말았다. 그런데 이러한 중재가 부당하다고 여긴 사람들은 알리가『꾸란』계시를 어겼다고 생각했다.

사실 알리에 맞선 무아위야군이 반란군이다. 반란군은 『꾸란』계시에서 가르친 대로 맞서 싸워야 한다. 그런데 잘못한 일이 없는 알리가 중재에 동의했다. 이들이 보기에 알리는 하나님의 가르침을 거부한 대죄를 지었고, 따라서 더는 진정한 신앙인의 공동체에 속하는 사람이 아니다. 중재를 거부한 이들의 구호는 명료했다. "라 후크마 일라 릴라(La hukma ila

무함마드를 이어서

lillah)!" 하나님만이 판결을 내리신다! 이들은 알리를 떠났다. 알리 쪽에서 이들의 마음을 돌리려고 노력했지만 소용이 없었다. "떠나간 자들"이라고 해서 아랍어로 이들을 "카와리즈(Khawarij, 단수 카리지 Khariji)"라고 불렀다. 알리는 이들을 응징했다. 많은 이들이 어제까지 전우였던 사람들 손에 죽었다. 그리고 전투에서 살아남은 이븐 물잠 알무라디(Ibn Muljam al-Muradi)가 661년 1월 금요일 이라크 쿠파 모스크에서 알리를 살해했다. 죽은 자들을 위한 복수극이었다.

카와리즈는 순니파나 시아파와 달리 누구나 이슬람 세계의 지도자인 칼리파가 될 수 있다고 믿었다. 흑인 노예라도 칼리파가 될 수 있다고 주장했다. 정통 칼리파처럼 예언자가 나온 꾸라이시 부족 출신일 필요도, 순니처럼 부자 세속일 필요도 없고, 시아처럼 예언자의 피가 흐르는 집안사람일 필요도 없다고 생각했다. 또 이들은 한 번 죄를 지으면 무슬림 자격이 없다고 믿었고, 무슬림이 아니면 죽여도 좋다고 여겼다. 자신과 다른 신앙을 가진 사람을 포용하지 않았다. 절대적인 인간 평등을 주창한 점에서는 그 어떤 무슬림 공동체보다 현대적 평등사상을 견지했지만, 정의 사상이 지나치게 강하여 자신들의 기준에 맞지 않는 사람들은 철저하게 거부하고 배척한 점은 극단주의에 가까웠다.

우마이야 칼리파조 시대에 이들은 오늘날 이라크 바스

라를 중심으로 활약했는데, 과격한 카와리즈파에서 온건한 생각을 지닌 사람들이 이룬 파가 이바디파다. 이바디라는 이름은 당시 지도자였던 압둘라 이븐 이바드(Abd Allah ibn Ibad)에서 나왔다. 이바디는 카와리즈와 달리 일단 이바디 교리를 따르지 않는 사람들을 적대시하지 않았다. 카와리즈는 죄를 짓고 회개하지 않은 무슬림을 우상 숭배자로 부르고 엄히 다스렸다. 순니는 무슬림이 중죄를 짓더라도 여전히 무슬림이라고 여긴다. 그러나 이바디는 그러한 사람들을 여전히 유일신론자로 여기되, 하나님의 축복에 감사하지 않는 사람들로 간주했다.

이때 중요한 개념을 사용한다. 과거와 마찬가지로 현대 이슬람 세계에서 가장 무서운 단어가 불신이다. 아랍어로 '쿠프르(kufr)'라고 한다. 원래의 의미는 '감사하지 않는다'인데 불신으로 통용된다. 불신자는 '카피르(kafir)'다. 제대로 믿지 않는 사람은 모두 불신자다. 이들을 기다리는 것은 극형이다. 그런데 이바디는 이들 단어를 그런 식으로 사용하지 않는다.

이바디는 감사하지 않는 것을 '하나님이 내리시는 은총에 감사하지 않는 것(쿠프르 니으마, kufr ni'mah)'과 '우상숭배의 불신(쿠프르 시르크, kufr shirk)'으로 나눈다. 전자는 이바디가 아닌 무슬림, 후자는 비무슬림의 상태를 각각 가리킨다. 이바디 무슬림이 아니더라도 무슬림은 여전히 무슬림으로 여긴다.

비(非)무슬림은 말 그대로 유일신 신앙이 없는 사람이다. 이바디는 이 둘을 모두 멀리하라고 한다. 그러나 이는 육체적이 아니라 마음으로 멀리하라는 말이다. 따라서 그러한 사람과 같이 사는 것은 문제가 되지 않는다. 친하게 지낼 수는 없다고 하더라도 적대시해서는 안 된다는 말이다.

이러한 믿음을 지니고 있기에 영국인들은 동아프리카를 지배한 오만의 이바디를 두고 이슬람의 모든 종파 중에서 이바디가 가장 온건한 사람들이라고 보았다. 그도 그럴 것이 이들은 순나나 시아와 문제없이 잘 어울렸고, 현재도 그러하기 때문이다. 생각이 다르다고 적대시하지 않았다. 이들이 적대시한 대상은 정의롭지 못한 통치자였다. 올바른 지도자에 대한 의식이 7세기 때부터 변함없이 내려온다. 이바디는 수 세기 동안 정의로운 이맘이 없다고 생각했기에 금요일 합동 예배를 준행하지 않았다. 금요합동 예배는 정의가 실행되는 대도시에서만 열려야 한다고 믿었기 때문이다.

또 일반적으로 무슬림 금요 예배 때는 예배 인도자인 이맘이 설교할 때 반드시 지역의 지배자 이름을 언급한다. 이는 오늘날과 같이 언론매체가 발달하지 않은 시기에 사람들에게 지역의 실질 지배자가 누구인지 알려주는 역할을 했다. 마치 지금도 가톨릭에서 미사 시간에 교황, 해당 성당이 속한 교구의 주교 이름을 부르는 것과 같다. 그런데 이바디는 지역의 통치자가 정의롭지 못하다고 판단하면 설교 시간에 통치자의 이름을 언급하지 않았다. 강렬한 정의 의식의 발로다.

이바디는 예언자 무함마드가 대죄인을 위해 중재 역할을 한다는 순니 일반의 믿음을 거부할 뿐 아니라 지옥에 간 자들이 지옥 불에서 결코 벗어날 수 없다고 믿으며, 3번째 칼리파 우스만, 4번째 칼리파 알리, 알리와 맞서 싸운 무아위야를 모두 비판한다. 순니와 시아의 주요인물을 부정적으로 여긴다는 점에서 이슬람사에서 중요한 사건과 이들 이바디가 어떻게 연결되어 있는지 쉬이 알 수 있다.

오늘날 이바디의 나라 오만은 이바디의 뿌리가 4번째 칼리파 알리와 무아위야의 시핀 전투에 있다는 표현을 좋아하지 않는다. 이바디 공동체를 주류 이슬람 사회의 일원으로 여기기 때문이다. 되도록 학교에서 이슬람의 분파 역사나 교리를 가르치지 않고, 이슬람 교육을 이바디, 순니, 시아가 모두 받아들이는 것을 중점적으로 교육한다. 차이를 부각하기보다는 서로 같은 점에 방점을 두어 종파 차이에 따른 불필요한 다툼을 방지하여 국민화합을 이루고자 하는 국가의 노력이 돋보인다.

오만에서 이슬람은 삶의 중요한 부분이다. 그러나 여타 다른 국가와는 달리 비정치적인 방식으로 영향을 끼치고 있다. 정부가 공식적으로 이바디의 견해를 드러내놓지 않지만,

이바디 관련 출판물을 후원하면서 이바디 전통을 이어간다. 이바디와 다른 종파의 차이는 중요하지 않고, 무슬림 사회의 통합을 결코 방해할 수 없다는 의견이다.

시아파 알라위(Alawi)

시리아 바샤르 알아사드 정권의 기반은 전 국민의 약 11%에 달하는 200여만 명의 알라위(Alawi)파 사람들이다. 시아파인 이들 알라위의 결속력에 힘입어 아버지 하페즈 알아사드부터 아들 바샤르 알아사드 정권이 1971년 이래 무려 53년 동안 건재하다. 시리아가 독립하기 이전까지는 이단 종파로 낙인 찍혀 박해와 멸시를 받았던 알라위파 사람들이 시리아 정권을 유지해왔다는 자체가 놀라운 일이다. 물론 이들의 힘은 군사 권력에서 나온다. 시리아 정부군의 65%를 차지하고, 고위 요직을 꿰차고 있기에 장기 독재체제가 가능했다. 압도적인 다수 순니와 순니파 무슬림형제단의 도전에도 알라위파 사람들은 흔들리지 않고 강력하게 연대하여 맞서고 있다.

알라위는 시아파다. '알라위'라는 아랍어는 '알리(Ali)'의 형용사 형태로 '알리의'라는 뜻을 지니고, 형용명사로 '알리를 따르는 사람'이라는 뜻이다. 따라서 알라위나 시아나 사실상 같은 말이다.

역사적으로 보면 알라위파는 알라위라는 말보다는 '누사이리(Nusayri)'로 불렸는데, 누사이리는 '누사이르를 따르는 사람들'이라는 뜻이다. 누사이르는 무함마드 이븐 누사이르 안나미리(Muhammad ibn Nusayr al-Namiri)를 가리키는데, 9세기 바그다드에서 시아파의 열 번째와 열한 번째 이맘 추종자였다고 한다. 누사이르의 사상을 추종하기에 누사이리라고 불렸다. 시리아가 프랑스 보호령이던 1924년 당시에 여러 지역 경찰 업무를 맡고 있던 경찰 총수가 아랍어로 『알라위의 역사』라는 제목의 책을 쓰면서 알라위라는 말을 처음으로 사용한 이래 누사이리를 알라위로 부르기 시작했다.

시아파는 형성 과정에서 주요 인물, 특히 알리를 어떻게 이해하느냐에 따라 정통파와 과장(誇張)파로 나눈다. 정통파와 달리 과장파는 알리의 신성(神性)을 주장하는 사람들인데, 이들을 아랍어로 '굴라트(Gulat)'라고 불렀다. 말 그대로 '과장하는 사람들'이라는 뜻이다. 누사이리, 즉 알라위는 알리를 신으로 숭앙하기 때문에 과장론자로 불렸다. 그런데 엄밀히 따지면 알리를 신이 육화한 존재로 본 것은 아니다. 역사적 알리를 신으로 숭배하지 않았다. 알라위는 대단히 영적이고 비의적(秘義的, 쉽게 드러나지 않는 은밀한 뜻)인 해석을 채용한 사람들이다. 하지만 그러한 해석을 이해하지 못하는 사람들은 알라위의 말을 이해하지 못한 채 알라위가 인간 알리를 신으로 과장하여 섬긴다고 생각해 이단으로 여겼다.

알라위는 여타 무슬림과 마찬가지로 유일신론을 따르는데, 신을 이해하는 방식이 그리스 철학자 플로티노스(204/5~270)의 유출론의 영향을 받았다. 유일신론자들은 유출론이 유일신에서 나온 다양한 자연 세계를 가장 잘 설명해준다고 여겨 크게 환영했다. 태양에서 여러 갈래의 햇빛이 나오지만 해와 햇빛이 같지 않듯, 유일신에서 세상이 나오지만, 세상은 신이 아니기에 이슬람처럼 유일신론을 따르는 종교를 설명하는데 유출론보다 더 적절한 사상도 없을 것이다.

알라위는 창조주 유일신이 본질(마으나 ma'na), 이름(이슴 ism), 문(바브 bab)이라는 세 가지 양식을 취한다. 이 셋을 신성의 세 형태로 부를 수 있다. 이와 같은 신성의 세 가지 표현 양식은 그리스도교의 삼위일체론과 유사하다. 그래서 학자들은 알라위가 십자군 시대에 그리스도교의 영향을 받았을 것이라고 본다.

본질, 이름, 문으로 표현되는 신성은 지상의 인류사에서 여러 역사적 인물을 통해 드러난다. 이슬람 시대 이전에 본질은 아벨·셋·요셉·여호수아·아사프·베드로로 드러나고, 이름은 아담·노아·야곱·모세·솔로몬·예수로 나타났다. 인류 최초 신성의 본질, 이름, 문은 아벨-아담-천사 가브리엘이다. 이슬람 시대에 본질은 알리(Ali), 이름은 예언자 무함마드(Muhammad), 문은 무함마드를 따르던 최초의 페르시아 무슬림인 살만(Salman al-Farisi)이다. 본질은 뜻, 의미라고도 하는데 창조되지 않고 영원하다. 유출의 근원이다. 이름은 본질/뜻, 의미에서 처음 유출되는 것으로 신성한 빛에서 나온다. 문은 본질/뜻, 의미에서 두 번째로 나온다. 이름은 신성을 숨긴다. 문은 신성으로 이르는 길이지만, 신성 그 자체는 아니다. 알라위는 문을 통해 신성에 관한 지식을 얻는다. 이를 다시 풀어 말하면, 무함마드는 알리의 이름이고, 살만은 알리에 이르는 문이다.

태초에 알라위의 영혼은 신을 둘러싸고 찬양하는 빛이었으나, 신에게 불복해 천상에서 지상으로 내던져져 물질적 육체를 지니고 윤회에 휩싸이게 되었다. 죄인의 영혼이 들어간 동물은 먹을 수 없으나, 죄의 결과로 창조된 동물은 먹을 수 있다. 신의 본질을 믿으면 육체의 감옥에서 벗어나 별이 되어 다시 천상의 궁극자를 향하는 여정에 오를 수 있다. 여성은 사탄이 지은 죄악의 결과물로, 천상 여행을 할 수 없을뿐더러 종교의례 참여도 불가능하다. 오늘날의 시각에서 보면 지극히 남성 중심의 신앙이다. 여성을 배제하고 남성만이 참가하는 알라위 종교의례는 일정한 나이에 이른 자들만 내부적으로 은밀하게 행하기 때문에 외부인이 알 방법이 없다. 종교사상도 의례도 모두 밀의적 요소가 강하고, 종교지도자나 학자가 신앙 해석을 제공하지 않기에 알라위 연구자는 지금도 기존에 발표된 문서에만 의존할 뿐이다.

알라위는 알리를 역사적 알리로 해석하지 않는다. 신이 알리로 육화되었다고도 하지 않는다. 그러나 외부인들은 신이 역사적 예수로 육화된 그리스도교의 예수처럼 알라위도 "신이 알리로 육화되었다"라고 주장한 것으로 이해했다. 이 때문에 알라위는 이단으로 갖은 박해와 공격을 받았다.

알라위에게 신은 알리라는 인간 형상을 빌려 나타나(가현 假現) 인간과 접촉한다. 따라서 알라위가 알리라는 인간을 신으로 숭배한다고 이해해서는 안 된다. 역사적 알리를 신이라고 주장하지 않는다는 말이다. 신의 형상은 신이 아니다. 알리는 믿는 자들이 신을 이해할 수 있는 형상이지 신이 아니다. 그래서 알라위는 "인간 알리를 신이라고 말하는 자는 이단이다"라고 한다.

순니는 "하나님 외에 신은 없고 무함마드는 하나님의 사도다"라고 고백한다. 시아는 여기에 "알리는 하나님과 가까운 이다"라는 말을 더한다. 그런데 알라위는 "알리 외에 신은 없다"라고 한다. 여기서 알리는 신이 아니라 신이 인간 형상을 빌려 나타난 존재다. 하지만 "알리 외에 신은 없다"라는 말을 오해하고, 알라위를 반대하던 사람은 알라위의 신앙고백을 다음과 같이 채록했다. "초월적이고 심원한 알리 외에 신은 없고, 정의롭고 신실한 무함마드 외에 가리는 자 없으며, 강력한 살만 외에 그에게 이르는 길 없다고 나는 증언한다."

알리 이후 2번째 이맘부터 11번째 이맘은 각기 자신의 가르침을 전해줄 문을 지니고 있었는데, 알라위의 창시자인 누사이르는 11번째 이맘의 문이다. 이란과 이라크에서 다수를 이루는 12이맘파 시아와 달리 알라위는 12번째 이맘의 대리자를 따로 인정하지 않고, 누사이르가 문으로 계속 역할을 한다고 믿는다. 이점이 무엇보다도 12이맘파와 알라위를 갈라놓는 지점이다. 그러나 오늘날에는 양측이 서로를 인정하고 있다. 하페즈 알아사드 집권 당시인 1973년에 알라위 지도자들은 알라위가 12이맘파와 같은 믿음을 공유한다고 선언했고, 12이맘파 법학자 무사 앗사드르(Musa al-Sadr)는 알라위를 12이맘파로 인정하는 법적 견해를 밝혔다.

그러나 현대 12이맘파가 알라위를 포용한 것과는 달리 무슬림 사회는 일반적으로 알라위를 배척한다. 아무리 영적이고 비의적인 해석이라고 하더라도, 그 뜻을 깊게 새길 수 없는 대다수에게 알라위의 종교사상은 오해받기 딱 좋았다. 역사는 이를 여실히 증명한다. 한발리 법학자 이븐 타이미야(Ibn Taymiyyah, 1263~1328)는 알라위를 유대인, 그리스도인보다 더 이단이라고 하면서, 알라위가 무슬림 사회에 끼친 해악이 몽골군과 십자군보다 더 큰 이유를 다음과 같이 들었다.

"그들은 배우지 못한 무슬림 앞에서는 자신들이 시아파요, 예언자 집안사람들에게 충직한 척하지만, 사실 그들은 신과 예언자, 성스러운 경전, 의무나 금지사항, 보상과 징벌, 천국과 지옥 또는 무함마드 이전에 오신 사도들이나 이슬람 이전의 종교 중 하나를 믿지 않는다. 그들은 무슬림들에게 알려진 신과 신의 사도들의 말씀을 자신들이 고안한 우의적인 방식으로 해석하여 비의(秘義)학이라고 부른다."

말리키 법학자 이븐 바투타(Ibn Battuta, 1304~1369)는 알라위가 사는 지역을 지나면서, 알라위가 알리를 신으로 믿고, 예배도 세정례도 단식도 하지 않으며, 맘룩 술탄의 명령으로 지은 모스크를 동물 축사로 쓴다고 기록했다. 한때 술탄이 이들을 모두 죽여 버리려고 했다가 농사에 필요하다는 재상의 건의에 따라 제거 계획을 포기했다고도 한다.

알라위는 오늘날 알라위 산을 중심으로 퍼져 살았는데, 시리아 지도에서 서쪽 지중해 연안이 이들의 집중 거주지다. 배우지 못하고 가난한 산악거주민으로 천대받던 알라위의 삶에 볕이 든 때는 프랑스 식민지 시대다. 아랍 민족주의와 이슬람주의를 두려워하던 프랑스는 소수 종파를 보호하면서 '나누어 다스려라'는 고전적 통치법을 활용했다. 1920년 알라위 자치 지역은 몇 차례 변화를 겪은 후 1937년 새로운 국가 시리아의 영토로 편입됐다. 알라위 국가로 독립하지 못하고 시리아의 일부가 된 것이다. 오늘날 알라위는 시리아 서북부와 레바논 북부(약 20만 명), 터키 남서부(약 150만 명)에 걸쳐 살고 있다.

편견 때문에 무슬림 사회에서 정상적인 출세가 불가능했던 알라위는 프랑스 식민지 시절 군인으로 활약하며 하페즈 알아사드 시대부터 지금까지 시리아를 장악하는 데 중요한 역할을 했다. 박해받던 알라위가 새로운 기회를 적극적으로 활용하여 운명을 개척한 것이다.

"야 알리 마다드(Ya Ali, madad, 오, 알리여 도우소서)!" 무슬림 사회에서 소수자로서 겪어야 했던 참혹한 과거를 다시는 되풀이 하지 않겠다는 의지가 오늘날 시리아 바샤르 알아사드를 지탱하는 힘이다.

"태양 아래 있는 모스크가 모두 사라져야
비로소 우리의 성스러운 일이 이루어진다.
믿음과 불신이 하나가 돼야 비로소
진정한 무슬림이 나타날 것이다."

3장

무함마드를
따라서

법관이 되기 싫었던 법학자들

무함마드는 무슬림에게 예언자요 하나님의 사도일 뿐 아니라 친구요, 영혼을 치료하는 의사요, 스승이다. 무슬림은 가장 완전한 인간이자 죄를 짓지 않은 무함마드의 언행을 따라 하는 것만으로 올바른 신자의 길을 걸을 수 있다고 여겼다. 무함마드의 언행을 기록한 전승이 치열하게 발달한 이유다. 예언자가 먹은 대로, 입은 대로, 용변을 본 대로, 예배한 대로 따라 하면 무슬림으로서 바르게 사는 것이라 믿었다. 하나님의 사랑을 받는 무함마드이기에 무함마드가 가져온 이슬람은 사랑의 종교이다.

그런데 특히 수피(Sufi, 신비주의 영성가)는 무함마드를 최초의 수피로 받들며 "빈곤은 나의 자랑이다"나 "눈은 감겨 있지만, 가슴은 깨어 있다"라는 무함마드의 말을 따라 영적인 가난함을 추구하고 영성을 깊게 하려고 했다. 수피의 입장에서 무함마드는 인간의 기본적 본능과 유혹을 제어하는 수피다. "부처가 보리수 아래 명상하고 있다면, 무함마드는 정의의 칼을 들고 말을 타고 무한 질주한다고 상상하라. 무함마드는 진리의 산 앞에 멈출 것이다"라는 나스르(Seyyed Hossein Nasr)의 말처럼, 무함마드는 가장 큰 지하드(Jihad, 聖戰)인 영적인 지하드를 하는 사람이다. 이 장에서는 무함마드를 모범으로 삼은 수피가 무함마드가 전한 하나님을 어떻게 체험하고 이해했는지 소개하려 한다. 이처럼 보드랍고 현대적인 문제의식이 법의 종교로 딱딱하게만 느꼈던 이슬람교에 있다는 점을 발견하면 놀라리라 기대한다. 이슬람 문맹을 조금이나마 깰 수 있길 바라는 마음이다. 무함마드를 본받아 영성의 세계를 넓혀간 수피 세계를 보기에 앞서 예언자가 『꾸란』으로 알린 법의 세계를 어떻게 양심적으로 지키려 했는지 이슬람법의 향기부터 먼저 맡아보자.

예나 지금이나 법관이라고 하면 누구나 선망하는 자리다. 법복을 입고 정의로운 판결을 내리는 법관은 모든 사람이 동경하는 직업이다. 그렇기에 오늘 이 시간에도 전국의 수재들이 법학대학원 입시 준비를 한다. 법조인이 되고자 하는 사람들이 모두 정의를 추구하는 것은 아닐 것이다. 법관이 주는 세속적 '힘'과 '명예'를 더 갈구하는 사람도 있을 터이니 말이다. 법조인과 관련해서 우리의 이맛살을 찌푸리게 하는 일들이 종종 언론에 보도되는 것도 그런 이유일 것이다. 그렇다고 해도 여전히 우리의 이상 속에서 법은 정의를 지키는 최후의 보루요, 법관은 정의의 수호자요, 법치는 민주주의 근본으로 확고히 자리매김하고 있다.

법을 바라보는 시각은 이슬람 사회 역시 우리와 다를 바 없다. 법관과 법학자는 모든 사람의 존경을 받았다. 특히 유대교처럼 올바른 행위를 중시하는 이슬람 사회에서는 옳고 그른 행위를 구분하려는 마음이 강하기에 하나님의 말씀을 올바르게 해석해 일상생활에 그대로 적용하는 법 공부를 어떤 학문보다 더 중시하고 권장했다. 현대 이슬람 사회 또한 예외는 아니다.

서구 문명의 영향과 현대적 삶의 양식으로 전통적 이슬람법이 시대에 맞춰 새로운 옷으로 갈아입는 경우가 두드러지지만, 이슬람법은 여전히 무슬림 삶의 중심에 있다. 이슬람법을 온전히 따르지 않는 사회를 개탄하며 이슬람 혁명을 주장하는 이른바 원리주의자의 목소리를 들어 보면, 이슬람교 패러다임에서 법이 얼마나 중요한지 쉽게 짐작할 수 있다. 1979년 이란의 이슬람 혁명은 이슬람법을 사법 체계에 적용했고, 이슬람 국가를 자처하는 파키스탄 역시 1978년에 이슬람법을 도입했다. 과격 원리주의 무장세력으로 우리에게 익숙한 탈레반이나 알카에다 역시 입만 열면 '이슬람법을 구현하는 사회'를 이야기한다. 그리스도교는 신학이 전통의 핵심 패러다임이지만 이슬람교에서는 하나도, 둘도, 셋도 모두 이슬람법이다.

그런데 이렇듯 법을 금과옥조(金科玉條)로 여기고 법관과 법학자를 깍듯하게 대했던 이슬람 사회의 역사를 살펴보면 아주 재미있는 현상을 볼 수 있다. 모두가 동경하던 법관의 자리에 오르는 것을 정작 이슬람 법학자가 꺼렸다는 사실이다. 전통 이슬람 사회에서 법관은 정치 지도자가 임명한다. 대개 널리 사람들이 존경하는 법학자를 법관으로 지명했다. 원칙적으로 이슬람법 전통에서 법관의 판결에 누구도 간섭할 수 없고, 법관이 한 번 내린 판결은 누구도 다시 뒤집을 수 없었다. 제아무리 막강한 권력을 지닌 칼리파나 술탄(Sultan, 이슬람 세계에서 통치자를 일컫는 말)이라 할지라도 예외는 없었다. 자신이 임명한 법관이 내린 판결이라고 해도 간섭하거나 번복하거나 취소할 수 없는 일이었다. 그런데 이슬람 역사를 보면 이러한 원칙이 제대로 지켜지지 않았던 것 같다. 그래서 양심적인 법학자는 법관으로 임명되는 것을 한사코 꺼리거나 고사했다.

787년 오늘날 튀니지 까이라완(Qairawan)에서 법관으로 임명된 압둘라 이븐 파루끄(Abd Allah b. Faruq)는 한사코 법관직을 거부하다가, 군인들에게 체포되어 사슬에 묶인 채 사원 꼭 대기로 끌려 올라가 추락사 위협을 받고서 어쩔 수 없이 법관 자리를 받아들였다. 그러나 법관이 된 후 첫 번째 소송인이 오자 히스테리 증상을 보였다고 한다. 848년 까이라완 법관 임명을 받아들인 사흐눈(Sahnun b. Sa'id, 855년 죽음)은 완전히 독립적인 사법권 행사를 약속받았음에도 법관이 된 것을 기뻐하지 않았다. 주변 사람들이 감히 축하 인사를 건네지 못할 정도로 슬픔에 깊이 잠겼다고 한다. 법관 임명을 받고 집에 돌아가 딸 카디자에게 한 말은 "오늘 네 아비는 죽임을 당했다"였다.

이슬람 법학자는 인간 품성을 신뢰했다. 이슬람법에서는 문서 증거보다 구두 증언이 효력을 가진다. 문서는 위조할 수 있지만 흠 없는 성품을 지닌 증인은 결코 거짓말을 하지 않을 것이라는 믿음이 있기 때문이다. 더 나아가 아무리 사악한 범죄자라 할지라도 무죄를 주장하기 위해 거짓 증언은 하지 않을 것이라는, 어찌 보면 너무나도 순수한 마음에서나 볼 수 있는 믿음을 지녔다. 오늘날 우리 눈으로 보면 말도 안 되는 믿음이다. 이슬람법은 바로 이러한 인간 신뢰의 기초에서 시작한다. 따라서 신뢰를 부정하는 것은 하나님 말씀을 부정하는 것과 다를 바 없으니, 법학자가 하나님을 쉽게 버리는 비양심의 길로 들어서기란 힘들었을 것이다.

법학자는 인간과 양심을 믿었지만, 이러한 순수함이 실제 재판에서 그대로 적용되기를 기대하기는 어렵다. 학문적,

이상적으로는 가능하지만, 실생활에서는 슬프게도 불가능하다. 사실 사악한 범죄를 저지른 자가 살아남기 위해 또는 형량을 조금이라도 낮게 받기 위해 자신의 범죄 사실을 부인하는 경우를 우리는 얼마나 많이 보아 왔고 또 보고 있는가! 반면 정치 지도자는 법학자와 달리 실질적이었다. 이렇듯 차이가 분명한데 법학자가 양심적으로 재판을 하기는 쉽지 않았을 것이다. 그래서 법관에 임명되는 것을 그리도 꺼렸을 것이다.

정치가의 영적인 조언자가 되는 것을 바랐을 뿐, 명령을 받고 비양심적인 일에 종사한다는 일은 상상할 수 없었던 법학자. 하나님을 믿는 사람이 가져야 할 양심을 모른 체하고 그저 시키는 대로 앵무새처럼 양심과 진리에 어긋나는 일을 하기 싫어했던 법학자. 그래서 압둘라 이븐 파루끄는 사슬에 묶여 모스크 옥상에서 떠밀려 죽임의 위협을 받고서야 마지못해 법관 임명을 받아들였고, 사흐눈은 법관에 임명되어도 "죽임을 당했다"며 슬퍼했다. 그런데, 오늘 우리 사회는 어떠한가?

세상을 조심하시오: 하산 알바스리

"세상을 조심하시오. 세상은 만지기에는 부드러
우나 치명적인 독을 가진 뱀과 같습니다."

우리나라 역사로 치면 통일신라 시대다. 위 인용문은 이슬람
전통에서 경건한 신앙인으로 높이 평가하고 최초의 수피라고
도 일컬어지는 하산 알바스리(Hasan al-Basri, ?~728)가 당시 이
슬람 세계 최고 권력자에게 보낸 편지 중에 나오는 말이다. 왜
세상을 조심하라고 한 것일까?

고구려 담징이 일본 법륭사에서 유명한 벽화를 그린 때
인 610년경, 사우디아라비아 메카에서는 유일신 하나님을 강
렬하게 체험한 무함마드가 이슬람 운동을 펼쳤다. 무함마드의

이슬람 신앙 운동은 632년 그가 세상을 떠났을 때 신앙공동체가 아라비아반도 전역으로 퍼질 정도로 성공적이었다. 이슬람을 믿는 무슬림은 이에 만족하지 않고 군사적 정복을 통해 이슬람 신앙을 시리아, 이라크, 이집트로 계속 확대했다. 그리하여 711년에는 중동뿐만 아니라 스페인, 중앙아시아까지 이슬람이 퍼져 나갔다. 지중해가 "이슬람의 호수"로 불릴 정도로 말이다.

잇따른 전쟁에서 연이어 이기면서 하나님의 은총이 무슬림과 함께 한다는 생각과 함께 물질적으로 풍요로운 삶이 펼쳐졌다. 무슬림이 정복한 지역은 이슬람이 태동하여 자란 척박한 아라비아보다 경제적으로나 문화적으로 풍요로운 곳이었기 때문이다. 검소했던 예언자 무함마드의 삶을 잊기 쉬운 상황이 펼쳐진 것이다.

> 믿는 사람들아, 여러 학자와 수도사가 부당하게 사람들의 재산을 갈취하고 하나님께 이르는 길을 막고 있다. 금과 은을 모아도 하나님의 길에 쓰지 않는 사람들에게 심한 징벌이 내릴 것이라고 알려주라.
>
> (『꾸란』 9장 34절)

재물 축적을 경고하는 이슬람 경전의 말씀이 곤혹스럽게 여겨질 만큼, 이슬람 신도들은 이 세상에서 부유하게 된 것이다. 이슬람 지도자들은 이 말씀이 다른 종교를 믿는 이들에게 해당할 뿐 자신들과는 관계없다고 강변했지만, 경건한 무슬림 아부 다르르(Abu Darr, ?~653)는 그렇게 생각하지 않았다. 그의 눈에는 경전의 경고 말씀이 다른 종교인들과 함께 바로 "우리" 무슬림에도 해당한다고 말했고, 이에 부담을 느낀 지도자들은 이 "불순한 생각"이 사람들에게 유포되는 것을 막고자 아부 다르르를 외진 곳으로 보냈다. 최후의 심판을 두려워하며 이 세상보다는 저세상에 마음을 쏟으며 검소하게 살았던 초기 이슬람 공동체의 순박한 삶이 마음의 짐이 될 정도로 불편하고 당혹스러웠다.

> 너희들은 이 세상의 생활을 좋아한다. 내세만이
> 최선이자 영원한 것임에도.
>
> (『꾸란』 87장 16~17절)

이러한 말씀을 마음에 새기고 사는 경건한 무슬림에게 완전한 저세상에 비해 이 세상은 일시적이고 타락한 곳이었다. 사정이 이러하니 정복 전쟁에서 승리하여 밀려드는 전리품에 주체할 수 없을 정도로 부자가 된 무슬림 세계가 그들 눈에,

그들 마음에 곱게 보였을 리 없지 않겠는가!

하산 알바스리는 깨어 있는 무슬림이었다. 형제 무슬림에게 "마치 살고 있지 않은 것처럼 이 세상을 살고, 떠난 적 없는 것처럼 저세상에 살라"고 가르쳤다. 무서운 최후의 심판을 생각하면서 슬픈 마음으로 이 세상을 바라보라는 것이다. 물질로 타락한 이 세상에서 다시는 웃지 않으리라 다짐했고, 옳게 살지 못해 받을 심판을 두려워해 늘 울면서 다녔기에 사람들은 하산 알바스리를 "울보"라고 불렀다.

감자를 많이 먹는 서구에서 나온 표현이기에 다소 이질적인 느낌이지만, 언론에서는 이렇게 하기도 저렇게 하기도 힘든 상황을 가리켜 "뜨거운 감자"라는 표현을 자주 쓴다. 그런데 이슬람 경건주의 전통에는 "뜨거운 석탄"이라는 말이 있다. 금과 은은 경건한 목적에 쓰기 전까지는 뜨거운 석탄을 손에 들고 있는 것과 같다는 말이다. 예언자 무함마드가 죽은 후 이슬람이 계속 팽창해가던 시기에 나온 말이다. 가난하고 도움이 필요한 사람을 위해 쓰지 않고 재물을 쌓아 두는 것을 경계하는 말이다.

하산 알바스리가 이 세상을 만지기에는 부드럽지만 치명적인 독을 지닌 뱀에 비유하며 조심하라고 최고 권력자에게 권고한 것은, 바로 풍요로운 삶이 필연적으로 가져올 도덕적 퇴락을 경고한 것이다. 물질에 눈이 어두워 최후의 심판에 닥

칠 재앙은 생각하지 못하는 정신적, 도덕적 나태함을 경고한 것이다. 물질적 풍요로움에 젖어 살다 보면 내면의 음성을 모르는 체할 가능성이 그만큼 커지는 우리네 인간사. 하나님을 믿는다고 해도 현실에 안주하면 어느덧 삶 속에서 물신(物神)이 하나님을 밀어내기 마련이고, 그만큼 구원의 가능성은 멀어진다. 바로 하산 알바스리가 두려워한 일이다.

우리는 재물 축적 욕구가 그 어느 때보다도 강한 물질 만능의 시대에 살고 있다. 모두 돈이 있어야 삶이 편하다고들 한다. 진정한 마음의 웰빙보다는 돈으로 웰빙을 사는 방법이 인기 있는 세상이다. 모두 건물주가 되고자 한다. 하산 알바스리가 저어한 8세기 무슬림의 풍요는 바로 21세기 한국에도 그대로 적용되고 있다. 아니 솔직히 비교 자체가 사치스러울 정도로 우리는 8세기 무슬림보다 훨씬 더 잘 먹고, 더 잘 산다. 그런 우리가 진정 지금 부드러운 뱀의 독에 마비되어 이 세상을 조심해야 한다는 사실을 완전히 잃어버린 것은 아닐까?

지옥의 불은 끄고 천국은 불 지르고: 라비아

살불살조(殺佛殺祖), 부처를 만나면 부처를 죽이고 조사(祖師)를 만나면 조사를 죽여라! 무시무시하게 들리긴 하지만 깨달음에 거슬리는 그 어떠한 것에도 집착하지 말라는 선불교의 정수를 그대로 드러내는 유명한 말이다. 더운 여름날 소나기처럼 진리를 갈구하는 불자의 마음을 시원하게 터주는 파격적인 가르침이다. 이처럼 상식과 논리의 틀을 깨며 진리를 일러주는 말씀은 신선하게 오랫동안 마음에 와닿는다.

깨우침보다 절대적 복종만이 강조될 것 같은 유일신교 이슬람에도 이처럼 일반적 사고방식을 뛰어넘어 절대적 진리를 가르치는 말씀이 있다. 때는 8세기, 이라크 도시 바스라 거리에 이슬람 최초의 여성 수피로 존경받는 라비아(Rabia al-

Adawaiyyah, ?~801)가 한 손에는 양동이, 또 다른 손에는 횃불을 들고 나타났다. 사람들이 이유를 물으니 이렇게 답했다.

"지옥을 두려워해서나 천국에 가고 싶어서가 아니라 온 전히 그분의 영원한 아름다움 때문에 하나님을 숭배하도록 지옥에는 물을 붓고 천국에는 불을 질러 둘을 가르는 장막을 없애려 합니다."

지옥의 불은 물로 끄고 천국은 불 지르겠다는 과격한 이 여인을 어떻게 이해해야 할까? 7~8세기 이슬람이 지중해 세계로 뻗어나가면서 무슬림은 물질적으로 풍요해지고 세속에 안주하려 했다. 이러한 세태를 두고 경건 금욕주의자 하산 알바스리는 "만지기에는 부드러우나 치명적인 독을 가진 뱀" 같은 세상을 조심해야 한다고 경고했다. 유한한 이 세상 다음에 오는 최후의 심판을 두려워하면서 살아야 한다고 가르쳤다. 실로 하산 알바스리는 최후의 심판일을 생각하며 늘 울고 다닌 울보로 유명했다.

하산 알바스리처럼 늘 죽음을 의식하며 산다면 삶은 경건해질 수밖에 없다. 내일, 다음 주, 다음 달 계획을 머릿속에서 끊임없이 세우지만 당장 내일 아침 일어날 수 없을지도 모르는 것이 유한한 인간의 현실이기 때문이다. 죽음을 생각하면서 경건하고 올바르게 사는 것은 마땅한 일이지만, 그렇다고 하산 알바스리처럼 늘 울면서 최후의 심판을 주관하는 전능한 하나님을 두려워하며 살아야 피조물로서 삶의 뜻을 올바로 아는 것일까?

라비아는 하산 알바스리처럼 두려움 때문에 초월자를 경배하기보다는 더 깊은 차원의 영성을 발견했다. 바로 초월자를 향한 온전한 사랑이다. 두려움 때문에 울면서 하나님을 생각하는 것은 올바른 방법이 아니라는 것이다. 유한한 인간은 무한한 하나님의 아름다움을 끊임없이 느끼고 사랑하고 찬미하며 살아야 한다. 사회적으로는 종의 신분에서 해방된 자유로운 여성이자, 평생 독신으로 산 라비아는 천국과 지옥이라는 이분법적 사유 방식으로 하나님을 생각하는 사람들에게 하나님을 향한 절대적 사랑을 가르쳤다. 하나님 숭배는 보상을 바라고 하는 게 아니라 유한자가 마땅히 해야 할 일이라는 뜻이다.

"오, 하나님! 만일 제가 지옥이 두려워 당신을 숭배한다면 저를 지옥 불에 활활 태우소서. 만일 제가 천국행을 희망하여 당신을 숭배한다면 저의 천국행을 금하소서. 만일 제가 오로지 당신만을 생각하면서 숭배한다면 저에게서 영원한 아름다움을 빼앗지 마소서."

이제 라비아가 두려워하는 것은 최후의 심판이 아니라 사랑의 하나님과 자신 사이에 올지 모르는 단절이었다. 영원한 하나님의 아름다움을 잃을까 두려워하는 마음만 있을 뿐이다. 마치 사랑하는 연인들이 서로 헤어지는 것을 아파하듯 말이다. 밤에 라비아가 하나님께 드린 기도는 하산 알바스리의 두려움이 무한자와 유한자 사이에 필요하지 않음을 보여 준다.

"오, 주님. 별들은 빛나고, 사람들은 눈을 감고, 왕들은 문을 닫았고, 연인들은 함께 하지만, 저는 여기 당신과 있습니다."

보상을 바라지 않는 순수한 사랑. 이것이 바로 유한자 인간이 이 세상을 살아가는 이유다. 라비아가 하나님을 향해 느끼는 사랑에는 두 가지가 있다. 이기적인 사랑과 온전한 사랑이다. 이기적인 사랑이란 다른 모든 것을 제쳐두고 하나님만을 생각하는 사랑이다. 온전한 사랑이란 하나님이 하나님을 볼 수 있도록 허락하는 사랑을 말한다. 하나님의 아름다움을 드러내는 사랑이다. 순간적인 기쁨을 주는 이기적 사랑보다 더 온전하고 높은 사랑이다. 정작 중요한 것은 이 두 가지 사랑 모두 칭송과 찬양은 오로지 하나님에게만 속한다는 사실이다. 그 어느 곳에도 유한자 인간이 받을 칭송이나 영광은 없다.

라비아의 희망은 하나님과 하나가 되는 것이었다. 오롯이 하나님의 것이 되는 것이었다. 전승에 따르면, 라비아는 구혼을 받았으나 존재 전체가 하나님을 향하기에 다른 일에 마음을 쏟을 여유가 없다며 거절했다고 할 정도로, 세포 마디마디가 주인인 무한자를 향한 사랑으로 채워져 있었다. 어떠한 보상도 바라지 않으며 하나님의 아름다움을 향한 순수한 사랑. 라비아는 이러한 사랑을 바로 유한자 인간이 이 세상을 살아가는 이유로 보았다.

불가에서는 달을 보라고 손가락으로 달을 가리키고 있는데, 정작 봐야 할 달은 안 보고 손가락만 보고 있는 중생의 어리석음을 지적한다. 하나님을 향한 라비아의 온전한 사랑은 최후의 심판이라는 손가락에 가린 달, 즉 하나님을 깨닫게 만드는 매력이 있다.

그러고 보면 라비아의 사랑은 단순히 이슬람 전통에만 갇혀 있기에는 뜻하는 바가 크다. 불가의 자비도, 그리스도교의 아가페도 바로 라비아가 느낀 절대자 사랑처럼 어떠한 보답도 상정하지 않은 순수함 자체라고 할 수 있으니 말이다. 놀랍지 않은가, 이 종교 저 종교라며 종교를 구분하는 인식의 장막을 걷어내면 순수함이 서로 합치하니 말이다.

부처를 만나면 부처를 죽이고, 지옥의 불은 끄고 천당은 불 지르고! 섬세한 여성 라비아의 체험에서 시간과 공간이 규정해놓은 일반적 종교 인식의 장막을 걷고 절대적 진리를 엿본다. 그러면서도 순수함으로 거칠 것 없는 라비아의 내적 체험과 환할 것 같은 미지의 얼굴에 이리저리 갈라 나누고 겉치레에 집착하며 진리가 아니라 복만 구하는 사람들이 공간을

가득 채우는 오늘날 한국 종교의 초상이 자꾸 겹쳐 보이는 것
은 왜일까.

사랑하는 분에게는 끝이 없어요: 두운눈

어느 날 해변에서 나이 든 한 여인을 만났다. 여
인은 신비로운 일을 말해 주었다. 여인에게 물
었다.

"사랑의 끝은 무엇인가요?"

여인은 웃으면서 답했다.

"바보 같군요. 사랑에는 끝이 없답니다."

"왜 그렇죠?"

다시 묻자 이렇게 답했다.

"사랑하는 분에게는 끝이 없기 때문이죠."

세상에서 제일 듣기 좋고 또 쉬운 말이 있다면 그것은 "사랑한다"는 말이요, 조금 더 근사하고 맛난 말을 만든다면, "영원히 사랑한다"는 말일 것이다. 그러고 보면 우리 인간은 유한한 생명체라는 주제를 파악하지 못한 채, 영원한 사랑이라는 말을 남발하며 산다. '도대체 100년도 못사는 우리가 영원이라는 말을 감히 쓸 자격이라도 있는 것일까?'라며 반성도 하지 못하면서 말이다.

글머리에 소개한 예화는 사랑과 무한에 관한 우리의 인식에 일침을 가한다. 여기에서 나이 든 여인에게 묻는 사람은 지금으로부터 약 1,200여 년 전 이집트의 수피 영성가 두운눈(Dhu al-Nun al-Misri, 772?~ 860?)이다. 한 여인에게 사랑의 끝을 물었더니 난데없이 사랑하는 분에게는 끝이 없기에 사랑에는 끝이 없다는 대답이 돌아온다. 사랑하는 분은 바로 다름 아닌 하나님을 가리킨다. 사랑이신 하나님! 시작도 끝도 없으신 하나님! 그러니 사랑에 시작이나 끝이 있을 수 있을까! 유한한 우리 인간의 말뿐인 사랑, 한정된 시간에서 행하는 통속적인 사랑과는 질적으로나 양적으로나 차원이 다른 무한한 사랑과 사랑의 초월성을 다시 한번 더 깊이 생각하게 만드는 이야기다.

그리스도교에서 하느님/하나님을 사랑으로 표현한다는 것은 교회 문턱을 가보지 않아도 다들 알 것이다. 신을 사랑으로 인식한다는 사실만 두고 보면, 그리스도교나 이슬람이 다를 바 없이 보일지 모른다. 그러나 이슬람에서는 그리스도교처럼 예수를 신으로 받아들이지 않으니 이 두 종교의 유일신 인식은 같으면서도 다르다. 무한한 초월자, 동시에 우리 유한한 인간 세상에 내재하신 분. 두운눈은 그러한 하나님을 자연에서 체험한다.

"오, 하나님, 저는 당신의 유일하심을 외치며, 그 무엇과도 견줄 수 없는 당신 존재의 증거로 짐승 소리, 나뭇잎 바스락거리는 소리, 물 흐르는 소리, 새들이 노래하는 소리, 바람이 부는 소리, 천둥이 치는 소리를 들을 때마다 당신께서 전지전능하시고, 진리이심을 느낍니다."

아무 생각 없이 그저 흔한 자연 현상으로 간주하고 쉽게 지나칠 수 있는 것에서도 두운눈은 초월자를 체험했다. 영적인 귀와 눈, 가슴이 있었기 때문이리라. 하나님은 우리 인간이 생각할 수 있는 영역의 모든 것을 초월하신 분, 이렇다 저렇다 감히 규정조차 할 수 없기에 굳이 우리의 언어로는 초월자라고밖에 달리 표현할 수 없는 분, 그러나 동시에 이 세상을 지으시고 우리네 인간사에 깊숙이 내재하신 분, 초월성과 내재성을 동시에 지니신 분이시기에 두운눈은 말로 형용할 수 없는 하나님을 하나님이 만든 자연에서 체험한 것이다.

사실 복잡한 현대에 사는 우리도 조금만 마음을 추슬러보면 두운눈과 같이 맑고 떨리는 가슴으로 신비를 조금이라도 느낄 수 있으리라 생각한다. 1,200여 년 전 이집트라는 시공의 차이가 있긴 해도 시공을 넘어서는 인간의 보편성은 아스팔트를 밟고 사는 우리에게도 영적인 눈을 터준다. 잠시 눈을 감고 생각해 보자. 우리가 이 시간 이 땅에 살고 있다는 것 자체가 신비롭지 아니한가? 때때로 바뀌는 하늘, 계절의 조화 역시 놀랍지 아니한가? 매미는 왜 울고, 꽃은 왜 지고 피고, 더위는 왜 왔다 가는지. 과학으로 모든 것을 설명할 수 없는 자연의 신비로움. 생각 없이 너무 당연하게 여겨왔던 우리를 둘러싼 대자연의 세계에 유한한 인간의 조건을 넘어서는 그 무엇인가 있는 것은 아닌지….

두운눈은 시공을 넘어서서 현대인에게 바로 그 무엇인가를 감지할 수 있는 영적인 느낌을 일러준다. 굳이 그 신비로움의 주체를 이슬람의 신으로 규정하지 않더라도, 살아있다는 것, 우리 존재의 근거를 자연을 통해 느껴보는 여유는 필요할 것이다. 이때 마음으로 느끼는 것은 학문이라는 이름으로 규정될 수 없는, 이성이 세우는 정교한 논리의 틀에 갇힐 수 없는 새로운 그 무엇이리라. 굳이 이름 붙인다면 '영적인 지식[靈知]'이 아닐까. 두운눈은 시작과 끝이 없는 사랑하는 분이신 하나님 체험, 그 느낌을 얻은 사람을 이렇게 표현했다.

영지(靈知)를 가진 사람은 매 순간 더 겸손해진다. 왜냐하면 매시간 그는 하나님께 가까이 다가서기 때문이다. 그는 지식, 시각, 정보, 관찰, 묘사, 가림, 장막 같은 것을 통함 없이 본다. 영지를 가진 자는 살아있는 한 하나님 안에 존재한다. 그들의 행위는 하나님이 만드시고, 그들의 말은 하나님의 말씀이 그들의 입으로 말해지는 것이요, 그들이 보는 것은 하나님이 보시는 것이 그들의 눈으로 들어간 것이다. 그리하여 지극히 높으신 하나님께서는 이렇게 말씀하신다.

"내가 종을 사랑할 때, 그의 주(主)인 나는 그의 귀라 그는 나를 통해 듣고, 나는 그의 눈이라 그는 나를 통해 보고, 나는 그의 혀라 그는 나를 통해 말하고, 나는 그의 손이라 그는 나를 통해 집는다."•

마음으로 초월자를 느껴 영지자(靈知者)가 되면 이렇게 되는 것일까? 신성 모독으로 비난받고도 남을 두운눈의 말은 영적인 눈으로 세상을 보았을 때 드러나는, 우리의 이성을 넘어선 새로운 영역의 지식을 가르치고 있는 것이 아닐까?

잠시 호흡을 가다듬고 차분한 마음으로 자신과 주변을 관조해 보자. "사랑하는 분에게는 끝이 없어요." 그 사랑하는 분이 반드시 하나님이어야 한다는 고정관념을 조용히 벗어버리면, 과학과 이성 그리고 기계 문명에 찌든 우리에게도 영지

• Annemarie Schimmel, *Mystical Dimension of Islam* (Chapel Hill, N.C.: University of North Carolina Press, 1975), 43.

의 눈이 뜨일지도 모른다. 그때야 비로소 우리는 빌딩 숲에 둘러싸여 우물 안 개구리처럼 사는 바보가 아닐 것이다.

함빡 취하고 싶습니다: 무아드와 바예지드

"하나님의 사랑이 담긴 잔을 비우고 취했습니다."

(무아드)

"누군가는 천지 모든 대양의 물을 다 마시고서도
목마름이 가시지 않는답니다. 혀를 여전히 내밀
면서 더 없느냐고 소리친답니다."

(바예지드)

이슬람 영성 전통에서 종종 언급하는 무아드(Muadh, ?~871)와
바예지드(Bayezid, ?~874) 사이에 오고 간 서신 내용이다. 무아
드가 하나님의 사랑이 담긴 잔을 마시고 취했다는 것은 하나

님을 체험하고 자기 자신을 잃어버렸음을 상징적으로 표현한 것이다. 바예지드 역시 고도의 상징법으로 응수한다. 곧 천지 모든 대양의 물을 다 마셨다는 것은 역시 하나님 체험이요, 여전히 목마르다는 것은 하나님과 하나가 되는 체험을 더 원한 다는 의미다. 윗글에서 말하는 "누군가는" 바예지드 자신이리라. 하나님을 끊임없이 갈구하는 유한자. 그 안에서 자기를 철저히 소멸하기를 갈구하는 삶을 바예지드는 직설적 언어가 주는 한계를 피해 상징적으로 드러내고 있다.

하나님과 하나가 되는 느낌은 과연 어떤 것일까? 이슬람 영성가들은 이를 사랑에 비유했다. 우리는 어느 한 사람과 사랑에 빠지면 온 세상이 사랑하는 사람 얼굴로 가득 차는 것처럼 느낀다. 사랑하는 사람 때문에 희로애락의 온갖 감정이 다 일어난다. 늘 함께 있고 싶기에 부부의 연을 맺는다. 같은 공간과 시간에서 늘 함께 숨 쉬고 싶어서 말이다. 그러나 인간의 사랑은 유한하다. 유한자의 사랑이기에 그런가? 아니면 무한자의 영역을 감히 침범하지 못하도록 애초부터 그렇게 '프로그램'되어 있어서 그런가? 확실히 우리 인간은 사랑이 참으로 덧없고 무상하다고 느낀다. 죽어라 사랑한다더니 참 쉽게도 헤어지고, 처절하게도 싸운다.

그래서 그런 것일까? 영성가들은 무한자의 사랑을 갈구한다. 모든 존재를 열어 놓고 무한자를 희구한다. 무한자로부터 영원한 사랑을 느낀다. 감히 그 길에 들어서지 못하고 그 사랑을 체험하지 못한 평범한 우리는 다만 유한자끼리 하는 사랑에서 느낄 수 있는 첫사랑의 순수한 감정에서 유추해 영원한 사랑을 잠시나마 조금이라도 엿볼 수 있는지도 모른다.

바예지드는 유한자 인간의 본향인 무한자에 끊임없이 취해 자기 자신을 완전히 소멸하려고 한다. 조선 유학자들도 천인합일(天人合一)을 꿈꾸지 않았던가! 유학자가 갈망하던 그 이상이 바로 중동 이슬람 영성가들에게는 무한자 하나님과 합일이었을 것이다. 바예지드는 어떻게 하나님 체험을 했고, 그것은 어떤 느낌이었을까? 바예지드의 말을 들어보자.

"하나님의 단일성을 깨달았을 때 나는 유일한 몸과 영원한 날개를 가진 새가 되어 10년을 날아 100만 배나 큰 대기에 도달했다. 그리고 나는 또 날고 날아 영원한 곳으로 가서 단일성의 나무를 보았다…. 그리고 모든 것이 속임수였음을 알았노라."

속임수라는 말은 세상 만물의 현실이 실재가 아니라는 뜻일 것이다. 진정한 존재는 바로 하나님 한 분뿐이시니, 하나님과 하나가 되었다면 이 세상이 참으로 허상인 것을 깨달았으리라. 바예지드의 또 다른 표현을 살펴보자.

"그분은 일어서셔서 나를 앞에 두고 말씀하셨다. '오, 바예지드여, 나의 피조물들이 그대를 보길 원하노라.' 그래서 나는 말하였다. '저를 당신의 단일성으로 치장해주시고, 당신이 되시는 옷을 입혀주시며, 저를 유일하심의 경지까지 올려주소서. 그리하여 당신의 피조물들이 저를 볼 때 우리는 그분을 보았습니다라고 말할 수 있도록 말입니다. 실로 당신입니다. 저는 더는 거기에 존재하지 않습니다.'"

놀랍지 않은가? 나는 더 존재하지 않는다는 말이! 합일 속에서 완전히 소멸한 자신을 표현하는 말이! 이젠 내가 있는 것이 아니라 오로지 당신, 곧 하나님만이 존재하는 것이다. 하나님과 완전히 하나가 된 기쁨을 바예지드는 감히 이렇게 표현한다.

"나에게 찬미 있으라! 나의 위엄은 얼마나 훌륭한가!"

엄청난 말이다. 하나님과 일치하는 체험으로 자신의 존재는 완전히 사라지고 하나님만이 존재함을 느끼면서 존재의 본질적 변화를 당돌하게 느낄 정도로 당차게 표현하는 바예지드가 예수 시절 팔레스타인 땅에서 살았다면 예수처럼 신성 모독죄로 처형되지 않았을까? 실로 약 50여 년 후 바예지드처럼 하나님과 일치되는 체험에 취해 자기 자신이 완전히 소멸하는 황홀함을 "나는 하나님이다"라는 상징적 언어로 표현한 할라즈(Hallaj, 858~922)는 신성 모독죄로 목숨을 잃었다.

하나님에 취하면 사라지는 자아. 하나님 안에 완전히 녹아 소멸하는 나는 상징으로밖에는 표현할 수 없으리라. 지극한 기쁨을 모르는 사람은 그 경지에 이른 영성가를 신성 모독자로 생각할 수밖에 없었을 것이다. 아, 죽더라도 그런 느낌 한 번 맛볼 수는 없을까? 그저 딱딱한 교리와 신학적 용어에 얽매여 하나님은커녕 자기 자신도 모르고 사는 불쌍한 신앙 생활에 영적인 샘물이 조금이라도 흐를 수 있도록 말이다. 오늘, 이 순간 잠시라도 바예지드처럼 함빡 취할 수만 있다면! 신성 모독이라 손가락질을 당해도 말이다. 참으로 그때 보이는 세상은 얼마나 다를까! 영적으로 건조한 우리 삶에 그런 음주 운전은 진정 필요한 것이리라.

나는 하나님이다: 할라즈

마음의 눈으로 나의 주님을 뵙고 물었습니다.

"당신은 누구십니까?"

그분은 말씀하셨습니다.

"너!"

10세기 수피 할라즈(Hallaj, 858~922)의 말이다. 마음의 눈으로 뵌 주님이 할라즈에게 당신이 바로 다름 아닌 할라즈라고 말한다. 사이비 종교에서나 가능할 법한 말로 들린다. 할라즈 네가 하나님이라고? 미친 사람의 정신 나간 소리, 술 취한 사람의 주정으로 들리기도 한다. 도대체 가당한 말인가? 이슬람 경전 『꾸란』의 표현을 빌리자면 "음식을 먹고 사는" 할라즈, 인간인 네가 하나님이라는 것이 가능한 말인가! 실로 그러했다. 할라즈가 살았던 시대의 사람들은 할라즈의 말을 신성 모독으로 알아들었다. 할라즈는 더 나아가 이렇게 말했다.

"나는 진리다!"

엄청난 말이다. 그가 말한 "진리"란 하나님의 99가지 이름 중 하나다. 그러니 그가 한 말은 결국 "나는 하나님이다"라는 것이다. 신성 모독이다. 마땅히 죽여야 한다. 할라즈 시대의 사람들은 그렇게 생각하고 실천에 옮겼다. 손발을 자르고 십자가에 매달아 참수했다. 할라즈는 그렇게 사라졌다. 예수처럼 신성 모독죄로 922년 바그다드에서 처형당했다.

사랑해보지 않은 사람이 사랑의 감정을 알 수 없다. 아름답게만 보이는 세상. 무엇을 하든, 어디에 있든, 사랑하는 이를 생각하고 그리는 마음. 내일 다시 만날 것이면서도 당장 헤어지기 아쉬워 애타는 심정. 사랑을 해 본 사람이 아니면 매혹적이고도 떨리는 사랑의 느낌을 알 수 없다. 사랑은 사랑하는 사람에게만 열려 있는 감정이기 때문이다. 종교체험도 이러한 것이리라. 하나님 체험을 해 보지 않은 사람이 체험이 안겨다 주는 엄청난 기쁨의 세계를 알 수 있으랴.

하나님 체험을 한 후 할라즈는 모든 세상이 하나님으로 가득 차 있는 내면의 체험 세계를 "나는 하나님이다"라는 상징적 언어로 이야기할 수밖에 없었다. 할라즈 자신이 하나님께 완전히 취하고 몰입해 자신의 자아가 소멸되었음을 상징적으로 표현한 말이었다. 그러나 창조주와 피조물의 엄격한 구분을 강조하는 이슬람 법학자나 신학자에게 이러한 상징이 상징으로 받아들여질 리 없었다. 인간은 어디까지나 인간! 하나님께서 『꾸란』과 예언자 무함마드의 언행을 통해 계시한 이슬람법을 따라 사는 것이 올바른 신앙인의 길일 뿐, 감히 하나님을 체험하여 일체가 된다는 것은 어불성설이요, 신성 모독일 뿐이었다. 유대 종교 지도자들이 예수를 이해하지 못한 것처럼, 이슬람 종교 지도자들 역시 할라즈를 이해하지 못했다. 초월자의 초월성만을 강조한 탓이다. 초월자 하나님이 우리 인간 삶에도 내재한다는 것을 못 느꼈기 때문이다. 그들에게 예수나 할라즈 두 사람은 모두 다 신성을 모독하고 훼손하는 중죄인일 뿐이다.

이슬람 수피는 초월성과 내재성을 지닌 하나님을 체험한다. 수피에게 하나님 체험은 하나님 안에 자기 자신이 완전히 소멸함을 뜻한다. 하나님과 완전히 하나가 되는 경지를 말한다. 하나님 안에 자신이 완전히 소멸할 뿐만 아니라, 소멸이라는 사실 자체도 소멸하는 그러한 경지. 실로 절대적 체험의 경지다. 이는 상징적 언어로만 표현할 수밖에 없다. 법학자나 신학자는 하나님에 관해 이러쿵저러쿵 이야기를 많이 한다. "하나님은 이러한 분이시다"라는 이야기를 쉬지 않고 이야기한다. 이는 비단 이슬람뿐만은 아니다. 당장 근처 성당이나 교회에 가보라. 그리스도인은 저마다 하느님/하나님에 대해 참 많이 안다. 전능하시고 전지하시고 자애로우시고 등등 하느님/하나님을 수만 가지 수식어로 표현한다.

그러나 수피는 다르다. 수피는 지성적, 논리적 언어로 하나님을 이야기하지 않는다. 체험으로 말한다. 왜냐하면 하나님은 언어의 한계를 넘어서는 분이기 때문이다. 수피는 하나님과 하나가 되는 체험으로 진정한 진리의 세계를 맛보고, 이를 상징적 언어로만 이야기한다. 이 말은 결코 이성적으로 알아들어서도, 알아들을 수도 없는 체험의 언어다. 사정이 이러하니 할라즈의 말을 문자 그대로 받아들인 사람은 할라즈를 신성 모독죄로 옭아매어 죽일 수밖에 없었으리라.

타죽을 줄 알면서도 불빛에 몰려드는 불나방들. 수피는 스스로 불나방에 비유했다. 불빛은 바로 하나님. 할라즈는 불나방이 불빛과 하나가 되는 순간을 말했다. 하나님 안에서 타죽는 것이다. 철저히 자신이 소멸하는 것이다. 하나님과 그렇게 일치하는 것이다. 말로 할 수 없는 진리를 체험하고 상징으로 말했지만 알아들을 수 있는 마음의 귀가 있는 사람이 없었으니 할라즈는 죽어야만 했다. 정해진 종교의 길을 따르지 않고 할라즈처럼 체험으로 종교 내면을 사람들이 발견한다면, 권위와 관습의 힘으로 사람들을 지배하는 권력층은 얼마나 당혹스럽고 위험하다고 느꼈을까?

이래저래 할라즈는 세상을 떠나야만 했다. 유일하신 분을 유일하게 느끼는 것, 그분을 완전히 내적으로 체험하는 것이 삶의 전부였던 할라즈에게 죽음은 무서운 것이 아니었다. 그래서 할라즈는 "친구들이여, 나를 죽여라. 죽음 속에 삶이 있으니"라고 감히 말할 수 있었다. 사랑하는 하나님을 찾아 영적인 여행을 떠난 연인에게는 하나님을 하나로 만드는 것, 즉 체험으로 하나님을 발견하는 것만으로 충분하다. 이러한 할라즈를 이해할 수 있는 사람은 하나님을 모든 존재로 느끼고 체험하는 사람들, 즉 불나방뿐. 불나방의 언어로 다시 할라즈의 말을 새겨듣는다. 300여 년 후 수피 루미(1207~1273)는 할라즈를 이렇게 표현했다.

"새벽 동트기 전 이른 아침,
사랑하는 연인들이 깨어
물을 마십니다.
그녀가 묻습니다, 저를 사랑하나요,
아니면 당신 자신을 더 사랑하나요,
진실을 이야기해주세요.
그는 말합니다, 제게는 아무것도 없어요.
저는 떠오르는 해에 비추는 루비와 같죠.

루비는 보석입니까, 아니면 붉게 물든
세상입니까?
루비는 햇빛을 거부하지 못하죠.
할라즈가 나는 진리요라고 말하며
진실을 이야기한 것과 같아요.
루비와 떠오르는 해는 하나랍니다."

마음의 귀가 있는 사람만 알아들을지어다.

불신자라 불러다오: 주나이드

"친구 천 명이 불신자로 부르기 전까지는 누구도
진리에 도달하지 못한다."

922년 "나는 진리다"라고 외치며 죽어 간 할라즈의 스승 주나
이드(?~909/910)의 고백이다. 영성가 주나이드는 샤피이 법학
파 법률가로 유명했던 오늘날 이라크 바그다드 사람이다. 영
성가이면서 법학자. 오늘날 시각에서 보면 큰 문제가 없어 보
일 것이다. 우리 주변에 둘러보면 훌륭한 법률가이면서 동시
에 경건한 종교인이 많기 때문이다. 그러나 주나이드 당시는
두 전통에 충실한 사람이 되기가 그다지 쉬운 일이 아니었다.
무엇보다도 유일무이한 창조신을 이해하는 방법이 달랐기 때

문이다.

　이슬람 법학자는 창조주가 예언자 무함마드에게 내린 계시를 모아 놓은『꾸란』을 바탕으로 법을 발견하는 사람이다. 인간 행위 하나하나를 점검하여 하나님의 뜻에 부합하는지 살피고 또 살핀다. 반면 영성가는『꾸란』에서 법이 아니라 말씀의 원천인 창조주를 만나고자 애썼다.『꾸란』의 언표(言表, 말로 나타낸 뜻)를 마음으로 느끼고 하나님을 발견하려고 무던히 힘썼다.

　영성가는 영원한 하나님과 하나가 되고자 모든 것을 내건 사람이다. 하나님은 예언자 무함마드에게 하나님이 하나임을, 세상의 창조주임을 알려주었다. 하나님을 알고 느낌은 이 세상이 있기 전의 모습을 본다는 뜻이다. 이슬람에서 말하는 유일신의 세계를 맛보는 것이다. 하나님이 세상을 분화하기 이전의 단일한 세계를 본다는 말도 된다. 진정 중요한 것이 무엇인지 마음으로 체험으로 느낀 영성가에게 법률적, 외형적 구분의 세계는 법학자가 생각하는 것만큼 중요한 것이 아니었을지도 모른다. 딱딱하고 건조한 언어보다는 마음의 눈을 중시한 영성가는『꾸란』의 말씀을 상징적으로 이해했다. 그러다 보니 계시의 말씀을 곧이곧대로 문자적으로 이해하는 법학자가 영성가를 곱게 놓아둘 리 없었다. 사람들은 체험으로 창조주를 만나려 하는 영성가를 주저하지 않고 불신자로 불렀다.

주나이드의 제자 할라즈의 죽음은 이러한 틀에서 이해해도 좋을 것이다. 할라즈가 외친 "나는 진리다"라는 말은 진리이신 창조주를 체험했다는 상징적·체험적 언어였지만, 문자그대로 받아들여져 신성 모독으로 몰릴 수밖에 없었다. 더욱이 로고스(Logos, 말씀, 그리스도교에서는 '하느님/하나님의 말씀'으로 해석)가 육화한 하느님/하나님 예수를 믿는 그리스도인처럼, 할라즈가 육화를 이야기하는 것으로 이해했기에 창조주의 단일성을 훼손하는 불경죄로 보았다.

종교적 체험은 믿는 사람이 아니라 체험한 사람에게만열려 있는 좁은 문이다. 체험하지 않은 사람은 체험한 사람의마음을 도저히 가늠할 수 없다. 근대 유럽의 그리스도인 루돌프 오토가 표현한바 "떨리고 매혹적인 신비(Myterium tremendum et fascinans)"인 종교체험을 해 보지 않은 사람이 어떻게 감히 이해할 수 있을까? 서울을 안 가본 사람이 서울 이야기를 해봐야 알맹이가 없는 것과 마찬가지다. 주나이드는 제자 할라즈의 마음을 이해할 수 있었다. 체험의 환희 속에 외치는 말을이해했다. 동시에 위험함도 느꼈다. 알아들을 수 없는 사람이들으면 신성 모독이라는 엄청난 죄명으로 몰아갈 수 있는 말이기 때문이다. 그래서 주나이드는 여러 차례 할라즈에게 말조심하라고 경고했다.

할라즈는 창조주와 하나가 됨에 취해 깨어나길 싫어한

영성가였다. 그러나 스승 주나이드는 그 상태에서 한 걸음 더 나아갔다. 취해서 모든 감각을 완전히 잃어버리는 것으로 끝나는 게 아니라, 그 상태에서 깨어남을 이야기했다. 다시 세상으로 돌아온 것이다. 그래야 비로소 하나님에 이르는 길을 사람들에게 알려줄 수 있기 때문이다. 창조주, 곧 사랑하는 이와 헤어짐이 주는 슬픔과 고통을 느낄 것이다. 주나이드는 이러한 상태를 취한 상태의 합일보다 더 높은 단계라고 믿었다.

주나이드가 말한 깨어 있음은 술 취한 후 깨어 있는 것과는 물론 다르다. 알코올 기운이 가시면 술은 깨지만 창조주 체험에 취했다가 깨어 있는 자는 창조주 안에 깨어 있는 것이기 때문이다. 체험한 후에는 체험 이전과는 본질적으로 다른 인간으로 살아 있다. 창조주 체험으로 자신이 완전히 소멸하여 하나님 안에서 살고, 창조주는 더 나아가 영성가를 다시 한번 더 궁극적 자기소멸의 세계로 인도한다. 모든 장막이 사라진 세계다. 이제 체험자는 불에 뛰어든 나방처럼 완전히 소멸한다. 그러한 상태에서 세상에 돌아온 체험자는 창조 때의 순수한 모습으로, 그 푸르름으로 깨어 있다. 취함과 깨어 있음의 영적인 경계선을 주나이드는 이렇게 표현했다.

"오, 주여, 이제 저는 압니다.
제 마음속에 무엇이 있는지.

세상과 떨어져 비밀리에

저의 혀는 사랑하는 이와 이야기합니다.

이렇듯 우리는

합쳐져 하나가 되지만

헤어짐은

언제나 우리들의 현실.

심오한 눈길로 당신을 보려 해도

깊은 경외감이 당신의 얼굴을 가리오나,

놀랍고 황홀한 은총 속에서

당신께서 제 마음 깊은 곳을 어루만지심을

느낍니다."

체험의 세계에서 멀어져 머리로 절대적 진리를 이해하려는 우리는 오늘날 주나이드와 같은 사람을 어떻게 부를까? 이상한 사람? 괴상한 사람? 주나이드를 보는 눈이 예나 지금이나, 중동이나 우리나라나 별로 다르지 않다고 하면 지나친 상상이나 비약일까?

가장 비천한 피조물입니다: 시블리

스승 주나이드가 물었다.
"네 스스로를 어떻게 생각하느냐?"
시블리는 답한다.
"하나님이 창조하신 것 중에서
가장 비천한 존재입니다."
"이제 네 믿음이 굳건하구나!"

시블리(Shibli, 861~946)는 10세기 수피 영성가로 이라크의 수도 바그다드에서 살았다. "나는 하나님(진리)이다"라는, 당시 종교 지도자들이 받아들일 수 없는 말을 남기고 처형된 할라즈의 친구였다. 운명을 달리한 벗만큼이나 파격적인 언행을 남긴 사람이기도 하다. 한때 고위 관리였던 시블리는 종교체험으로 영성 세계를 깨닫고는 수피의 길을 걷기 위해 당시 유명한 영성가 주나이드를 찾아가 말했다. "사람들은 당신이 신적인 지식이라는 보물을 지니고 있다고 합니다. 저에게 그것을 주시든가 아니면 파십시오." 이에 주나이드는 다음과 같이 답했다.

"값을 매길 수 없기에 팔 수는 없고, 그냥 주자니, 그러면 그대가 너무 헐값에 보석을 가지는 셈이네. 그대는 그 가치를 모르네. 나처럼 이 너른 (영성의) 바다에 뛰어들게나. 인내심을 가지고 기다리면 보석을 얻게 될 것이네."

시블리와 주나이드가 언급하는 보석이란 영적인 진리의 세계다. 머리가 아니라 마음으로 공부해야만 얻을 수 있는 것이다. 머리로 한다면 고위 관리를 지낸 학식 있는 사람이었던 시블리는 쉽게 할 수 있었을 것이고, 스승을 찾아 나설 필요도 없었을 것이다. 이제 시블리는 무엇을 해야 하느냐고 묻는다. "가서 유황을 팔게나." 스승의 말대로 유황을 판 지 1년이 다 되었다. 이제 족할까? 물론 아니었다. 스승은 시블리에게 유황을 파느라 얼굴이 알려졌으니 이젠 그만두고 거지가 되라고 한다. 이에 1년 동안 시블리는 바그다드 거리 곳곳을 돌며 구걸했다. 그러나 누가 시블리를 거들떠나 볼까나! 스승 주나이드는 시블리에게 이렇게 말한다.

"보게나, 자네는 사람들 눈에 정말 아무것도 아니네. 그들에게 마음을 쓰거나, 그들의 마음을 헤아리지도 말게나. 자네는 한때 한 지방의 고관이었으니 그곳으로 가서 자네가 마음 상하게 한 사람을 찾아가 일일이 용서를 구하게나."

시블리는 스승의 말씀에 따라 자신이 다스리던 지역으로 가서 행방을 알 길 없는 한 사람만을 제외하고는 4년 동안 자신 때문에 상처받았던 사람을 일일이 찾아가 잘못을 빌고 용서받았다. 용서를 받고 돌아온 시블리에게 다시 스승은 이렇게 말했다.

"자네에게는 아직도 여전히 세간의 평판을 신경 쓰는 마음이 조금 남아 있네. 가서 1년 동안 더 구걸하게나."

세상을 조금이라도 신경 쓰면 안 되는 것일까? 시블리는 다시 거지가 되어 동냥했다. 고관으로 부러울 것 하나 없던 시블리가 유황 장사를 하고, 거지로 구걸하고, 자신이 다스린 지방 사람들에게 일일이 용서를 구하더니 다시 또 거지로 가장 밑바닥 인생을 사는 것이다. 물론 천박한 시각에서 보면 그럴 것이다. 누가 타워팰리스를 마다하고 노숙자가 되겠는가? 그러나 영적인 체험을 하면 이렇게도 달라지는 것일까? 시블리는 매일 바그다드 거리를 누비며 거지 생활을 했다. 동냥으로 번 수입은 매일 스승 주나이드에게 바쳤고, 스승은 이를 다시 가난한 사람들에게 모두 나누어주고는 다음 날 아침까지 음식 한 입 주지 않고 시블리를 굶겼다.

이렇게 1년이 지나서야 비로소 스승 주나이드는 시블리를 정식 제자로 받아들였다. 유황 장사 1년, 거지 생활 1년, 용서를 구하는 행위 4년, 다시 거지 생활 1년. 회심의 영적 체험을 한 후 주나이드에게 찾아간 지 7년이 지나서야 비로소 제자가 되었다. 그러나 이 또한 조건이 있었다. 이번에는 다른 사람 밑에서 종살이를 해야만 했다. 1년 동안 종살이를 마치자 스승은 시블리에게 물었다. "네 스스로를 어떻게 생각하느냐?" 시블리는 답한다. "신이 창조하신 것 중에서 가장 비천한 존재입니다." "이제 네 믿음이 굳건하구나!"

자기 자신을 이기는 것, 불신자와 하는 전쟁보다 더 힘들고 고귀한 내적인 싸움. 이를 두고 이슬람에서는 '지하드(Jihad)'라고 부른다. 보통 성전(聖戰)으로 번역하는데, 사실 투쟁이 더 맞는 말이다. 실로 진정한 성전이요 투쟁이다. 스승 주나이드는 영성을 막 깨닫고 수피의 길로 들어서는 시블리를 이처럼 혹독하게 단련시켰다. 세속에서 부풀어진 자신의 외면과 반비례로 좁아진 영성의 내면을 확대하기 위해서다. 새롭게 태어난다는 것은 이처럼 어려운 일일까? 단순히 깨닫기만 하면 되는 것은 아닌가 보다. 영적으로 새로워진다는 것은 한순간의 깨달음으로 산다는 게 아니라 계속 자신과 싸워 자신이 가장 미천한 존재임을 알 때까지 끝없이 자신을 스스로 낮추는 것을 뜻하나 보다. 그래야만 하나님 안에서 자신을 완전히 소멸할 수 있는 경지에 다다르기 때문이리라. 이기심, 자신을 의식하는 마음이 있다면 하나님과 진정한 합일을 이루긴 어려울 터이니 말이다.

가난, 금욕, 하나님을 향한 믿음, 끊임없이 하나님을 기억하기. 이 덕목들은 수피의 길을 걷는 사람에게는 절대적이다. 이로써 진정한 세상의 실재를 체험하고, 그 안에서 자신을 철저히 녹인다. 자신이 가장 보잘것없는 존재임을 깨달은 시블리는 많은 시간을 세속과 절연한 상태에서 보내며 고독 속에서 하나님과 합일을 추구했다. 사랑하는 이의 죽음을 슬퍼하는 사람에게 유한자가 아니라 영원한 하나님을 사랑하라고 가르친 시블리. 사랑해야 할 대상은 오로지 무한자인 하나님. 어느 날 미친 사람처럼 세상과 절연하고 홀로 수행하는 시블리에게 제자들이 찾아오자 누구냐고 물었다. 제자들이 "당신을 사랑하고 따르는 사람들입니다"라고 대답하자 시블리는 돌멩이를 집어 던졌고, 제자들은 이를 피해 황급히 달아났다. 그러자 시블리는 이렇게 말했다.

"나를 사랑한다고 하지 않았던가? 그런데 돌멩이 한두 개에 그 사랑이 날아가 버리는가? 나를 사랑했다면 내가 조금 불편하게 했어도 그 정도 불편함은 감수해야 하지 않겠는가!"

자신이 미천한 존재임을 자각하게 만들어 준 수련의 시간이 떠올랐을까? 사랑하는 이를 위해서라면, 사랑 그 순수함 자체를 위해서라면 그 어떠한 이기적인 것도 모두 버리는 영적인 삶 역시 자신이 참으로 보잘것없는 사람임을 온몸으로 느끼는 데에서 나오는 것이리라.

군이 거창하게 하나님, 사랑, 수피, 영성을 거론하지 않아도 좋다. 물질이 주는 풍요로움에 푹 빠진 우리 역시 "아무것도 아닌 자신의 본질"을 깨달음으로 더 행복해질 수 있지 않을까? 너무 자학해도 안 된다지만, 지금 우리는 자만심과 탐욕으로 지나치게 부풀려져 살고 있기에 자기 성찰이 필요할 것이다. 나 자신이 가장 비천한 존재임을 느끼는 순간, 삶의 방향성을 직시하고 진정 의미 있게 잘 살 수 있을 테니 말이다. 거드름 피우지 말자. 실로 우리는 아무것도 아니니.

모스크여, 사라져라: 아부 알카이르

"태양 아래 있는 모스크가 모두 사라져야 비로소
우리의 성스러운 일이 이루어진다. 믿음과 불신
이 하나가 돼야 비로소 진정한 무슬림이 나타날
것이다."

어리둥절한 말이다. 하나님을 믿는 무슬림이 이런 말을 했을
것 같지는 않다. 적어도 일반 상식은 그렇다. 선불교 전통에
살불살조(殺佛殺祖)라는 말이 있지만, 절대적 인격 신관이 없
는 불교에서나 가능할 법한 말이지 상식적으로 우리가 알고
있는 이슬람에 이런 종류의 말이 있을 순 없지 않은가?

이렇게 생각하는 것도 무리는 아니다. 우리는 이슬람을

앞뒤가 꽉 막힌 답답한 종교로 생각하기 때문이다. 1,400년 이슬람 전통이 그렇게 갑갑하게 존재해왔다고 잘못 알고 있기 때문이다. 140년이라면 몰라도 1,400년 동안 굳건히 이어 온 종교 전통이 오로지 칼을 쥐고 휘두르며 엄하디엄한 얼굴로만 살아왔다고 믿는 우리가 더 답답한 노릇임에도 여전히 그렇게 믿는다. 그러나 어쩌랴, 무슬림조차 동의하기 어려울 것 같은 대담한 위 발언의 주인공은 지금의 이란 땅에서 엄연히 무슬림으로 평생을 마친 수피 영성가 아부 알카이르(Abu al-Khayr, ?~1049)니 말이다.

그렇다면 아부 알카이르가 미친 것은 아니었을까? 그렇지 않고서야 어떻게 이렇게 대담한 말을 할까? 미치지 않았다면 이슬람을 해하러 마음먹은 이교도가 아니었을까? 쉽게 받아들이기에는 아무래도 힘든 말임은 분명하다. 그러나 그는 미치지도 않았고, 무슬림의 탈을 쓴 이교도도 아니었다. 몸과 마음을 하나님에 오롯이 바친 수피였다. 그렇다면 그가 말하고자 한 바는 진정 무엇이었나? 단적으로 이야기하자면 겉치레, 그리고 이분법적 사고에서 벗어나 진정한 신앙인의 자세로 절대자 하나님께 전력하라는 말이리라.

우리는 외부 조건에 민감하다. 사람을 겉만 보고 평가한다. 현대 종교의 세계도 마찬가지다. 독실한 신앙인이라는 사람이 편 가르기에 골몰하는 것을 흔히 볼 수 있다. 이단이니 정통이니 하면서 다른 사람을 정죄하고 판단한다. 그런 사람일수록 내면적 신앙보다 겉치레 의례에 힘을 쏟는다. 기도는 이렇게 하고, 경전은 이렇게 읽고, 그것은 이런 뜻이며, 의례에 참가할 때는 이렇게 해야 한다며 시시콜콜 충고한다. 마음은 딴 곳에 두고 몸만 종교의례에 열심히 참여하면서 말이다.

아부 알카이르는 바로 내면의 아름다움 없이 외형적 겉치레에 애쓰는 마음을 질타한다. 그런 사람이었기에 『꾸란』을 열심히 읽고 하나님을 부지런히 찾았음에도 단 한 번도 메카 순례에 참여하지 않았다. 오히려 카으바 성원이 하루에도 몇 번씩 그를 찾아와 자신의 머리 위를 돈다고 말했다. 이슬람 전통에서는 순례자가 카으바를 도는 것이 원칙인데도 말이다. 이러한 역설적인 발언은 비단 아부 알카이르뿐 아니라 다른 수피 영성가도 많이 했다고 전해 온다.

다시 말하자면 아부 알카이르를 비롯해서 수피 영성가는 무엇보다도 영적으로 깨어있는 것이 겉으로 신심 있는 척 행동하는 것보다 아름답다고 강조했다. 영적으로 뛰어난 경지에 이르면 외적으로 규정한 행위나 의례는 의미가 없다는 말이다. 사실 순례를 한다고 해도 경건한 마음이 따르지 않은 순례는 헛될 뿐이다. 그렇다. 외형적인 것뿐만 아니다. 마음을 채우고 있는 모든 헛된 것들도 비워야 한다. 조상이나 모태신앙 자부심, 공명심 같은 것은 진정한 신앙에 다다르려는 사람에게 어떠한 도움도 줄 수 없다.

예언자 무함마드의 사촌 동생이자 사위인 4대 칼리프 알리의 후손임을 자랑스럽게 생각한 어느 열정적인 시아 무슬림은 5년 동안 매일 아버지의 뜻에 따라 수피 영성가의 가르침을 받았다. 그런 그가 스승에게서 배운 것은 바로 다름 아닌 조상에 대한 자부심을 완전히 버리기 전에는 아름다운 영성의 세계에 들어 올 수 없다는 가르침이었다. 그렇다. 버려야 한다. 헛된 공명심, 자부심은 겉만 번지르르한 모스크와 같으니 말이다. 진실 없는 마음에 들어선 모스크, 교회, 절은 우상과 같아 삶을 고달프게만 하니 말이다.

믿음과 불신. 둘로 나누어 보지 말라. 이는 외적이든 내적이든 나의 머리나 마음으로 쉽게 재단할 수 있는 것이 아니다. 다른 사람의 신앙심을 내가 함부로 옳다 그르다 할 수는 없다. 그런데도 신앙을 가졌다고 하는 사람은 자신의 신앙을 기준으로 자주 재판관이 되어 다른 사람을 심판한다. 자신에게 그러한 자격이 없다는 것도 모른 채, 불신자는 지옥에 간다고 참으로 쉽고도 크게 외친다. 그런 우리가 참으로 부끄럽다. 답답하게만 보았던 이슬람 전통에서 이미 이런 우리를 염두에 두고 진정한 신앙의 길을 제시한 사람들이 1,000년 전에 살고 있었다니 더더욱 놀랍다. 수피 영성가는 믿음과 불신을 우리의 속된 관점에서 보지 않았다. 편 가르기도 없었다. 수피에게 믿음

모스크에서 예배하는 사람들 ⓒ이원주

과 불신은 새알의 흰자와 노른자 같은 것. 그 둘 사이에는 서로 넘을 수 없는 분명한 선이 있지만, 하나님이 품으면 믿음과 불신은 사라지고 알에서 깨어나 날개를 가진 새가 된다.

　　그러니 나누어 보지 말라. 겉으로 모든 것을 판단하고 세상과 사람을 나누어 보는 눈을 버려라. 하나님이 품는다. 품으면 모두 하나가 된다.

　　우리보다 훨씬 먼저 깨달은 루미는 이렇게 노래했다.

　　"마드라사와 미나렛●이
　　사라지기 전에는
　　수피의 길은 열리지 않는다.
　　믿음이 불신, 불신이 믿음이 되기 전에는
　　올바른 무슬림은 실로 존재할 수 없다."

● 마드라사: 이슬람 신학교
미나렛: 예배를 알릴 때 사용하던 모스크 첨탑

지금 애착을 끊지 않으면 언제 끊을 것인가: 가잘리

대학입시는 우리나라에서 가장 신성한 종교의례일지 모른다. 대학은 반드시 졸업해야 하고, 그것도 이른바 알아주는 대학 졸업장을 따야 인간 대우를 받으며 행복하게 살 수 있다고 끊임없이 강조하는 어른들로 넘쳐나는 나라이니 모두 민감하게 반응한다. 우리 사회에서 배운다는 것은 기계적 암기로 답을 찾아 쓰고 계량화된 점수를 받는 것을 뜻한다. 이를 잘한 사람이 결국 10년, 20년 후 좋은 집, 멋진 차, 훌륭한 직업을 가진 이른바 성공한 사람이 된다. 이것이 우리 사회의 보편적 법칙이요 정석인데, 정말 공부 잘해서 대통령이 될 수 있는 기본적 조건인 대학을 나오고 남들이 다 알아주는 사람이 되어 부와 명예가 넘치면 행복할까? 그리고 그런 사람이 지닌 지식은 진정한 의미의 지식이라 할 수 있는 것일까?

지금부터 약 1,000년 전인 1091년 이슬람 세계의 중심지 바그다드의 니잠(Nizam) 대학에 33세 젊디젊은 학자 가잘리(al-Ghazali, 1058~1111)가 교수로 취임한다. 이슬람 법학 교수로 법학, 신학, 철학에서 탁월한 지적 능력을 떨친 인물이다. 무엇 하나 부러울 게 있었을까? 중세 최고의 신학자요, 법학자로 바그다드에서 교수 생활을 하던 가잘리는 현세의 편안한 삶이 영원한 구원을 가져다주지 못한다는 사실을 점차 깨달았다.

실존적 변환이 절실하다는 급박한 내적 깨달음이 가잘리를 엄습했다. 모래성과 같은 부와 명예, 머리로 하는 공부. 이제 이 모든 것을 버리고 좀 더 확실하고도 영원한 삶을 향한 대전환이 필요하다는 소리가 내면에서 들려왔다. 실로 일생일대의 최대 정신적 위기를 맞았다. 삶 속에서 쌓은 부와 명예는 도대체 무엇이며, 가장 똑똑하다는 머리로 하나님을 이해한다는 것에 어떤 의미가 있는가? 하나님에 관한 진정 확실한 지식은 머리가 아니라 마음으로 체험해야 얻을 수 있는 것임을 안 것이다. 살아 온 날의 오류로부터 해방을 원했다. 그렇다. 오류다. 지금껏 살아 온 길이 잘못이다. 머리로 쌓아 온 지식으로 절대자를 이해하려는 삶은 잘못이다. 그 길을 걸으며 모은 부와 명예 역시 헛되다. 그러한 삶을 사는 자신을 기다리는 것은 지옥의 불 뿐!

사실 자신의 존재를 지탱해 온 삶의 양식을 일순간 포기하는 것은 결코 쉬운 일이 아니다. 그러하기에 가잘리의 대전환이 더 위대해 보이는지도 모른다. 그냥 그렇게 살던 대로 살아도 구원받는다고 말할 수도 있겠지만, 예민한 영성에 휩싸인 가잘리에게는 통하지 않았다. 진정한 지식은 머리가 아니라 마음으로 체험하는 것! 하나님을 두려워하는 진정한 삶과 세상의 헛된 욕망에서 벗어나야만 참된 삶을 살 수 있다는 것을 깨달았다. 헛되고도 무익한 삶에 대한 애착으로 영원한 삶을 잃어버린다는 사실을 자각했다. 그러나 깨달았으면서도 가잘리는 단 한 발자국도 전진하지 못했다. 한 발은 헛된 삶을 벗어나려고 나아갔지만, 다른 한 발이 따라 움직이지 않았기 때문이다. 어정쩡한 자세로 고뇌하는 모습이다. 아침에는 이러한 무익한 삶을 떠나야지 하고 결심했다가도 저녁에는 지금의 삶이 주는 편함과 욕망에 이끌려 무기력해졌다. 가잘리는 고백한다.

"세속의 욕망이 나를 사슬로 휘감아 이 땅에서 움직이지 못할 때 신앙의 음성이 들려온다. '그 길로! 그 길로! 이 세상 삶은 미미하고, 가야 할 길은 멀다. 너를 지적(知的)으로 실질적으로 바쁘게 하는 것은 위선과 환상일 뿐! 영원한 생명을 위한 준비를 이제 지금 하지 않으면 언제 할 것인가? 지금 애착을 끊지 않으면 언제 끊을 것인가?'"

몇 달을 이렇게 주저하던 중 어느 날 가잘리는 갑자기 신체 마비 증상을 겪었다. 혀가 말라서 음식도 제대로 먹지 못하고, 말도 하기 어려운 지경이 되었다. 의사들이 갖은 방법을 다써 보았지만 뾰족한 수가 없었다. 마음의 병이었기 때문이다. 가잘리는 하나님에게 의지했고 하나님은 가잘리의 마음을 평온케 하여 세상으로부터 비로소 마음을 돌리게 했다. 이제 가잘리는 평온하고 안락한 삶을 포기하고 진정한 삶을 찾아 나섰다. 도대체 하나님은 어떤 분이시기에 그래야만 했을까?

> 하나님은 하늘과 땅의 빛이라. 비유컨대 그 빛은 벽 위의 등잔과 같다. 그 안에 등불이 있고, 그 등불은 유리 안에 있더라. 그 유리는 축복받은 올리브기름으로 별처럼 밝게 빛나도다. 그것은 동쪽에 있는 나무도 아니요, 서쪽에 있는 나무도 아니라. 그 기름은 불이 닿지 않지만, 더욱 빛이 나, 빛 위에 빛을 더한다. 하나님은 원하는 자를 그 빛으로 인도하시며, 사람들에게 예증을 보이신다. 하나님은 모든 것을 아심으로 충만하다.
>
> (『꾸란』 24장 35절)

빛이신 하나님은 머리가 아니라 마음으로 느낄 수 있는 분이다. 하나님에 관한 진정한 지식은 머리가 아니라 마음에 있다. 그래서 가잘리는 이를 위해 모두가 원하고 존경하는 최고 대학의 교수직, 부와 명예를 모두 버린 것이다. 똑똑한 것으로 따지면 누가 감히 가잘리와 필적할 수 있었을까. 그러한 가잘리가, 요즘 표현으로 "잘 나가던" 가잘리가 머리로는 참된 확실성을 알 수 없기에 겸허한 마음으로 하나님을 만나기 위해 모두 버렸다. 그리고 역설적으로 모든 것을 새로운 방식으로 얻었다. 부정할 수 없는 행복의 원천을!

이미 12세기 중동에서 가잘리는 우리 한국과 같은 현실을 감지했다. 가잘리는 소위 머리가 좋다는 사람들이 마음으로 짓는 죄로 질투, 위선, 자부심 세 가지를 꼽았다. 이러한 마음이 있는 한 진정한 배움은 없다고 했다. 시작이 잘못되었으니 결과가 좋을 리 없고, 잘 사는 것 같아도 실제로는 비참하게 살아가는, 겉만 번지르르한 인생을 통찰했다.

이제 마음의 죄를 하나씩 살펴보자. 먼저 질투는 탐욕의 한 형태다. 시기심 많은 사람은 하나님의 사랑을 받아 부유하거나, 지식이 깊거나, 인기가 있거나, 운이 좋은 사람을 가만히 두고 보지 못한다. 빼앗을 수 없는데도 어떻게 해서든지 상대방이 누리는 사랑을 뺏고 싶어서 말이다. 설령 원하는 대로 된다 해도 아무런 이득이 없다. 예언자 무함마드의 말처럼 불이 나무를 태워버리듯, 선행은 질투로 소멸하기 때문이다. 그러므로 질투심이 나거든 빨리 자신을 해방해야 한다. 그렇지 않으면 마음은 스러져 황폐해지고 영원히 고통스러운 형벌을 받는다. 사실 나보다 더 나은 사람을 시기해 봤자 바뀌는 것은 없다. 내 마음만 괴로울 뿐이다. 그런 마음으로 따라잡으려 노력해 봤자 동기가 불순하니 결과가 좋을 리 없고, 결과가 좋다고 해도 이미 내 마음은 질투가 남긴 스트레스로 병들어 있으니 아무런 이득이 없다.

둘째, 위선은 다신 숭배와 같다. 유일신만을 인정하는 이슬람에서 다신 신앙은 가장 큰 죄다. 그런데 왜 위선이 다신 숭배와 같은가? 위선적인 태도로 사람들 마음속에서 영향력을 행사하고 존경받으려 하기 때문이다. 유일신이 차지해야 할 마음이 인간에 대한 존경과 영향력에 좌우되니 이것이 진정 다신 숭배가 아니겠는가. 가잘리는 하나님의 말씀을 배우고 공부하는 마음과 심지어 하나님께 드리는 경배마저 위선이 주된 동기가 되고 있음을 간파한다. 하나님을 위해 순교한 자마저도 최후의 심판일에 불구덩이에 던져질 것이다. 왜냐하면 하나님께서는 순교자가 당신을 위해 목숨을 내놓은 것이 아니라 용감했다는 말을 듣기 위해 죽었음을 아시기 때문이다. 가잘리는 이를 가리켜 "너는 사람들이 누구누구가 용감했다고 말해 주길 원했고, 원한대로 사람들은 그렇게 말해주었으니, 그것이 네 순교에 대한 보상이다"라고 말한다. 마찬가지로 메카 순례를 마친 학자나 『꾸란』을 잘 낭송하는 사람들 또한 같은 처지가 될 것이니 위선은 참으로 배움의 길에 들어서는 사람이 조심해야 할 마음의 죄다. 무엇이 되기 위해, 인정받기 위해 공부하는 우리의 태도를 나무라는 말씀으로 들어야 한다. 인기와 권력은 한순간 사라지는 반딧불 같은 것임을⋯.

끝으로 자부심은 만성 질병이다. 나 자신을 내세우는 몹쓸 버릇은 화를 자초한다. 자부심 가득한 사람은 오만하기 이를 데 없어, 남에게 충고는 잘해도 충고를 받으면 몹시 무례한 태도를 보인다. 스스로 남보다 낫다고 느끼는 마음을 없애야 한다. 그래야 자부심, 오만함, 젠체하는 못된 버릇이 사라진다. 실로 모든 사람이 나보다 더 낫다고 생각하면서 살아야 한다. 아이를 보면 "이 아이는 하나님께 죄를 지은 적이 없는데 나는 많은 죄를 지었으니, 이 아이가 나보다 더 낫다"라고 생각하고, 노인을 보면 "이분은 나보다 먼저 하나님의 종이 되셨으니 나보다 확실히 더 낫다"라고 여기며, 학자를 보면 "내가 가지지 못한 것을 갖고, 내가 이르지 못한 것에 다다랐으며, 내가 모르는 것을 알고 있으니, 내 어찌 그와 같이 될 것인가"라고 깨달아야 한다. 또 무지한 사람을 보면 "이 사람은 모르고 하나님께 죄를 지었는데, 나는 알고서도 죄를 지었으니, 신께서 나를 더 엄히 다스리시리라"고 생각하고, 불신자를 보면 "그가 무슬림이 되어 선한 일을 하여 밀가루 반죽에서 머리카락

을 골라내듯 죄가 사라질지도 모르고, 혹시 그렇지 않다고 해
도 하나님께서 나를 미혹의 길로 들여놓으셔서 내가 불신자
가 되어 죄악을 지을 수도 있다"는 것을 알아야 한다. 늘 이러
한 마음을 갖는다면 내가 남보다 낫다는 생각은 마음에 자리
잡을 수 없을 것이다. 하나님께서 보시기에 훌륭한 사람이 진
정 위인임을 스스로 먼저 깨닫기 전에는 자만심이 사람들 마
음속에서 사라지기 어렵다. 그런데 문제는 이러한 사실을 죽
을 때까지 알기 힘들다는 데 있다. 따라서 늘 종말을 경외하는
마음으로 하나님께 전적으로 의지하고, 내가 남보다 더 낫다
는 생각을 버리며 살아야 한다.

　가잘리는 지식을 추구하는 사람들이 질투, 위선, 자부심
을 버리고 살길 권한다. 논쟁에서 상대방을 제압하고 더 뛰어
나 보이기 위해 지식을 추구하는 것이야말로 마음속에 질투,
위선, 자만을 심는 가장 큰 원인임을 직시하길 바란다. 일반인
보다는 소위 많이 배웠다는 사람들이 새겨들어야 한다고 가
르친다. 말할 것도 없이 이들 세 가지 죄는 마음속에서 일어나
는 사악함의 근원으로, 이 세상에 대한 욕심을 공통분모로 삼
는다. 현세의 삶에 욕심을 부리지 아니하면 마음의 죄악이 설
땅이 없다. 따라서 이 세상보다는 저세상을 생각하면서 경건
하게 살아야 한다. 그때야 비로소 나와 세상의 주인이신 주님
사이에 놓인 장막이 사라진다. 진정한 신적 지식이 마음에 가

득 차는 것이다. 종교 지식을 수단으로 삼아 이 세상에서 평온
하게 살려고 하는 자는 이 세상도 저세상도 모두 놓칠 것이나,
참된 종교 지식을 위해 이 세상을 버린 사람은 이 두 세상을
모두 얻을 수 있다.

21세기 우리 한국 사회가 잃어버린 것은 바로 이 세상에
서 참으로 잘 사는 법이다. 잘 살기 위해서는 백과사전을 달달
암기해 지식인이라는 소리를 듣고, 세상 사람들이 다 알아주
는 인물이 되는 게 아니다. 모래성같이 쉬이 허물어질 지식을
수단 삼아 이 세상에서 평온하게 살려고 하는 자는 못 살고, 참
지식을 추구하기 위해 욕심을 버린 사람은 잘 산다. 잘 살기 위
해서는 질투, 위선, 자부심을 버리고 잘 알아야 한다고 가잘리
는 우리에게 가르친다. 그래야 공부 잘하여 세상에서 외적으
로 성공도 하고 내면적으로도 튼실한 인간이 될 수 있으리라.

이제 가잘리는 21세기 한국인에게 말한다.

"머리가 아니라 마음이다! 대학 졸업장에 목숨 걸지 말라.
대학 졸업장이 참된 지식을 보증해준다고 믿는가? 많이 안다
고 생각하는 것은 위선과 환상일 뿐! 대학에 대한 애착을 버려
라! 지금 애착을 끊지 않으면 언제 끊을 것인가?"

우리가 오늘날 그토록 되길 원하는 '최고 엘리트'가 1,000
년 전에 한 말이다.

혀를 조심하라: 가잘리

2006년 3월, 사상 첫 야구 월드컵(World Baseball Classic)으로 나라 전체가 뜨거웠던 때가 있었다. 당시 화제의 중심은 일본 야구 천재 이치로의 설화(舌禍)였다. 아시아 예선을 앞두고 언론 인터뷰에서 "우리가 승리하는 것은 물론이고 (한국과 대만이) 앞으로 30년간 일본을 이기지 못할 것이라는 사실을 일깨워 주겠다"고 포문을 열더니, 한국에 2번이나 지고 나서도 패배에 승복하지 못한 채 "생애 가장 굴욕적인 날"이라 하고, 4강전에서 한국을 이긴 후에는 "이길만한 팀이 이겼다"고 자찬하는 등 성숙하지 못한 모습으로 많은 사람에게 실망감을 안겼다.

당시 분노한 국내 네티즌은 그의 이름을 아예 "입치료"라 부르기까지 했다. 승부욕에 가득 차서 나온 말로 간주하고 그냥 웃고 넘길 수도 있는 이치로의 말이 문제가 된 것은 국내 팬들이 이치로에게서 야구 천재에 어울리는 아름다운 인간성을 기대했기 때문이었으리라. 오죽했으면 좀처럼 남을 비판하지 않는 우리 야구 대표팀 김인식 감독이 이치로가 공부를 안해서 말실수를 많이 한다고 따끔하게 지적했다. 물론 여기서 공부는 인간적인 수양을 의미하는 것이다. 학교 공부 잘한다고 인간성이 반드시 바르지는 않으니 말이다.

화려한 플레이로 국내 팬마저 사로잡던 야구 천재 이치로. 생각 없이 함부로 한 말 때문에 '입 치료'를 받아야 할 문제아로 낙인찍히면서 수양이 부족한 소인배가 되었다. 그러나 당시 "앞으로 30년 동안 일본 야구를 못 이기게 해주겠다"라는 말은 "대결한 상대가 30년 동안 얕볼 수 없을 정도로 이기고 싶다"는 뜻이었는데, 오역 때문에 이치로가 "입치료"로 불리는 불상사가 생겼다.

이슬람 신앙 전통은 신체 기관을 잘못 사용하여 죄를 짓는 것을 두려워했다. 최후의 심판일에 "그들의 혀와 손과 발이 저질렀던 대로 증언할 것(『꾸란』 24장 24절)"이기 때문이다. 진정 내적으로 깨어 있는 신실한 무슬림이라면 말실수를 하지 않을 것이다. 예언자 무함마드 사후 첫 지도자 아부 바크르(Abu Bakr, ?~634)는 모든 말썽을 불러일으키는 혀를 단속하고자 필요할 때만 말을 하기 위해 입에 돌을 올려놓았다고 한다.

이러한 진중한 자세를 본받아 가잘리는 "혀야말로 이승과 저승에서 나를 파멸시키는 근본 원인"이니 조심하고 또 조심해야 한다고 당부한다. 가잘리는 인간이 혀로 짓는 죄를 8가지로 정리하여 조심하라고 경고한다. 하나하나를 살펴보면 우리가 평소 무심결에 얼마나 많은 죄를 짓고 있는지 쉽게 깨닫게 되고, 두려운 마음을 갖지 않을 수 없다. 이치로뿐만 아니라 우리도 '입 치료'를 받아야 하는 대상에 들어가기 때문이다. 가잘리가 정리한 세 치 혀가 저지르는 잘못을 직시해보자.

첫째, 거짓말. 거짓말을 하는 나를 다른 사람들이 어떻게 생각할 것인가 궁금하다면 처지를 바꿔 생각해 보라. 거짓말을 하는 사람을 볼 때 내가 느끼는 그대로 사람들이 나를 생각할 것이기 때문이다. 거짓말쟁이로 불리는 순간 나의 인격은 두말할 것도 없이 돌이킬 수 없는 치명상을 입는다.

둘째, 약속을 어기는 것. 가장 좋은 것은 말없이, 즉 약속 같은 것 없이 남에게 바른 행위를 하는 것이다. 이를테면 누군가에게 무엇을 해주고 싶을 때 언제 무엇을 해 주겠다는 약속 없이 그냥 말없이 하는 것이다. 어쩔 수 없이 약속해야만 하는 경우가 생긴다면 능력이 안 되거나 강요로 깨는 경우만 빼고는 반드시 지켜야 한다. 그렇지 않다면 스스로 위선자요, 사악한 사람임을 드러내는 것밖에 되지 않는다. 예언자 무함마드는 제아무리 단식을 잘하고 예배에 열심히 참여해도 거짓말하는 사람, 약속을 어기는 사람, 신의를 저버리는 사람은 위선자라 했다.

셋째, 뒤에서 험담하는 것. 30번 간통하는 것보다 심한 죄다. "서로 험담하지 말라. 너희 중에 죽은 형제의 살을 먹고자 하는 자 아무도 없노라. 실로 너희는 그것을 증오하리라(『꾸란』 49장 12절)"라는 가르침은 험담이 얼마나 잘못된 것인가를 생생하게 보여 준다. 위선적인 사람을 보더라도 비난하지 말아야 한다. 만일 그가 없는 곳에서 사람들에게 "하나님께서 그를 더 나은 사람으로 만들어주시길"이라고 말하는 것도 험담하는 것에 불과하다. 왜냐하면 그 말을 들은 사람은 모두 내가 지칭한 그 사람이 문제가 있다는 것을 눈치챌 것이기 때문이다. 정녕 그 사람을 위한다면 홀로 조용한 곳에서 아무도 모르게 그런 기도를 드리는 것이 옳다. 남을 험담하지 말고 자신의 허물을 먼저 살펴야 한다.

넷째, 신학적, 형이상학적 문제로 남과 논쟁하는 것. 논쟁은 필연적으로 남을 깎아내리고 자신의 무지를 드러내며 또 잘난 체하는 것이니 피해야 한다. 바보 같은 사람들과 논쟁하면 피곤하고, 지적으로 뛰어난 사람과 논쟁하면 미움만 사기 십상이다. 속된 말로 인생이 피곤해진다. 예언자 무함마드는 스스로 틀린 것을 알아 논쟁을 피하는 사람은 하나님께서 천국 중간에 집을 지어 주시고, 옳으면서도 논쟁을 하지 않는 사람에게는 천국 가장 높은 곳에 집을 지어 주실 것이라고 가르친다. 논쟁하지 말고 조용히 가르쳐야 한다. 물론 그렇게 하려면 상당한 기술이 필요하겠지만.

다섯째, 자신을 정당화하는 것. 『꾸란』은 하나님께서 "흙에서 창조한 너희를 아시며 또한 너희 어머니 태내에 있을 때의 너희도 아시나니 너희 스스로가 완전한 것이라 자족하지 말라. 그분은 경건한 자를 잘 알고 계신다(『꾸란』 53장 33절)"고 가르친다. 잘난 체하지 말아야 한다. 얼마나 뛰어난지, 얼마나 부유한지, 얼마나 영향력이 있는지 등등 스스로 자신을 높이는 어떠한 자랑도 하지 말라는 것이다. 그런 사람을 보면 우리는 실로 역겨움을 느낀다. 그러니 스스로 그런 행동을 한다면, 남이 나를 어떻게 생각하는지는 굳이 깊이 생각할 필요도 없을 것이다.

여섯째, 사람이든, 동물이든, 식물이든, 먹는 것이든 간에 하나님께서 만드신 세상 만물 중 어느 하나라도 욕하는 것. 아무리 하찮은 것이라도 그것에 대해 나쁜 말을 해서는 안 된다. 신앙을 가진 친구를 위선자, 배교자, 이교도라고 말해서도 안 된다. 그건 내가 알 수 있는 것이 아니라 오로지 신께서만 아시기 때문이다. 심판의 날 '우리는 왜 누구누구를 저주하지 않았느냐'는 질문을 받지 않을 것이다. 오히려 '왜 누구누구를 욕했냐'는 질문을 받게 될 것이다. 그러므로 어떤 것이든 간에

욕해서는 안 된다. 음식이 마음에 들지 않으면 그냥 안 먹으면 된다. 타박하는 것은 잘못된 것이다.

일곱째, 자신에게 잘못을 저지른 사람일지라도 욕하고 저주하는 것. 누군가 내게 잘못했다고 욕하고 저주해서는 안 된다. 하나님께서는 나에게 잘못을 한 사람을 벌하실 뿐 아니라 그를 욕하고 저주한 나에게도 책임을 물으실 것이다.

여덟째, 다른 사람을 조롱하는 것. 장난삼아 농담으로 사람을 놀리는 것도 여기에 포함된다. 잔잔한 물에 파장을 일으키는 돌멩이같이 그러한 행동은 나의 온전한 인격 형성에 도움이 되지 않는다. 되도록 그러한 대화에 끼지 않도록 하고 행여 누군가 다른 사람을 조롱하는 말을 하더라도 이에 응하지 말고 화제가 바뀔 때까지 점잖게 피해야 한다.

가잘리는 혀로 죄를 짓지 않으려면 함부로 사람들과 어울리지 않고 침묵을 지키는 것이 상책이라고 가르친다. 세세히 스스로 살피는 노력이 참으로 아름답다. 이치로가 가잘리의 가르침을 받았다면, 그리 경솔하게 말하진 않았을 것이다. 그러나 우리도 조심해야 한다. 그를 비난하면 우리 역시 혀로 죄를 짓는 것이니 말이다. 결국 '입 치료'를 받아야 한다. 가잘리처럼, 무슬림처럼 자신을 돌아보며 입 단속하며 바르게 살아야 할 텐데…. 그럴 수 있을까?

우상숭배를 버려라: 질라니

12세기 바그다드 수피 영성가 질라니(Abd al-Qadir al-Jilani, 1077~1166)는 제자들에게 "아무도 너희들을 보지 않는 곳에서 닭을 도살해서 나에게 가져오너라"라고 말했다. 이에 제자들은 저마다 비밀리에 닭을 잡아 질라니에게 가져왔다. 그런데 제자 하나가 나타나지 않았다. 질라니는 행방을 물었지만 아무도 몰랐다. 그렇게 하루가 지나고 다음 날 오후가 되어서야 행방이 묘연했던 제자가 손에 살아 있는 닭을 들고 나타났다.

질라니는 물었다. "도대체 어디에 있었느냐? 게다가 모두 나의 말대로 닭을 도살해서 가져왔는데, 너만 살아있는 닭을 가져왔으니, 어찌 된 일인가?" 그러자 제자는 대답했다. "스승님께서 아무도 저를 보지 못하는 곳에서 닭을 도살해서 가져오라고 하셨기에 온갖 애를 다 써 보았습니다. 그러나 하나님, 예언자 무함마드, 스승님이 계시지 아니한 곳이 없었으니, 어떻게 제가 스승님 말씀대로 닭을 죽여 가지고 올 수 있었겠습니까!"

질라니가 제자들에게 요구한 것은 실로 닭이 아니었다. 전념을 다하는 동안 혼자 있다고 느낄 수 있는 곳이 없다는 것을 제자들이 깨닫길 원했고, 한 제자만이 질라니의 진의를 제대로 알아들었다. 질라니는 제자들에게 이렇게 말했다.

"너희들 중 몇몇은 내가 내린 명령을 문자 그대로만 이해하였을 뿐, 어디에 가든지 내가 너희와 함께한다는 것을 마음에 새기지 않았다. 또 몇몇은 내가 닭을 욕심내서 많이 저장하려 한다고도 생각했다. 그런데 여기 너희 친구는 내가 항상 그와 함께 있다는 것을 알고 내가 왜 그러한 명령을 내렸는지에 대해 생각조차 하지 않고 오로지 묵묵히 따르려고만 했다. 이제 그를 나의 후계자로 삼으니 너희는 그를 따라 올바르게 행동하는 법을 배우라."

삐딱하게 생각하면 무조건 자신의 권위에 복종하라는 독재자의 목소리로 들린다. 그러나 질라니는 그런 독불장군이 아니었으며, 삶의 중심은 진리의 주님이신 하나님이었다. 진리를 전심으로 섬기다 보니 불의를 결코 용납하지 못하기로 유명했다. 질라니는 정도에 어긋나는 일을 보면 잘못을 저지른 사람이 권력자라 할지라도 할 말은 다 하는 사람이었다. 일화에 따르면 최고 권력자가 정의롭지 못한 사람을 판사로 임명하자 금요 예배 시간에 수많은 신도 앞에서 최고 권력자의 잘못을 당당하게 지적했다고 한다.

"당신은 올바르지 못한 사람을 믿는 자를 심판하는 사람으로 임명하였으니, 당장 내일 주님의 질문에 무엇이라 답할 것이오?"

당장 내일 죽어서 주님의 심판을 받을지도 모르는데 왜 그렇게 어리석은 짓을 하냐는 질타다. 이에 깜짝 놀란 권력자는 두려움에 눈물을 흘리며 예배가 끝나자마자 바로 판사를 해임했다고 한다. 진리의 주님이 삶의 중심이기에, 그분 외에는 그 어떠한 것도 마음에 없었기에, 질라니는 당당할 수 있었다.

질라니는 진리의 주님이 아닌 어떤 무엇에 조금이라도 마음을 주는 것을 우상숭배라고 생각했다. 우상숭배란 오늘날 창조주를 믿는 유일신교 신자들이 생각하듯 유일신교 아닌 다른 종교의 신을 믿거나 제사에 참여하는 것에 불과한 게 아니었다. 실로 가장 큰 문제는 외면적 행위가 아니라 내면의 마음가짐이다. 영성에 민감한 참 종교인들이 그렇듯, 질라니는 창조주 외에 그 어떠한 것도 마음속에서 숭배의 대상으로 만들지 말 것을 경고한다.

"너희들은 자기 자신, 다른 사람, 재산, 의례적 행위나 관습, 무역과 상행위 또는 정치 지도자에게 마음을 쏟으며 의지한다. 그러나 어떠한 대상이라도 일단 마음에 두면 그것은 숭배물이 되고 만다. 누군가를 두려워하거나, 그 사람이 내게 손익을 끼칠 것으로 생각하거나, 그를 주님의 중재자로 여긴다면 너는 이미 그 사람을 숭배의 대상으로 섬기는 것이다."

무슨 말인가? 현대 다종교 사회 용어로 풀어 이야기하자면, 진리 외에 그 어떠한 것도 마음에 두지 말라는 말이다. 일주일 내내 딴생각만 하다가 주일에 한 번 교회나 모스크에 가서 말씀 듣고 구원받았다고 착각하지 말라는 가르침이다. 실로 진리의 말씀대로 살고자 한다면 학벌, 명예욕, 권력욕, 재물욕 등을 모두 다 버려야 한다는 것이다. 예수, 석가모니도 이점을 누차 강조하지 않았던가! 오롯이 진리에 모든 마음을 바치는 삶을 살라는 것이다.

이쯤 되면 단군 이래 가장 잘 산다는 대한민국, 그 안에서도 가장 번창한다는 진리를 숭배하는 신앙인 공동체가 보여주는 모순이 눈앞에 펼쳐진다. 진리를 생각한다며 한없이 웅장하게만 짓는 교회와 사찰, 같은 진리를 믿는 사람들끼리 만들어서 막강한 힘을 행사하는 진리의 학교들, 진리의 주님께 도시를 바치는 시장님과 그런 시장님을 사랑하는 주님의 성도들…. 진리를 믿고 따른다고 수없이 고백하고 마음을 다스리지만, 응당 계셔야 할 진리는 고백하는 이들의 마음을 떠난 지 오래다. 열렬히 고백하며 사랑한다고 외치는 성도들 마음 안에는 진리 대신에 진리를 가장한 것들만이 가득하다. 진리가 떠난 마음 안에는 장엄한 종교 건물이라는 재물욕이 있고, 학벌과 학연과 조직이 안겨주는 꿀맛 같은 현실적 이로움을 추구하는 욕망이 있으며, 이른바 잘 나가는 사람이 되거나 그런 사람과 친분을 맺어, 하고 싶은 것을 맘껏 하려는 권력욕이 있다.

진리를 따라 사는 길은 세속의 성공과 평행선을 달린다. 그 길을 온전히 걸으려면 학벌, 명예, 권력, 부유함 등 세상에서 좋다고 하는 것들을 죄다 내버려야 한다. 아니 버린다는 생각마저 버려야 한다. 버려야 한다는 집착마저 버려야 마음속에 진정한 진리가 오롯이 머물 수 있기 때문이다. 곰곰 생각해 보면 진리는 늘 떠남 없이 우리 마음에 있는데 욕심에 눈이 어두워 우리가 그것을 보지 못하는 것이리라.

닭을 산 채로 그냥 가져온 질라니 제자의 고백처럼 진리가 미치지 않은 곳은 없다. 1,000년 전, 지금 우리와는 비교할 수조차 없이 못 살았던 이라크 바그다드에서 질라니는 세속적 성공에 독이 오른 우리가 생각하기 싫어하는 참된 인간의 길, 참된 진리의 길을 가르치고 있으니, 이제 뒤늦게라도 그의 말을 듣고 나서 감히 누가 부끄러움을 느끼지 않고 성공한 삶을 이야기할 수 있을까? 이제 진리의 성도들이 자기 자신과 지하드, 즉 위대한 성전을 벌인 때다. 칼집에서 칼을 뺄 때가 무르익었다. 우상숭배를 버려라! 혼자 몰래 닭을 잡을 수 있는 곳은 없으니 말이다.

천사와 술을 마시네: 하페즈

이슬람에서 술은 천국의 음식이지만, 살아 있는 동안에는 마셔서는 안 되는 것이다. 술 좋아하는 사람에게는 가장 힘든 종교가 이슬람이 아닐까 한다. 물론 몰래 마시는 사람도 있을 것이다. 무슬림이 다수인 국가라도 술을 파는 나라가 있다. 그러나 거의 외국인을 위한 시설이다.

그런데 하나님과 하나가 되려고 애쓰는 수피는 술을 주제로 깊은 영성의 세계를 이야기한다. 하나님과 신비적 합일을 꿈꾸며, 하나님에 몰입하는 것을 술에 취한 것으로 표현한다. 하나님은 사랑하는 연인이다. 이슬람은 술을 금하지만, 하나님을 사랑하는 수피는 시에서 술에 취한다.

하페즈(Shams al-Din Muhammad Hafiz, 1325~1390)의 시에서

술집에 간 스승은 하나님에 취한다. 제자들은 메카를 향해 서서 예배하려 하는데 스승은 술집을 향하고 있으니 제자들은 어찌할 바를 몰라 허둥댄다.

> "어젯밤 우리 스승님이 모스크에서
> 술집으로 가셨으니
> 도반들이여, 이제 우리는 어떻게 하나.
> 제자들은 메카를 향해 예배하는데,
> 스승님은 술집으로 향하시니."

하페즈는 또 이렇게 쓴다.

> "사랑의 아픔과 술에 취해 우린 죽는다.
> 친구와 하나가 되거나 순수한 포도주를
> 마셔야 나으리."

놀라운 표현이다. 하페즈는 천사들이 술집에 들어가더니 아담을 빚을 흙으로 술잔을 빚고는 거리에서 하페즈와 함께 술을 마신다.

> "어젯밤 천사들이 술집 문을 두드려

아담 만들 흙으로 술잔 빚는 것을 보았네.

가려진 신성한 곳에서 온 천사들은

길가에 앉은 나와 술을 마시고 취하네.

하늘은 믿음을 감당하지 못하고

사람들은 미치광이 내 이름으로 점을 친다네.

72종파 간 싸움을 용서하리.

진리는 보지 못하고 말만 늘어놓는 이들이라니.

나는 그분이 주시는 평화에 감사하고

수피들은 춤추며 감사하며 술을 마시네.

초가 웃는 듯 보이는 불꽃은 불이 아니네.

나방 떼를 빨아들이는 불꽃이 불이라네.

누가 하페즈처럼 생각의 장막을 걷으리.

곱슬머리 빗질하듯 펜으로 말씀을 쓴들."

무슬림이 한 달 동안 단식하는 라마단. 해가 떠 있는 동안에는
물도 안 마시는 라마단에도 금기 음식인 포도주를 마신다.

"돌아와 가난한 내 마음의 친구가 돼주오.

타버린 사람에게 비밀 친구가 돼주오.

사랑의 술집에서 파는 저 포도주를

두 세잔 주고 라마단이라 말해주오."

하페즈는 왜 이럴까? 술을 정말 좋아했을까?

"에덴동산에 가고 싶다면
함께 술집으로 달리세.
술병에 눈길을 주면
천국은 그대의 것."

하나님과 연인이 되어 흠뻑 취하는 수피. 금기를 깨는 파격에서 통쾌함마저 느낀다. 이슬람, 참 알다가도 모를 종교가 아닌가! 하나님, 술집, 술잔이 된 아담 빚을 흙, 주점 문을 두드리고 아담 빚을 흙으로 술잔을 만들고 술을 마시는 천사들. 굳이 거창하게 설명할 필요가 있을까!

"달을 가리키는 손가락을 보지 말고,
  달을 보라."

4장

무함마드와
이슬람 이해하기

인간 무함마드는 하나님의 사도이다

이슬람 신앙 고백문은 "하나님 외에 신은 없고, 무함마드는 하나님의 사도이다"라는 두 문장이다. 첫 번째 고백은 이슬람이 유대교나 그리스도교와 마찬가지로 유일신 신앙의 보편성을 지니고 있음을 보여 준다. 유대인이나 그리스도인이 부정할 수 없는 선언이다.

그러나 두 번째 고백은 이슬람의 고유성을 담보한다. 유대인이나 그리스도인이 결코 받아들일 수 없는 말이다. 따라서 이슬람을 유대교나 그리스도교와 가르는 경계선은 무함마드를 하나님의 사도로 인정하는지 아닌지에 달려 있다. 독일의 이슬람 학자 쉼멜(Annemarie Schimmel, 1922~2003)의 말마따나 무함마드가 "이슬람이라는 종교의 경계를 정의"●한다.

무슬림의 종교 생활에서 무함마드의 중요성은 아무리 강조해도 지나치지 않다. 무함마드를 향한 무슬림의 사랑이 너무나 놀라워서 미국의 이슬람 역사가 깁(H. A. R. Gibb, 1895~1971)은 일찍이 이슬람 개론서 제목을 『모함메드교(Mohammedanism)』●●라고 지었을 정도다. 그리스도교라는 말이 그리스도 숭배를 뜻하는 것처럼 무함마드 숭배를 의미하는 것으로 보이는 영어의 '모하메단(Mohammedan)'이나 '모하메다니즘(Mohammedanism)'이라는 용어를 무슬림은 무척 싫어한다. 그러나 무함마드의 신앙을 모범으로 삼아 따르는 무슬림은 자신이 속한 공동체를 무함마드 공동체라는 뜻의 아랍어 '알움마 알무함마디야(al-Umma al-Muhammadiyya)'라고 부르기도 했다.●●●

무슬림은 무함마드를 존경할 뿐 결코 신으로는 숭배하지 않는다. 무함마드가 인간임을 늘 강조한다. 그러나 인간이라는 말만 믿고 무함마드를 함부로 대한다면 봉변을 면하기 어렵다. 캐나다의 이슬람 학자 스미스(Wilfred Cantwell Smith,

---

● Annemarie Schimmel, *And Muhammad is His Messenger: The Veneration of the Prophet in Islamic Piety* (Chapel Hill, North Carolina: the University of North Carolina Press, 1985), 3.

●● H. A. R. Gibb, *Mohammedanism* (London: Oxford University Press, 1975).

●●● H. A. R. Gibb, *Mohammedanism*, 1-2.

"하나님 외에 신은 없고 무함마드는 하나님의 사도다"라고 적힌 모스크 출입문

1916~2000)는 무슬림이 무함마드를 얼마나 진지한 마음으로 공경하는지 이렇게 표현했다.

"무슬림은 하나님에 대한 공격을 용인할 것이다. 무신론자와 무신론적 저작물이 있고, 사회는 이성을 중시한다. 그러나 무함마드를 비방하면 가장 진보적인 무슬림마저 이글이글 타오를 정도로 맹렬히 분노할 것이다."••••

무함마드는 하나님의 계시를 충실히 전하는 예언자이자 사도다. 예언자는 하나님의 말씀을 전하는 사람이고, 사도는 공동체를 이끄는 사람을 가리킨다. 모세와 예수도 이슬람 신앙에서는 예언자이자 사도이다. 그런데 무함마드는 기적으로 예언자임을 증명해보라는 말에 유일한 기적으로 『꾸란』 계시를 들었다. 『꾸란』은 이렇게 말한다.

> 그들은 말한다. "어째서 그대에게는 신이 직접 기적의 징표를 주지 않았는가?" 말하라. "기적의 징표는 하나님에게만 있는 것. 나는 경고자에 불과하다."
>
> (『꾸란』 29장 50절)

•••• Wilfred Cantwell Smith, *Modern Islam in India*, second ed. (Lahore: Muhammad Ashraf, repr. 1969), 72.

무함마드는 인간 능력을 넘어서는 일을 할 수 없는 인간이다. 무함마드가 아랍어로 받은 『꾸란』 계시도 엄밀히 말하자면, 무함마드가 아니라 하나님이 행한 기적이다. 예언자로 뽑혀 하나님을 믿지 않는 사람들에게 종말 심판을 알리는 경고자가 되었다는 사실이 무함마드가 보통 사람보다 특출난 일이다. 『꾸란』은 무함마드를 이렇게 표현한다.

> 말하여 주어라. 나는 너희들에게 "하나님의 보물을 맡고 있다"라고 말하지 않는다. 나는 보이지 않는 것은 아무것도 모른다. 또 나는 너희들에게 내가 천사라고 말하지 않는다. 나는 계시받은 것을 쫓고 따를 뿐이다.
>
> (『꾸란』 6장 50절)

무함마드는 유대교의 모세처럼 유일신을 믿고 올바른 삶을 강조한 윤리적 예언자, 하나님의 법을 전한 자, 옳고 그름을 가르는 판관, 공동체를 이끄는 정치 지도자이자 군사령관이었다. 무슬림은 무함마드를 언급할 때마다 "그분께 하나님의 축복(salah, 살라흐)과 평화(salam, 살람)가"라는 문구를 빼놓지 않는다. 말할 때도 반드시 언급한다. 그만큼 예언자 무함마드를 향한 존경심이 깊이 자리잡고 있다.

글을 모르는 예언자

이슬람교 신자를 아랍어로 '무슬림'이라고 한다. 아랍어로 '알라'라고 하는 유일신 하나님에게 순종하는, 헌신하는 사람이라는 뜻이다. 무슬림은 이슬람의 예언자 무함마드가 글을 읽지도 쓸지도 모르는 문맹이라고 생각한다. 글을 읽고 쓸 줄 모른다는 것이 결코 자랑일 수 없는 사회에 사는 오늘날 우리는 예언자의 문맹을 강조하는 무슬림을 이해하기 힘들다. 인간답게 살려면 반드시 글을 익혀야 하는 한국 사회에서 글을 모른다는 말이 결코 자랑이 될 수 없는 일인데 말이다.

전통적으로 글을 중시하는 문화 속에 살아 온 한국인은 고개를 갸우뚱할 수밖에 없다. 공자도, 맹자도, 퇴계도, 율곡도 모두 탁월한 학자 아니었던가? 물론 반드시 꼭 글을 읽고 쓸 줄 알아야 위대한 사람이라는 말은 아니다. 일리아드와 오디세이로 인류의 마음을 사로잡은 그리스의 호메로스는 시각장애인으로 글을 읽고 쓸 줄 모르지 않았던가. 그래도 솔직히 말하자면, 문맹과 위인이 왠지 좀처럼 잘 어울리지 않는다고 느끼는 게 이상한 일은 아니다.

인류 최후의 예언자라고 하는 무함마드가 문맹이라는 무슬림의 주장은 한 점 한 획 틀림없이 하나님의 말씀이라고 믿는 『꾸란』에 나오는 '움미(Ummi)'라는 말에 근거한다. 전통적으로 무슬림은 '움미'를 '문맹'으로 해석하여 무함마드가 글을 읽고 쓸 줄 모르는 예언자라고 주장한다. 그런데 엄밀히 따져보면 '움미'라는 단어는 무함마드가 문맹이었다는 것을 뜻하는 말은 아니다. 여러 가지 용법이 있는데 대체로 경전을 가지지 못한 사람들을 뜻하는 것 같다. 『꾸란』의 '움미'가 무함마드의 문맹을 가리키지 않는다면 무함마드는 글을 읽고 쓸 수 있었을까? 사실 무함마드가 문맹이 아니었음을 간접적으로나마 암시하는 전승이 있다.

처음 하나님의 계시를 받을 때 가브리엘 천사가 읽으라고 명령하자 무함마드는 "마 아끄라우(Ma aqrau)"라고 답한다. 이 말은 "무엇을 읽으라는 말입니까?" 또는 "저는 읽지 못합니다"라고 해석이 가능하다. 문맹을 강조하는 전승은 무함마드가 "나는 읽지 못합니다"라고 말했다고 해석한다. 문맹을 강조하는 의도적 독법이다.

반면 다른 전승을 보면 무함미드기 문맹이 아니라는 추측도 해 볼 수 있다. 무함마드는 자신을 메카에서 쫓아낸 사람들과 628년 후다이비야라는 곳에서 평화 협정을 맺었다. 당시 무함마드 측이 협정문에 무함마드를 하나님의 사도로 적자 상대측에서 강하게 이의를 제기했다. 이에 무함마드는 자신의 사촌 동생이자 사위인 알리의 반대에도 스스로 '하나님의 사도'라는 문구를 지웠다고 전승은 전한다. 어떤 전승에 따르면 무함마드가 하나님의 사도 대신 직접 '압둘라의 아들'이라고 썼다고 한다.

또 다른 전승에 따르면, 은밀한 군사 작전 정보가 자꾸만 새자 무함마드는 명령을 적은 편지를 장수에게 주며 어느 지점에 가서 펼쳐 보라고 일렀다고 한다. 서기가 있었다면 무함마드가 직접 쓰지 않았을는지 모른다. 그러나 설령 서기가 있었다고 하더라도 그런 중요한 내용의 편지는 구술 후 직접 검토해 보거나 사안의 중대성에 비춰 직접 썼을 가능성도 있다. 물론 그 당시 무함마드에게 서기가 있었다는 확실한 증거는 없다. 서기가 없었다면 직접 썼다고 짐작하는 게 자연스럽다.

이른바 오리엔탈리스트(Orientalist)라고 불리는 비(非)무슬림 서구학자들은 대체로 무함마드가 문맹이 아니었을 것이라고 본다. 필자 역시 그렇다. 위에 나열한 추론이 모두 틀렸다

무함마드와 이슬람 이해하기

할지라도, 전승에 따르면 무함마드가 예언자가 되기 전에 상인이었다고 한 것을 떠올리면 아무래도 간단한 기록을 할 정도의 능력은 있었다고 보는 것도 무리는 아니다. 또 『꾸란』에는 무함마드가 누군가에게서 배운 이야기를 기록해서 낭송한다고 비판하는 구절이 있는 것을 보면 무함마드가 문맹이 아니었을 가능성이 크다.

현대 서구학자들보다 훨씬 먼저 무함마드가 문맹이 아니었다고 주장한 무슬림도 없진 않은데, 유명한 페르시아 출신 역사가 라시드 앗딘(Rashid al-Din)은 하나님의 가장 위대한 창조물인 무함마드가 글을 읽고 쓸 줄 몰랐을 리 없다고 했다. 그럼 왜 무슬림은 "하나님의 가장 위대한 창조물"인 무함마드를 굳이 '낫 놓고 기역자도 모르는 무식쟁이'로 만든 것일까? 해답은 의외로 간단하다. 한 점 한 획 틀림없이 하나님의 계시인 『꾸란』의 신성성을 부각하기 위해서다.

문맹이 아니라면 무함마드는 하나님의 계시를 자신이 원하는 대로 고칠 수 있었을 것이라고 생각한 것 같다. 그러나 무함마드는 문맹이었기에 그럴 수 없었고, 그 결과 하나님의 말씀을 받은 그대로 이 세상에 전해줄 수 있었다는 사실을 강조한 것이다. 요즘 말로 하자면 무함마드는 전화기와 같은 존재다. 전화기는 사람들의 말을 있는 그대로 더하지도 빼지도 않고 전해줄 뿐이다. 무함마드는 전화기와 같이 하나님의 말씀을 들은 그대로 왜곡 하나 없이 그대로 전해준 말씀의 통로라는 것이다. 그리스도교 전통과 비교하자면 무함마드는 마리아와 같은 존재다. 그리스도교에서 하나님의 말씀인 예수가 인간으로 이 세상에 나온 통로는 동정녀 마리아다. 한 점 흠 없이 깨끗한 처녀 마리아는 하나님이 인간으로 세상에 나오는 순결한 통로다. 하나님의 말씀인 『꾸란』을 세상 사람들에게 전하기 위해서 이슬람 전통에서는 무함마드가 동정녀 마리아처럼 순결함을 지닌다. 어떠한 인간적 의도나 흠 없이 말씀을 온전히 전하기 위해 무함마드는 문맹이다. 하나님이 세상에 스스로 자신을 드러내고자 가장 순수한 통로로 처녀 마리아와 문맹 무함마드를 선택한 셈이다.

교황 베네딕토 16세가 된 독일의 라칭거 추기경은 교황이 되기 전 "예수의 신성 교리는 예수가 정상적으로 인간 결혼에서 출생하였다 할지라도 변치 않을 것이다"라고 신학적 견해를 밝힌 바 있다. 중세 최고의 수피 영성가이며 형이상학자인 이븐 아라비(Ibn Arabi, 1240년 죽음) 역시 이와 유사한 주장을 하며 무함마드가 문맹이라고 하는 무슬림들의 의견에 동조하지 않았다. 문맹과 무함마드의 영적 순결함은 관계가 없다는 것이다. 즉, 『꾸란』 계시는 무함마드가 문맹이기에 빛나는 것이 아니라 무함마드가 영적으로 순결하기에 신성하다는 뜻이다. 교황의 말을 빌려 현대식으로 표현하자면 "『꾸란』의 신성

함은 무함마드가 글을 완벽하게 읽고 쓸 수 있었다고 할지라도 변치 않을 것이다"라는 말이다.

문자에 집착하면 때때로 그 뜻을 잃기 마련이다. 마리아가 설령 처녀가 아니었다 해도 예수의 신성은 변함이 없고, 무함마드가 아무리 글을 기가 막히게 잘 읽고 썼다 해도 『꾸란』의 신성은 변함이 없을 것이다. 예수와 『꾸란』에서 하나님의 향기를 느끼는 사람들의 신앙이 마리아를 동정녀로 인식하고 무함마드를 문맹 예언자로 본 것일진대, 이런 신앙의 의미를 되새기지 않고 그저 문자적으로 동정녀 마리아, 문맹 예언자가 변함없는 진실이니 믿으라고 강요한다면 달은 보지 않고 달을 가리키는 손가락에 더 집착하는 꼴이 되진 않을까? 하나님의 향기는 강요하는 게 아니라, 느끼는 것이다. 무함마드가 문맹인 이유와 뜻을 마음에서 깨닫는 이가 더 많아진다면 믿음이 더욱 빛나지 않을까?

이슬람법

그리스도교의 모태가 된 유대교는 인간이 살아가면서 하는 모든 행위를 정결한 것과 부정한 것이라는 잣대로 나누어 보았다. 그러다 보니 먹거리가 까다롭다. 레위기 11장과 신명기 14장에 아주 상세히 나와 있는 대로 유대교의 금기 음식 규정은 숨 막힐 정도로 복잡하고 지키기도 쉽지 않다.

동물의 경우 굽이 두 쪽으로 갈라지고 새김질해야 먹을 수 있는데, 이에 따라 소는 먹을 수 있지만, 새김질은 해도 굽이 갈라지지 않은 토끼나, 굽이 갈라졌어도 새김질하지 않는 돼지는 먹을 수 없다. 수산물은 지느러미와 비늘이 있어야 먹을 수 있고, 땅에서 뛰어오를 수 있는 메뚜기나 귀뚜라미 같은 곤충은 먹을 수 있지만 네 발에 날개 달린 곤충은 먹을 수 없다. 먹을 수 있는 것이라도 반드시 '셰히타'라고 부르는 엄격한 의례에 따라 도살해야 하고, 생명의 상징인 피는 뺄 수 있는 한 최선을 다해 제거해야 한다. 그렇지 않으면 먹을 수 없다. 또 염소 새끼를 어미의 젖으로 삶지 말라는 말씀에 따라 고기와 우유를 함께 요리하거나 동시에 섭취해서도 안 된다. 스테이크를 먹은 후 우유가 들어간 커피를 마실 수 없다는 말이다. 참으로 까다롭고 번잡하다. 무엇 하나 제대로 마음 편하게 먹기 어렵다. 그러다 보니 법학자의 임무가 막중하다. 해야 할 것, 먹어야 할 것을 분류하고 가르쳐줄 전문가이니 말이다.

그러나 그리스도교는 예수가 마태오 복음서에서 이렇게 번잡한 금기 음식을 한마디로 깔끔하게 정리한다. "입으로 들어가는 것은 사람을 더럽히지 않는다. 더럽히는 것은 오히려 입에서 나오는 것이다(15장 11절)." 잘 알아듣지 못하는 제자들에게 다시금 "입으로 들어가는 것은 무엇이나 뱃속에 들어갔다가 뒤로 나가지 않느냐? 그런데 입에서 나오는 것은 마음에서 나오는 것인데 바로 그것이 사람을 더럽힌다. 마음에서 나오는 것은 살인, 간음, 음란, 도둑질, 거짓 증언, 모독과 같은 여러 가지 악한 생각들이다. 이런 것들이 사람을 더럽히는 것이지 손을 씻지 않고 먹는 것이 사람을 더럽히는 것은 아니다(15장 17~19절)."

이슬람은 유대교보다는 훨씬 덜하지만, 그리스도교보다

는 훨씬 더 까다롭다. 유대교처럼 인간의 행위를 정결과 부정으로 나누기 때문이다. 이슬람교에서는 "정결이 신앙의 반"이라는 말이 있을 정도로 정결례가 무척 발달했다. 똑같은 유일신교 전통이라도 이렇듯 유대교와 이슬람교는 행위의 정결과 부정을 나누어 보기에 이를 가릴 법학 전통이 발전했고, 상대적으로 법률보다 말씀을 중요시하는 그리스도교에서는 신학이 더 세밀하게 가다듬어졌다. 행위와 신조 둘 다 모두 중요하지만, 상대적으로 보면 유대교와 이슬람교에서는 전자에, 그리스도교에서는 후자에 더 강조점이 더한 편이다.

따라서 이슬람교를 제대로 이해하려면 이슬람교가 유대교처럼 종교법을 중시하는 전통을 지녔다는 사실을 반드시알아야 한다. 이슬람교에서는 인간의 행위를 다섯 가지로 분류한다. 첫째, 의무다. 안 하면 하나님으로부터 벌을 받는 행위로 단식, 희사, 예배가 이에 속한다. 둘째는 권장행위다. 안 해도 벌은 받지 않지만, 하면 좋은 행위다. 예를 들어 기도할 때하나님을 찬미하거나, 메카 순례 후 예언자의 묘가 있는 메디나를 방문하는 행위를 말한다. 셋째, 대수롭지 않은 행위로 하든가 하지 않든가 간에 별로 중요하지 않은 행위를 말한다. 넷째는 바람직하지 않은 행위로, 하지 않는 것이 더 좋은 행위를말한다. 끝으로 다섯 번째는 절대 해서는 안 되는 것이다. 아랍어로 '하람'이라고 하는데, 음주와 도둑질이 대표적인 행위다.

돼지고기, 피, 하나님의 이름으로 도살하지 않은 고기 등 금기 음식을 먹지 않는 것도 이에 속한다.

전통적으로 무슬림의 다수를 차지하는 순니파는 하나님의 말씀이 담겼다고 믿는 『꾸란』, 예언자의 언행을 기록했다고 믿는 하디스(예언자 전승), 그리고 유추와 법학자들의 합의라는 네 가지 틀에서 종교법을 해석하여 발전시켰다. 예를 들어보자. 『꾸란』은 돈놀이를 금지한다. 그런데 하디스에는 같은 물건을 교환할 때 교환하는 양의 차이와 교환하는 시차에 따라 이자가 발생한다는 말과 함께 그러한 물건 6가지로 금, 은, 밀, 보리, 대추야자, 건포도를 언급한다. 이슬람 법학자들은 동일한 물건을 같은 양으로 동시에 교환해야 한다는 원칙에 따라 유추 능력을 발휘하여 위 6가지뿐만 아니라 모든 음식물이, 또는 보관할 수 있는 음식물이, 또는 무게나 양으로 재서 팔 수 있는 모든 물건이 각기 여기에 해당한다고 해석했다.

이러한 유추에 따라 비록 학자들이 만나서 합의한 것은 아니지만, 이자법과 공통의 적용 범위, 즉 모든 저장 가능한 음식물이 이자법 적용을 받는다는 것이 하나님의 법이라는 합의가 이루어진 것으로 볼 수 있다. 이처럼 이루어진 법이 무슬림의 삶을 지배하는데 '샤리아'라고 부른다. 우리말로 풀어 말하자면 '이슬람법'이다. 이슬람 전통에서는 종교법에 따라 사는 것이 무슬림의 의무인데, 이러한 법을 해석하고 알려주는 법학자의 의견이 대단히 중요하다.

이슬람법 학자들이 『꾸란』, 예언자의 언행을 전하는 전승 (하디스), 유추, 그리고 학자들의 공통된 견해에 근거하여 발전 시킨 이슬람법은 무슬림들이 올바른 생활을 하는데 길라잡이 역할을 해왔다. 무슬림은 『꾸란』에 담기지 않은 가르침을 예 언자의 언행에서 찾았다. 예언자가 어떤 상황에서 무슨 말씀 을 하셨는지 채록했다. 예언자의 전승을 '순나(Sunna)'라고 하 는데, 특별히 기록한 것을 '하디스(hadith)'라고 한다. 하디스는 다음과 같이 전승자 명단과 내용으로 구성되었다.

[전승자 명단] 압둘라 이븐 유수프는 말리크로부 터 들었다. 말리크는 히샴 이븐 우르와로부터 들었다. 히샴 이븐 우르와는 아버지 우르와로부 터 들었다. 우르와는 신앙인의 어머니 아이샤로 부터 다음과 같이 들었다.

[전승 내용] 알하리스 이븐 히샴이 예언자께 다음 과 같이 물었다. "하나님의 사도시여, 계시는 어 떤 식으로 내립니까?" 하나님의 사도께서는 대 답하셨다. "때때로 종이 울리는 소리처럼 들린 다. 가장 자주 일어나는 일이다. 전한 내용을 받

아들이면 사라진다. 때로는 천사가 남자 모습으
로 나타나 말을 거는데, 그가 말하는 것을 알아
듣는다." 아이샤가 말했다. "나는 매우 추운 어
느 날, 예언자에게 계시가 내리고 떠나는 것을
보았다. 그때 예언자의 이마에서 땀이 줄줄 흘
러내렸다."

예언자 사후 두 세기가 지나서야 순니파는 전승을 6권으로 묶
었고, 시아파는 약 한 세기 더 뒤에 예언자의 언행록을 4권으
로 편찬했다.

순니파의 하디스 6권
① 부카리(Abu Abd Allah al-Bukhari, 810~870)의
사히흐(Sahih)
② 나이샤부리(Abu al-Husayn ibn Muslim al-
Nayshaburi, 817-875)의 사히흐(Sahih)
③ 시지스타니(Abu Da'ud al-Sijistani, 817~889)의
수난(Sunan)
④ 티르미디(825~892)(Abu Iaã al-Timirdhi)의
자미으(Jami')
⑤ 다리미(Abu Muhammad al-Darimi, 797~869)의

수난(Sunan)

⑥ 이븐 마자(Abu Abd Allah ibn Majah, 824~887)의
수난(Sunan)

시아파의 하디스 4권

① 쿨라이니(Muhammad ibn Ya'qub al-Kulayni,
903-913)의 우술룰 카피(Usul al-Kafi)

② 꿈미(Muhammad ibn Babuyah al-Qummi)의 만
라 야흐두루훌 파끼흐(Man la yahduruhu'l-faqih)

③ 뚜시(Muhammad al-Tusi, 1201~1274)의
키타불 이스팁사르(Kitab al-istibsar)

④ 뚜시(Muhammad al-Tusi, 1201~1274)의
키타붓 타흐딥(Kitab al-tahdhib)

순니와 달리 시아파 무슬림은 이맘의 전승도 하디스로 받아
들였다. 이맘이 예언자 후손이기에 예언자 언행을 더 정확히
보존했다고 믿는다. 예언자의 언행뿐 아니라 예언자 집안에서
나온 이맘의 전승을 법의 원천으로 여기고, 유추보다는 법학
자들의 이성적인 해석을 더 중요시한다.

역사적으로 순니파 무슬림 세계에는 크게 4가지 법학파
가 공존해 왔는데, 이들이 바로 하나피(Hanafi), 말리키(Maliki),

샤피이(Shafi'i), 한발리(Hanbali) 법학파다. 시아파의 대표적 법학파는 자으파리(Ja'fari)다.

　이라크에서 발원한 하나피 법학파는 767년에 죽은 아부 하니파(Abu Hanifa, 699~767)라는 법학자를 법통의 스승으로 삼는데, 다른 학파에 비해 법적 해석이 유연한 것으로 평가받는다. 오스만 튀르크 제국이 후원한 법학파여서 4대 법학파 중 가장 널리 퍼져 있다. 튀르키예, 아프가니스탄, 중앙아시아, 중국에서 강세를 보이고 이집트, 파키스탄에도 퍼져 있다. 말리키 법학파는 말리크 이븐 아나스(Malik b. Anas, 711~795)에 법통을 둔 학파로 북아프리카와 쿠웨이트 지역에 퍼져 있다. 앗샤피이(Muhammad b. Idris al-Shafi'i, 767~820)를 원조 스승으로 삼는 샤피이 법학파는 인도네시아, 말레이시아 등 동남아시아와 동아프리카, 인도양 주변에서 따르고 있다. 끝으로 한발리 법학파는 아흐마드 이븐 한발(Ahmad ibn Hanbal, 780~855)의 법통을 이었는데, 오늘날 사우디아라비아의 건국에 결정적인 영향을 미친 와하비(Wahhabi) 사상에 강력한 영향을 주었다.

　비록 법학파들이 이렇게 나뉘었어도 중범죄 같은 경우에는 서로 법 해석이 거의 다르지 않았기에 법학파의 다양성이 사법 질서 확립에 혼란을 불러일으키지는 않았다. 다양하면서도 통일성을 유지했다고나 할까? 또 이들은 같은 결론에 도달해도 각 법학파는 그러한 결론에 이르는 과정에서 종종 서로 다른 길을 택했다. 지역적으로 강세를 보이는 법학파가 달랐지만 같은 도시에 여러 법학파가 함께 있는 경우도 적지 않았다. 서로 법적인 견해가 다를 수는 있었지만, 그래도 이들 법학파의 독립성은 존중됐다. 그렇기에 무슬림은 긴 역사 속에서 통일성과 다양성을 유지할 수 있었다.

무슬림은 지나치게 답답할 정도로 법에 얽혀 매어 사는 것처럼 보인다. 그러나 이들은 믿음이 행동과 일치해야 한다는 굳은 확신 아래 어떻게 행동하는 것이 올바른 삶인지를 하나님의 계시인 『꾸란』과 가장 완벽한 무슬림인 예언자 무함마드의 언행에서 발견하여 따르고자 한다. 솔직히 하나님만 믿으면 건강과 부와 구원은 떼놓은 당상이라며 구복의 극치를 달리는 믿음보다는 더 낫지 않은가? 비신자들보다 나을 것 없는 삶을 살면서도 그저 믿는다고만 하면 구원받는다고 외치는 사람들보다는 비교할 것도 없이 더 신실하지 않은가! 무함마드 예언자의 언행을 따라 믿음과 행동은 함께 가야 한다는 것이 바로 이슬람법의 핵심이다.

정결례

무슬림은 하나님 신앙을 구체적인 행위로 표현한다. 전 세계 무슬림의 다수를 차지하는 순니파를 기준으로 무슬림의 신앙 행위는 다섯 기둥으로 분류한다.

1. 신앙 증언: "하나님 외에 신은 없고 무함마드 는 그의 사도다"라고 고백한다.
2. 예배: 하루 다섯 번 아브라함이 만든 인류 최 초의 유일신전인 메카 소재 카으바 성전을 향 해 행한다.
3. 단식: 무슬림력은 음력으로 1년이 354일인데 태양력과 차이를 보정하는 윤달을 쓰지 않기

에 순태음력이라고 부른다. 순태음력 9월을
라마단이라고 하는데, 이 한 달 동안 무슬림
은 해가 뜰 때부터 질 때까지 물을 포함해서
일체 음식을 먹지 않는다.

4. 희사: 무슬림들은 1년 동안 자신이 번 돈에서
지출을 뺀 순수입의 2.5%를 공동체의 가난한
형제들을 위해 바친다.

5. 순례: 신체적, 경제적 능력이 되면 평생에 한
번 카으바 성전이 있는 메카를 순례한다.

그런데 이러한 신앙 행위를 할 때 반드시 먼저 지켜야 할 일이
있다. 바로 몸과 마음가짐을 깨끗이 하는 정결례이다. 무슬림
신앙 생활에서 "깨끗함이 신앙의 반"이라는 가르침이 있을 정
도로 정결은 아주 중요하다.

먼저 일상에서 오른쪽은 왼쪽보다 더 깨끗하다. 화장실
처럼 불결한 곳에 들어갈 때는 왼발부터, 모스크같이 정결한
곳으로 들어갈 때는 오른발부터 딛는다. 모스크 밖으로 나올
때는 왼발이 먼저다. 모스크 안과 달리 밖은 불결한 곳이기 때
문이다. 손의 경우 왼손은 더러운 일을 할 때 쓴다. 따라서 왼
손으로 악수하거나 다른 사람을 만지는 것은 금기다. 선물을
줄 때도 오른손으로 주어야 한다. 음식 역시 오른손으로 먹는

다. 무슬림 문화권에서 눈에 띄는 것이 비데다. 화장실에 화장지 대신 물이 있다. 용변을 보고 난 후 물로 씻는데, 마무리를 늘 마무리를 늘 왼손으로 한다. 그래서 왼손보다 오른손을 정결하게 여긴다.

물론 이러한 예절을 모르는 비무슬림이 실수할 때는 그냥 너그럽게 넘어간다. 무슬림에게는 손님을 환대하는 것이 이러한 금기보다 더 중요한 덕목이기 때문이다. 전승에 따르면 최후의 심판 날 우리 인간은 살아생전에 행한 일을 낱낱이 기록 한 책을 받게 되는데, 이때 지옥행 악인들은 이 책을 오른손이 아니라 왼손으로 받는다고 한다. 왼손에 이 책이 떨어지면 지옥에 간다는 말이다.

이슬람 전통에서는 왼쪽과 더불어 대소변, 고름, 피, 술 등을 부정하다고 본다. 이러한 것은 냄새가 나지 않도록 깨끗이 제거해야 한다. 특히 개와 돼지에게서 이런 물질이 나오면 일곱 번 씻는데 물에 약간의 흙을 묻혀 닦아내야 한다. 개와 돼지에게는 미안한 말이지만 무슬림에게 이 두 동물은 부정한 피조물이기 때문이다. 그래서 무슬림은 반려견을 키우지 않고 돼지고기를 먹지 않는다.● 또 생리 중인 여성은 단식, 예배

● 법학파마다 의견이 조금씩 다르다. 샤피이와 한발리는 개 자체를 부정하게 여기지만 하나피는 침, 오줌, 땀을 불결하게 본다. 이와 달리 말리키는 개를 부정한 동물로 여기지 않는다.

등 모든 종교의식을 따르지 않는다. 라마단 단식월, 해가 떠 있는 시간에 음식을 먹고 있는 여성을 볼 수 있는데 그녀가 무슬림이라면 생리 중이라는 뜻이다. 이때는 의례적으로 부정한 상태라 단식을 지키지 않아도 된다. 또 이 여성은 예배를 드릴 수 없다.

대소변을 보거나 방귀를 뀌거나 술에 취하거나 손으로 성기를 만지거나, 연인끼리 성적인 접촉을 하는 것도 부정하게 여긴다. 특히 성행위로 몸의 체액이 분비되면 대단히 부정한 상태가 된다. 이슬람은 성을 긍정적으로 보고 부부간의 사랑을 권장한다. 따라서 성행위 자체가 죄의식을 불러오는 요소가 되는 것은 결코 아니다. 다만 이렇게 신체적으로 부정한 상태에서는 예배를 드릴 수 없다. 예배를 드리기 전에 무슬림들은 모스크 내 세정실에서 손, 발, 팔, 다리, 얼굴, 머리를 씻는다. 그러나 성적인 행위를 한 경우에는 반드시 목욕을 하는 등 깨끗이 해야 한다. 목욕하지 않은 채 예배를 드리면 예배 자체가 무효다.

이 밖의 소소한 부정은 물로 씻어내면 된다. 물이 없으면 흙이나 모래를 사용한다. 오른편에서 왼편으로 씻으며 기도한다. 예를 들어 코를 씻을 때는 천국의 향기를 맡게 해달라고 간구하고, 오른손을 씻을 때는 심판의 날 자신의 행위가 담긴 책을 오른손으로 받을 수 있게 해달라고 기도한다. 부정의

상태가 큰 경우에는 목욕한다. 남성 할례도 정결례에 속한다. 『꾸란』에는 없지만, 예언자 전승에 따라 한다.

정결에 대한 무슬림의 의식(意識)과 의례(儀禮)를 보면 같은 유일신교지만 그리스도교보다는 유대교와 더 유사하다. 그리스도교는 의례보다 신조를 상대적으로 더 중요시한다. 그래서 학자들은 일반적으로 그리스도교를 신조 중심의 유일신교, 유대교와 이슬람교를 행위 중심의 유일신교라고 한다. 적어도 정결례만 놓고 본다면 일리 있는 말이다.

예언자의 얼굴

심지에 불이 붙은 폭탄 터번을 머리에 두른 무함마드. 그 터번 중앙에 자리 잡은 "하나님 외에 신은 없고 무함마드는 하나님의 사도이다"라는 예술적 서체의 아랍어 문구. 하나님의 뜻을 위해 목숨을 바친 순교자에게 하나님께서 약속하신 처녀가 천국에 더는 없다고 자살 폭탄 순교자의 천당행을 제지하는 무함마드.

　　이러한 투로 이슬람의 폭력성을 꼬집고 예언자 무함마드를 냉소적으로 묘사한 덴마크 한 유력 일간지의 만평 12컷이 이슬람 세계를 분노의 도가니로 휘몰아 넣었다. 2005년 9월에 처음 나온 이 만화가 일파만파 확산했고, 2006년 들어 이슬람 국가들은 덴마크 주재 자국 대사를 소환하고 시민들은 덴마크 국기를 불태우고 대사관을 공격하며 덴마크 제품 불매 운동을 벌였다.

우상숭배를 철저히 금기시하는 이슬람 신앙은 전통적으로 종교적 그림이나 조형물을 철저히 금지해왔다. 그 대신 발전한 것이 유명한 기하학적 아라베스크 무늬다. 그러다 보니 모스크 어느 곳에도 신의 형상이나 예언자 무함마드의 초상화가 없다. 아랍어로 아름답게 쓴 글자는 있어도 그림은 없다. 전통적으로 이슬람 신앙에서는 설령 무함마드를 그린다 해도 얼굴 형태만 그리지, 눈, 코, 입 등은 절대 그리지 않는다. 그냥 빈 원형이 그의 얼굴이다. 미혹한 인간들이 우상숭배를 할까 보아서 미리 안전장치를 철저히 한 것이다. 예수의 초상화나 조각이 넘치는 그리스도교 전통과는 사뭇 다르다. 사정이 이러하니 무함마드의 얼굴을 그리고, 그것도 좋은 의미가 아니라 냉소적이고 조롱하는 투로 표현했으니 무슬림이 화내는 것은 당연한 일이 아닐 수 없다.

하지만 신성한 것 또한 비판의 대상이 된다고 믿는 일부 유럽 언론들이 무슬림의 이러한 행동을 표현의 자유 침해로 인식하고, 문제의 발단이 된 덴마크 만화를 전재하는 것을 넘어서 언론자유 수호 기치 아래 옹호하고 나섰다. 프랑스의 유력 일간지 『르 몽드』는 "나는 무함마드를 그려서는 안 된다(Je ne dois pas dessiner Mahomet.)"는 프랑스어 문장으로 무함마드의 얼굴을 그린 만평을 게재했다. 그림 속에서 글자를 쓰는 펜은 예배 시간을 알리는 이슬람 성원의 첨탑 형상을 띠고 있다. 그 야말로 점입가경. 사태는 날로 악화했다. 표현의 자유와 종교적 믿음의 충돌이라는 말로 언론은 무함마드 얼굴 그림 사건을 묘사했다. 더 나아가 문명의 충돌이라는 말까지 등장했다. 이러한 말을 곰곰이 되씹어보면 이성적인 유럽과 비이성적인 이슬람 세계라는 구도가 자리 잡고 있다. 광적인 신앙에 이성이 마비된 비이성적 태도는 문명인이 아니라고 가르치는 식민주의적 계몽주의가 짙게 깔린 구도다. 미개한 후진 문명권의 사람들을 가르치는 것이 백인들의 의무라는 근세 식민주의적 표어가 되살아 움직이는 듯하다.

그러나 더 근본적인 문제는 이슬람을 테러와 동일시하는 사고방식이다. 얼굴은 그릴 수도 있을 것이다. 사실 이슬람 전통에서 무함마드를 그린 일도 있기 때문이다. 문제는 어떻게 묘사하느냐이다. 무슬림의 종교적 감정을 고려해 안 그리는 것이 가장 좋으나, 어쩔 수 없이 그려야 한다면 제대로 그리면 된다. 그런데 그러지 못하니 문제다. 테러를 저지르는 무슬림이 있는 것은 사실이지만, 이슬람이 테러를 조장하거나 장려하지는 않는다. 이슬람을 조금이라도 안다고 자부하는 사람은 이슬람에서 말하는 지하드를 성전(聖戰)이라고 번역해 이 말이 바로 이교도에 대한 테러를 조장한다고 판에 박은 투의 말로 역설한다.

정확히 말하자면, 이슬람에서 말하는 지하드는 그러한 뜻이 아니다. 이슬람을 믿지 않는 사람들에 대한 전쟁 포고가 아니라 유혹에 쉽게 넘어가 유일신을 저버리는 인간의 나약함에 대한 투쟁이다. 진리를 위한 내적이고 윤리적인 싸움이다. 불교에서 말하는 번뇌, 그리스도교에서 자주 거론하는 사탄의 유혹에서 벗어나고자 자신의 내면과 싸우는 것이 이슬람에서 말하는 진정 크고 적극적인 성전이다. 이교도와 하는 전쟁은 소극적 의미의 작은 성전이다. 그것도 먼저 싸움을 거는 게 아니다. 나의 신앙이 부당하게 박해받을 때 방어하는 것이 이슬람에서 말하는 이교도에 대한 투쟁이다. 굳이 우리 역사에서 예를 든다면 일본 강점기 독립투쟁, 군사독재 시대 민주화 투쟁이 이슬람의 소극적 지하드 개념이다.

그런데도 대중매체는 무슬림이 자폭하면 이슬람의 잔인성으로 확대해서 매도한다. 반면 그리스도인의 경우 그러한 비유를 하지도 않는다. 1995년 세르비아 동방 그리스도인들이 단 하루 만에 약 8,000명에 이르는 무슬림 남자와 소년을 죽인 일은 어떤가? 왜 무슬림의 행동은 반드시 잔인한 이슬람과 연관시키고, 그리스도인의 천인공노할 행위는 그리스도교와 아무런 관계가 없는 것으로 묘사하는가? "내가 세상에 평화를 주러 온 줄로 생각하지 말아라. 평화가 아니라 칼을 주러

왔다(마태오 10장 34절)"는 예수의 말을 앞뒤 문맥 무시하고 인용하며 예수는 테러리스트에 도발자라고 하면 옳은 일일까? 심지에 불붙은 폭탄을 모자로 쓴 예수는 왜 그리지 못하나?

표현의 자유는 참으로 중요하다. 잘못된 표현 역시 현대 민주주의의 근간이라고 할 언론과 표현의 자유로 보장해야 한다. 그런데도 만평 소동을 일으킨 유럽 언론을 대놓고 지지할 수 없는 것은 평소 유럽 언론이 보여 준 이슬람에 대한 삐뚤어진 태도 때문이다. 무슬림이 폭력을 행사하면 이유 여하를 막론하고 이슬람이 테러를 지지한다는 식의 이미지 보도를 하지만, 그리스도인은 잘못해도 그리스도교와 관계없는 행동으로 철저히 구분한다. 더욱이 만평 논쟁의 중심인물인 예언자 무함마드는 인간의 기본적 본능과 유혹을 지하드를 통해 제어하는 사람이었다. 그런 무함마드를 폭탄 터번을 두른 자폭 테러리스트로 묘사하는 사람들이 언론의 자유를 이야기하며 이슬람을 질타하니 무슬림이 참을 수 있을까?

신성한 것도 비판할 수 있다는 정신은 올곧다. 잘못된 것을 종교적 권위를 내세워 미화하거나 포장하는 종교인들이나 신앙 형태는 당연히 철저하게 비판해야 한다. 그러나 비판의 근거가 잘못되었을 경우 책임을 묻지 않을 수 없다. 만평 때문에 지나치게 흥분하여 방화나 폭력을 일으키는 일부 무슬림의 모습이 아름답다고 할 수는 없다. 그러나 착하게 사는 사람을 화나도록 심하게 건드려 놓고 흥분한다고 욕하는 것은 도리가 아니다. 더더욱 화내는 사람을 비이성적인 종교 근본주의자로 치부한다면, 그런 우리야말로 진정 세속적 가치를 최우선으로 삼아 종교적 권위에 못지않은 힘을 휘두르는 극단적 세속 근본주의자임을 자처하는 꼴이다. 자유의 뜻도 제대로 헤아리지 못하고 자기모순에 빠져 신실한 종교적 삶을 다듬는 신앙인을 세속의 잣대로 맘대로 재단하는 세속 근본주의 역시 종교적 근본주의와 다를 바 없이 위험한 생각이다. 우리는 언제 이슬람 영성을 편히 이야기할 수 있을까. 무슬림은 당연히 폭력적이고 정치 지향적이라는 선입관이 깨질 날이 진정 오기나 할까?

무함마드 곰 인형

2007년 8월, 54세 영국인 여교사 질리언 기번스(Gillian Gibbons)는 영국식 사립학교 유니티(Unity)에서 선생님 생활을 시작하기 위해 수단의 수도 하르툼에 도착했다. 영국 교육과정에 따라 학생들이 배워야 할 동물은 곰이었다. 7세 반을 맡은 9월 수업에서 기번스는 좀 더 효과적으로 가르치기 위해 학급 곰 마스코트에 이름을 붙이기로 하고 투표에 부쳤다. 학생들은 하산, 압둘라, 무함마드를 비롯해서 모두 8개의 이름을 제시했고, 반에서 가장 인기 있었던 학생 무함마드가 제안한 무함마드에 23명의 학생 중 20명이 찬성해서 곰의 이름을 무함마드로 정했다.

그런데 이에 불만을 품은 어떤 학부모가 이슬람과 예언

자를 폄훼하려는 의도로 담임 교사 기번스가 곰에 무함마드라는 이름을 붙였다고 경찰에 신고한 것이다. 기번스는 형법 125조 종교 모독 및 증오 유발 죄로 체포되어 11월 29일 첫 재판을 받았다. 유죄 선고를 받으면 징역 6개월, 태형 40대, 벌금형이 부과되는 심각한 범죄로 기소된 것이다.

뜻하지 않은 불행에 처한 기번스를 변호하는 사람들이 끊이지 않았다. 문제의 이름을 제안했던 학생 무함마드가 곰에 무함마드라는 이름을 붙인 것은 자기 생각이었다고 말했다. 학교 관계자들은 기번스가 수단에 온 지 얼마 안 되어 지역 이슬람 문화를 잘 모를뿐더러 의도적으로 그런 것이 결코 아니라고 옹호했다. 영국 정부도 자국민 보호를 위해 수단 정부에 강력하게 항의하는 등 곰 인형의 이름이 외교 사태로 비화하는 지경에 이르자, 외교관계 악화를 우려한 수단의 이슬람 보수주의 정부가 어쩔 수 없이 나섰다.

수단의 이슬람법으로 잡아넣었으니 풀 수 있는 것 역시 이슬람법. 수단의 이슬람 법학자들은 범죄자의 의도를 중시하는데, 기번스의 경우 이슬람이나 예언자를 모독할 의도가 애초에 전혀 없었다고 판단했다. 기번스는 뜻하지 않게 물의를 빚은 점을 사과했고, 1989년 원리주의 성향 무슬림 지지를 기반으로 쿠데타를 일으켜 집권에 성공한 알바시르 대통령은 기번스를 사면하여 사건은 종결됐다. 풀려난 기번스는 영국으로 돌아왔다.

일견 우스꽝스럽게 보이는 곰 인형 이름 소동은 이렇게 막이 내렸지만 "도대체 이름이 뭐길래"라는 의문은 여전히 남는다. 나쁜 뜻도 아닌데 예언자 이름을 이쁜 곰 인형에 붙이는 것이 뭐 그리 큰 죄가 된다고 호들갑일까 하고 고개를 갸우뚱거리는 사람들도 적지 않다. 여기에서 필자는 수단 무슬림, 더 나아가 예언자 무함마드에게 최상의 존경을 보내는 무슬림의 경건한 마음을 비무슬림 시각에서 판단하고 싶지는 않다. 다만 이번 곰 인형 사건을 통해 문화적 차이가 그만큼 크다는 것을 느끼고 입장을 한 번 바꿔 이해해보고자 노력할 뿐이다. 그렇다면 우리가 이 사건에서 얻는 교훈은 무엇일까? 아니 그보다 먼저 무함마드라는 이름은 무슬림에게 어떤 의미를 지닌 것일까?

무슬림에게 가장 인기 있는 이름인 무함마드는 아랍어로 '칭송받는 자'라는 뜻이다. 그런데 이러한 뜻 때문에 인기가 있는 것은 아니다. 이슬람 신앙을 선포한 예언자의 이름이기에 좋아한다. 이슬람 문명이 시작된 이래 수많은 무슬림이 무함마드를 이름으로 택했다. 아랍어로는 무함마드가 표준 발음이지만 아랍어를 쓰지 않는 나라에서도 택하기에 발음이 조금씩 다르다. 모함마드, 모함메드, 메흐메드, 메흐메트, 무함메드, 마호메트 등은 서로 발음이 다르긴 하지만 모두 이슬람의 예

　　　　　　　　　　　무함마드와 이슬람 이해하기

언자 무함마드를 뜻하는 이름이다. 중국 역사는 저자와 시대에 따라 무함마드의 이름을 마츠모(麻詞末), 마샤우(麻霞勿), 모한모더(謨罕黙德), 마하모더(馬合謨德), 무한모더(穆罕黙德), 마한바더(嗎喊叭德), 마하마(馬哈麻) 등으로 표기했다. 중국 무슬림은 무함마드를 지성(至聖), 곧 지극한 성인으로 불렀다.

가장 완전한 인간으로, 흠 없는 예언자로 존경받는 무함마드. 수피 무슬림은 창조주 하나님께서 무함마드의 빛을 가장 먼저 만드셨고 무함마드의 빛에서 세상 모든 것이 나왔다고 믿는다. 무슬림에게 무함마드는 신이 아닌 인간이긴 하지만 보통 비범한 인물이 아니다. 그렇다고 범접하기 어려운 사람도 아니다. 무슬림은 역사 속에서 무함마드를 불가의 보살처럼 한없이 자비로운 사람으로, 사람들과 늘 함께하며 도움을 주는 사람으로 묘사한다. 그러니 무함마드를 향한 무슬림의 사랑은 끝이 없고, 모두 무함마드처럼 훌륭하게 살고 싶어 한다.

이슬람 문명사를 보면 무함마드라는 이름으로 유명한 사람이 수없이 많다. 몇 명만 꼽아보자. 1453년 비잔틴제국의 수도 콘스탄티노플을 점령하여 오늘날 튀르키예의 이스탄불로 만든 오스만 튀르크의 술탄 메흐메드 2세의 이름 메흐메드도 무함마드의 튀르키예식 발음이다. 중세 이슬람 최고의 석학 가잘리도, 수피 신비주의 형이상학의 대가 이븐 아라비도, 수피 시인 루미도 이름이 모두 무함마드다. 개인 이름보다 지명이나 직함을 기준으로 해서 부르는 무슬림 호칭의 특성상, 무함마드라는 개인 이름이 잘 알려지지 않았을 뿐이다. 12이맘 시아파의 12이맘 중 5대, 9대, 12대 이맘의 이름 역시 무함마드다. 이처럼 셀 수 없이 많은 무슬림이 무함마드라는 이름을 지녔기에 일일이 열거하기란 불가능할 정도다. 사실 무슬림 문화권에서 거리에서 무함마드라고 부르면 길가는 남자 거의 모두가 되돌아 응답한다는 우스갯소리가 있을 정도로 무함마드는 가장 인기 있는 이름이다.

그러나 그렇다고 이러한 이름을 동물에 붙이지는 않는다. 이번 수단 곰 인형 사건이 이를 잘 보여준다. 개를 너무나 사랑하는 독실한 그리스도교인이라도 자신이 키우는 애완견에 예수라는 이름을 붙이지 않는 것과 같은 이치다. 수단의 곰 인형 사건처럼 순진무구한 아이들은 악의 없는 아름다운 마음으로 곰에 무함마드라는 이름을 붙였지만 말이다.

그렇다면 무슬림 문화권에서 가장 싫어하는 이름은 무엇일까? 순니와 달리 시아 무슬림은 야지드라는 이름을 가장 싫어한다. 싫어하다 못해 아예 쓰지 않으려고 한다. 사실 아랍어로 야지드라는 말은 참 좋은 뜻이다. '위대, 풍요, 증가, 더함'의 의미를 지녔기 때문이다.

그러나 역사상 야지드는 680년 이슬람력 1월 10일에 3번째 시아파 이맘 후세인을 카르발라에서 처참하게 살해한 우마이야조 칼리파로 모든 시아파 무슬림 마음속에 불의의 상징으로 자리 잡은 아주 몹쓸 이름이다. 그러다 보니 1979년 이란 혁명 지도자 호메이니가 1963년 이란의 왕을 야지드에 빗대어 비판한 것은 그 어떤 표현보다도 효과가 컸고, 결국 호메이니를 중심으로 뭉친 이란 무슬림은 야지드와 같은 왕을 몰아내고 이슬람 정부를 건설했다. 야지드는 적어도 시아 무슬림에게 불의가 본질인 되바라진 인간, 살인자라는 의미를 지닌 이름이다. 그러니 새로 태어난 아이에게 야지드란 이름을 붙일 리 만무하다.

셰익스피어는 "장미라는 꽃은 우리가 굳이 장미라고 부르지 않아도 향기롭다"고 했다. 그러나 우리는 이름 붙이길 좋아한다. 아니 구분하기 위해서 편의상 어쩔 수 없이 이름을 붙여야 한다. 그런데 이름은 이름으로 끝나지 않는다. 우리는 이름으로 이름을 붙인 대상의 본질을 생각한다. 이슬람 이전 세계에 존재했던 무함마드는 별 볼 일 없는 이름이었지만 예언자의 이름이 된 이후 전 세계 무슬림이 가장 선호하는 아름다운 이름이 되었고, 야지드는 참으로 좋은 뜻이지만 권력에 눈먼 살인자의 이름이 되어 시아 무슬림이 가장 증오하는 이름으로 남았다.

이를 보면 훗날 누군가 자신의 이름을 자랑스럽게 쓸 수 있도록 정말 잘 살아야 한다는 생각이 새삼 번쩍 든다. 부도덕하게 엉망으로 살다가는 훗날 야지드처럼 될지도 모르니 말이다. 수단 곰 인형 이름 사건이 주는 귀한 교훈이다.

스위스 첨탑 논란

이슬람 성원(모스크) 건축에서 첨탑(미나렛)은 무앗딘, 즉 예배 알림이가 올라가서 큰 목소리로 예배에 참여하라고 의례문을 낭송하는 곳이다. 무슬림들은 하루 다섯 번 예배를 하니 낭랑한 예배 알리는 소리가 그만큼 시내에 울려 퍼지는 곳이다. 요즘에는 이보다 훨씬 더 높은 빌딩도 많지만, 전통적으로 무슬림 문화권에서 첨탑은 그 도시에서 가장 높은 곳이었다.

오늘날 첨탑은 이슬람의 상징으로 굳건히 자리 잡고 있지만 사실 역사적으로 살펴보면 예언자 무함마드 시대에는 존재하지 않았다. 최초의 예배 알림이 빌랄은 모스크 지붕 위에서 예배 시간을 알렸다. 별도의 첨탑 건물이 이슬람 역사에 등장했을 때는 무함마드 사후 1세대가 흐른 7세기 중반, 시리아 다마스쿠스를 수도로 삼은 이슬람 최초의 왕조 우마이야 왕조 시기였다. 당시 이 지역에서 번성하던 그리스도교회의 종탑 문화에서 영감을 얻어 건설한 것으로 학자들은 보고 있다. 사실 첨탑은 불필요한 장식물이다. 엄격한 전통주의자 와하비들은 그래서 따로 첨탑을 건설하는 것을 좋아하지 않는다. 문헌에 따르면 최초의 첨탑은 665년 이라크 총독 지야드 이븐 아비히가 바스라의 모스크에 세운 석탑이다.

흔히들 '미나렛'이라고 하는 첨탑은 아랍어로는 '마나라' 또는 '마나르'라고 하는데, 튀르키예어를 거쳐 프랑스어, 영어에서 '미나렛'이 되었다. 어원적으로 보면 이미 이슬람 이전 시대로 거슬러 올라가는데 불이나 연기를 피우는 곳이라는 의미다. 등대는 아니다.

그런데 2009년 11월 29일 스위스는 이슬람 성원의 첨탑 건축을 금지하는 안을 국민투표로 통과시켰다. 이를 두고 유럽은 물론 전 세계의 관심과 찬반 설전이 뜨거웠다. 리비아의 카다피는 이제 중동 지역에서 그리스도 교회를 세우는 것을 꿈도 꾸지 말라고 하며 스위스를 맹비난했다. 반면 프랑스의 사르코지 대통령은 자신은 언제나 무슬림의 자유스러운 종교 행위를 존중한다고 밝히면서 스위스 국민투표 결과를 환영한다고 했다. 그는 스위스 문제는 종교나 양심의 자유 문제가 아니라 유럽인들의 삶에 방식에 관한 것이라고 주장했다. 카다

피와 사르코지의 상반된 견해는 이슬람을 바라보는 시각의 차이라기보다는 종교에 대한 사유의 차이에서 비롯된 것이라고 할 수 있다.

사실 유럽인들이 불편해하는 것은 이슬람 종교 자체라기보다는 무슬림들의 반세속주의적 태도일 것이다. 16세기 종교 개혁 이래 서구 사회는 종교와 일상을 구분하는 세속주의적 세계관을 발전시켰다. 중세 가톨릭교회의 전횡에 크게 덴 유럽인들은 '신성한 것'이 인간의 삶을 지배하는 데 대한 거부감을 유전자로 물려받아 일체의 신성한 것의 존재를 인정하지 않는 현대 사회를 건설했다. 교회는 교회고, 내 삶은 내 삶이니 교회가 내 일상을 지배해서는 안 된다는 성속(聖俗) 분리의 사유 방식을 견지한다. 한마디로 일상의 삶에 신성불가침이라는 영역은 없다. 2006년 전 세계를 뜨겁게 달군 덴마크 유력 일간지 『윌란스 포스텐(Jyllands-Posten)』이 이슬람 예언자 무함마드의 얼굴을 소재로 한 12컷 만평을 게재한 것도 무엇이든지 다 표현할 수 있다는 자유가 종교적 금기보다 앞선다는 세속주의가 그 출발점이었다.

그러나 이슬람 문화는 이와 다르다. 유럽 문화가 성과 속이 분리되고 대중이 지배하는 민주주의, 즉 데모크라시(Democracy)라면, 이슬람은 이슬람법이 지배하는 노모크라시(Nomocracy)다. 그런데 이슬람법은 우리가 알고 있는 세속법보다 다루는 영역이 훨씬 넓다. 대한민국의 법과 달리 조선 시대 『경국대전』은 여인들의 속치마 길이를 규정했는데, 법의 영역이 지금과 다르기 때문에 생길 수 있는 현상이다. 이슬람법은 『경국대전』처럼 법의 영역이 우리의 상식을 넘는다. '세속법' 더하기 '사회적 관습' 더하기 '종교의례'다. 한마디로 삶의 전체를 관장한다. 그래서 이슬람은 삶의 총체적 방식이라는 말이 나오는 것이다. 친한 무슬림 친구가 해주었던 말이 지금도 귀에 생생하다. "우리 무슬림은 율법학자의 도움 없이는 단 하룻밤도 아내와 자유롭게 사랑할 수 없는 존재다." 물론 과장 섞인 말이지만 법을 통해 표현되는 무슬림의 종교 심성을 가장 잘 대변하는 표현이다. 이는 선배 종교 유대교와 같다. 둘다 삶에서 신의 법을 발견해 발전시켜가는 종교 전통이다.

이러한 패러다임에서 세속과 성이 분리되기는 힘들다. 삶이 종교요, 종교가 삶이다. 따라서 성속 분리를 기본으로 삼는 유럽인의 현대적 삶의 방식과 이슬람적 삶은 필연적으로 충돌할 수 밖에 없을 것이다. 유럽의 이슬라모포비아 (Islamophobia), 즉 이슬람 혐오증은 이러한 관점에서 이해해야 한다. 첨탑 규제를 단순히 종교의 자유문제로 규정해서 보아서는, 유럽인이 무슬림에 대해 불편한 심경을 적확하게 이해할 수 없는 노릇이다. 유럽인처럼 무슬림 문화권에서도 근대 세속주의 틀을 받아들인 나라가 있다. 튀르키예가 그 대표적인 예다. 케말파샤 이래 튀르키예가 채택한 케말주의는 공적인 영역에 이슬람이 절대 나서서는 안 되는 체제다. 그런데 2003년 이래 이슬람을 기치로 내건 당이 여당이 되면서 튀르키예가 시끄러운 것이다.

그렇다면 서구에서 민주주의와 세속적 삶의 방식을 수입해서 자신의 것으로 소화해 온 한국인들도 언젠가는 이러한 유럽인이나 튀르키예의 딜레마를 답습하지는 않을까? 해방 이후 서구적 세속주의에 근간한 민주주의를 받아들여 발전시켜 온 한국인들이 그리스도교와 달리 종교와 일상을 애써 구분하지 않는 이슬람교를 이질적이고 생경한 종교 전통으로 느낀다는 사실을 부인할 수는 없다. 특히 종교의 자유를 당연하게 여기는 우리 한국인들에게 이슬람 외에는 선교의 자유가 보장되지 않고, 여성의 낮은 지위와 더불어 여성을 보호의 대상으로 여기는 무슬림 세계의 현실은 그다지 바람직하게 보이지 않는 것도 무시할 수 없는 현실이다.

그럼에도 불구하고 이슬람 혐오증이 점증하고 있는 유럽과는 달리 우리 사회가 무슬림과 잘 어울려 살 수 있으리라 믿는다. 우리는 해방 이후 지난 80여 년간 종교 간 평화와 공존을 소중히 여기는 전통을 축적해 왔기 때문이다. 그리고 무엇보다 한국 무슬림을 이끌어가는 지도층이 종교 간 공존과 평화에 대한 의식이 강하기 때문이다.

    그러나 그것만을 믿고 그냥 손을 놓아서는 안 된다. 이제 무슬림에 대한 막연한 두려움에서 벗어나 적극적으로 이들을 껴안고 자유와 민주주의라는 가치를 소중히 여기는 사회를 함께 건설해가야 한다.

무함마드와 이슬람 이해하기

자살

자살이 우리 사회 문제가 된 지 오래다. 이슬람 신앙 전통도 자살(intihar)은 중죄로 엄격히 금지한다. 명백하지는 않지만, 무슬림이 자살을 금하는 하나님의 말씀으로 여기는 『꾸란』의 내용이 있다.

> 너희들은 자신들을 살해하지 말라. 하나님은 자
> 비로우시니라. 만일 적의와 부정으로 그런 행위
> 를 하는 자 있다면 그를 불지옥으로 이르게 하
> 리라.
>
> (『꾸란』 4장 29~30절)

명백하지 않다고 한 이유는 위 구절의 자신들이라는 말을 자살보다는 서로를 죽이지 말라는 의미로 해석한 학자가 많기 때문이다. 『꾸란』과 달리 예언자 언행을 기록한 전승은 자살을 명백한 중죄로 규정한다. 무함마드는 자살한 자를 위해 기도하지 않았다고 한다. 예언자 무함마드의 언행 60만 점을 수집하고 편집한 이슬람 학자 부카리(Bukhari, 810~870)가 전하는 이야기에 따르면 예언자는 신이 자살한 사람에게 천국의 문을 닫아버렸다고 한다. 또 자살이라는 중죄를 범한 사람은 자살한 방식대로 지옥 불에서 고통을 겪는다고 한다. 이렇듯 신이 주신 목숨을 신의 뜻을 거슬러 마음대로 한 사람은 죽어서도 편치 못하고 지옥 불에 달궈진다.

그런데 무함마드도 자살하려고 했던 적이 있다. 부카리의 전승에 따르면 무함마드가 가브리엘 천사에게서 예언자 소명 계시를 받고 난 후 한동안 계시가 내려오지 않았다. 이에 낙심한 무함마드는 투신자살하려고 산 정상에 오르는데 이때 가브리엘 천사가 나타나 "오, 무함마드여, 그대는 진정 신의 사도다"라고 말했고, 이에 무함마드는 마음의 평온을 얻어 집으로 돌아왔다고 부카리는 전한다. 이븐 이스하끄에 따르면 예언자가 자살을 시도한 이유는 자신의 체험이 예언자 소명이 아니라 자신이 그토록 혐오하는 신들린 사람이나 특별한 영적 힘을 지닌 시인이 되는 체험일지 모른다고 생각해서다. 여러 전승마다 그 상세 내용은 서로 다르지만 중요한 사실은 자살을 시도하려던 예언자를 신께서 구하신 것이다. 예언자는 특별한 인간이기에 그랬나 보다.

이슬람 율법학자이자 이슬람 역사학을 대표하는 역사학자 이븐 카시르(Ibn Kathir, 1300~1373)에 따르면 자살과 관련해서 이슬람 신앙 전통에는 다음과 같은 재미있는 우화 전승이 있다. 이븐 카시르는 전승의 신빙성에 의문을 제기하는 사람들이 있다고 밝히면서 이를 이렇게 옮긴다.

카이바르를 점령했을 때 예언자는 전리품으로 검고 야윈 당나귀를 받았다. 예언자가 이름을 묻자 그 당나귀는 야지드 이븐 시합이라고 답하면서 자신의 조상은 모두 60마리인데 예언자만 주인으로 모셨고, 자신의 할아버지 당나귀로부터 나온 자손은 이제 자신밖에 남지 않았고, 세상에는 무함마드 외에 다른 예언자는 없다고 하면서 무함마드 예언자 당신을 모시길 기대하고 있었다고 말했다. 당나귀 자신은 원래 유대인 남자의 소유였는데 그가 올라타려고 할 때마다 떨어뜨려서 늘 배를 걷어차이고 등을 두들겨 맞았다고 말했다. 이에 무함마드는 그를 야푸르라고 부르고 자신의 것으로 삼아 타고 난 후에는 만나고픈 사람 집에 보냈고, 그러면 야푸르는 그 집 문을 두드려 주인을 부른 후 예언자를 보러 가자는 신호를 보내곤 했다. 그런데 예언자가 세상을 떠나자 슬픔에 잠긴 야푸르는 아불 하이삼이라는 사람 소유의 우물에 스스로 몸을 던져 자살하고 만다.

예언자를 잃은 슬픔에 목숨을 끊은 불쌍한 당나귀 야푸르. 『꾸란』에 따르자면 불지옥 벌을 받고, 예언자 전승에 따르자면 자신이 죽은 방식, 즉 우물에 빠지면서 지옥불 심판을 받고 있을 것이다. 자살을 중죄로 여겨 장례 예배도 없었을 것이다. 그런데 무슬림은 불쌍한 마음에 자비심으로 관례를 깨고 자살자를 위해 장례 예배를 치르는 경우가 적지 않았다. 야푸르의 경우 예언자를 향한 그의 슬픔을 헤아려 무슬림이 장례는 치러줬을지도 모른다는 상상을 해 본다.

서로를 보듬어 주는 온기가 사라진 현대 사회에서 쓸쓸한 우리 인간들은 이런저런 상실감과 슬픔에 스스로 사라짐으로써 평온을 얻으려나 보다. 보기 싫은 꼴, 겪기 힘든 일을 피하려고 죽음을 선택하는 사람들을 욕할 권리는 우리에게 없을 것 같다. 오히려 그들이 그런 생각을 하도록 방치한 우리가 더 큰 죄인일 것이다. 자살자를 죽인 사람은 바로 다름 아닌 살아있는 사람들일 터이니 말이다. 솔직히 죽은 사람보다 더 고통스러운 마음의 불을 견디며 힘들게 죄인으로 살아갈 남은 사람을 위해서 자살만은 삶의 선택지에서 사라지길 간절히 바란다.

예배와 헌금

가운데 구멍을 뚫은 교회 헌금 봉투 때문에 한바탕 논란이 일었다. 그냥 동네 조그만 교회가 아니라 대형교회에서 쓰는 봉투라 더더욱 말이 많다. 교회 관계자들은 예배 후 헌금을 정산할 때 정확함과 편리함을 위한 장치라고 한다. "헌금 봉투에서 돈을 꺼내는 작업을 할 때 돈이 남아 있는 경우가 종종 있다. 봉투에 구멍을 뚫어 남은 돈이 있는지 쉽게 구분하기 위한 것"이라는 말이다. 여러 대형교회에서 흔히 하는 방식이라는 설명도 덧붙인다. 반면 이를 불편하게 여기는 측에서는 가운데 구멍 때문에 안에 든 지폐가 얼마짜리인지, 헌금이 있는지 없는지, 동전인지 알 수 있다는 점에서 이는 고액 헌금을 유도하는 심리적 압박 장치라고 주장한다.

수백억짜리 교회를 지으면서도 사회 빈민이나 약자를 위한 구제 사업에는 인색한 대형교회들을 보는 사회의 시선이 곱지 않다. 헌금 봉투 하나 때문에 난리굿이 난다. 프랑스 신학자 알프레드 르와지(Alfred Loisy, 1857~1940)는 "예수는 하나님의 나라를 가르쳤는데, 정작 세상에 온 것은 교회였다"라고 했다가 1908년 가톨릭교회에서 단죄받고 쫓겨났다. 역사의 흐름을 잘못 이해한 탓인지 일부 교회는 한국에서 부자가 되고 권력을 쥐었다. 예수는 상것들, 가난한 것들, 볼품없는 것들을 불쌍히 여길 뿐 아니라 이런 아랫것들이 돈 많고 힘세고 잘나고, 많이 배운 윗분들을 제치고 하나님 나라를 먼저 차지할 것이라고 선포했다.

그런데 오늘날 우리 교회들은 말로는 예수를 따른다고 하면서도 정작 헌금에 목숨을 걸고 있으니 어쩌랴. 사회약자를 보호하고 사랑하라는 예수의 가르침을 따르지 않은 교회를 그리스도교회라 할 수 있을까? 예수의 이름으로 성공과 재물과 권력을 탐하니 말이다. 오죽하면 교회가 제일 무서워하는 것은 신도들이 헌금을 적게 내는 것이라는 농담 아닌 농담이 나올까? 돈으로 교회를 키우고 사람을 모으고 인맥을 넓히고 표를 구하고 권력을 잡으니! 큰일을 하려면 큰 교회에 가라는 하나님 말씀을 듣고 큰 교회 가서 1년 만에 정부에서 한 자리 차지하고 있는 것을 신앙 증언으로 하는 철부지가 버젓이 언론매체에 오르는 게 우리의 현주소다. 헌금 많이 해야 하느님 나라도 먼저 간다는 교리가 생기지 않을까 두렵다.

우리가 길 가다 보는 어마어마한 교회 건물, 교회에서 나오는 고관대작들, 이 모든 것의 원천은 구멍 뚫린 봉투에 들었든, 투명비닐 봉투에 들었든, 불투명 봉투에 들었든 간에 바로 헌금이다. 그런데 필자는 가톨릭이든 개신교든 간에 예배나 미사 시간 도중에 헌금을 하는 모습이 보기에 아름답지 않다고 생각한다.

솔직히 이런 생각을 하게 된 것은 무슬림의 예배를 지켜보고 난 후부터다. 무슬림에게 예배는 온전히 하나님에게 집중하는 시간이다. 따라서 이슬람교의 예배에는 헌금 시간이 따로 존재하지 않는다. 그러면 헌금은 언제 하는가? 예배 전후로 언제든지 자신이 원하는 때 하면 된다. 아름답지 않은가?

무슬림들은 자신이 1년 동안 소유한 자산과 번 돈에서 여러 경비를 제외하고 순수입의 2.5%를 구빈세로 낸다. 집이나 자동차 등 개인 재산은 계산하지 않는다. 사회적 약자를 위한 돈이다. 이를 자카트라고 한다. '자카트'의 어원은 '자카'인데, '증가하다'와 '순결하다'라는 두 가지 의미를 지닌다. 가난한 이들을 위해 헌금을 하면 하나님께서 축복을 더 해주시고, 죄에서 벗어날 수 있기에 증가와 순결의 의미가 다 있는 것이다. 그런데 모든 무슬림이 자카를 하는 것은 아니다. 기본적으로 경제적 능력이 있어야 한다. 예를 들어 최저 생계비로 간신히 살아가는 사람에게 자카를 하라고 하면, 이는 자선이 아니라 살인 행위나 다를 바 없다. 따라서 자카트는 최저 기준을 넘은 사람들만이 한다.

자카트의 수혜자는 곤궁한 사람들이다. 기본적으로 비무슬림은 수혜 대상이 아니지만, 이슬람으로 개종하려고 생각하는 사람들은 받을 수 있다. 또 자카트는 빚에 허덕이는 사람을 위해 쓸 수 있고, 노예를 해방하거나 여행자들을 도울 때도 사용할 수 있다. 경제적으로 안정되었거나 건강하여 생계를 꾸리는 데 문제가 없는 사람은 제외되고, 피부양자들은 받을 수 없다. 물론 부양자가 능력이 없다면 문제는 다르겠지만 말이다. 기본적으로 가장이 가족들을 먹여 살리기 위해 노력해야 한다.

시아파 무슬림은 이와 더불어 순수익의 20%를 공동체를 위해 내어놓는다. '훔스'라고 한다. 말 그대로 5분의 1이니 오일조다. 이슬람 초기 역사에서 무슬림들은 전쟁에서 얻은 전리품의 5분의 1을 예언자 무함마드의 몫으로 떼어 놓았는데, 무함마드는 이를 전부 무슬림 공동체를 위해 썼다. 자신이나 가족에게 불법적으로 재산을 양도하는 모 대형교회의 양심 없는 목회자와는 질적으로 다른 행동 양태다. 예언자를 흠모하여 시아파 무슬림은 오일조를 사랑하고 기꺼이 재산을 내어놓는다.

자카든 홈스든 모든 헌금 행위는 예배 시간 외에 한다. 예배는 전적으로 하나님을 향한 헌신이기 때문이다. 한국 교회도 낼 돈이 너무 적어서 주저하게 되는 일도 눈치 보는 일도 없이 오로지 하나님만을 생각하고 찬미하고 하나님께 감사하는 예배나 미사를 드린다면 얼마나 좋을까? 깜박해서 지갑을 놓고 왔거나, 미처 헌금을 준비하지 못했는데 헌금 바구니가 자신에게 돌아올 때, 또는 모두 헌금하러 앞으로 나가는 데 혼자 앉아 있을 때의 당혹스러움, 민망함, 부끄러움은 겪어보지 않은 사람은 헤아리기 힘들다. 구멍 뚫린 봉투 때문에 헌금 낼 때마다 눈치가 보여 교회 옮겼다는 사람이 있는 것을 보면 예배 도중에 돈을 걷는 것이 아름다운 일은 아니다.

예수는 "너희는 일부러 남들이 보는 앞에서 선행하는 일이 없도록 하여라. 그렇지 않으면 하늘에 계신 아버지에게서 아무런 상도 받지 못한다. 자선을 베풀 때는 오른손이 하는 일을 왼손이 모르게 하여 그 자선을 숨겨두어라. 그러면 숨은 일도 보시는 네 아버지께서 갚아주실 것이다(마태오 6장 1~4절)"라고 친히 가르쳤다. 예수를 따른다는 사람은 못 들은 척하고, 오히려 무슬림이 헌금의 의미를 더 충실히 이해하고 자선을 바르게 실천하고 있으니, 세상에 이처럼 황당한 일이 또 있을까? 예배를 제대로 할 줄 아는 무슬림에게 존경의 인사를 올린다.

이슬람의 13교리

2018년 6월 예멘 난민 신청자가 제주도로 대거 입국한 상황에 맞물려 인터넷상에는 '『꾸란』에서 가르치는 이슬람의 13교리'라는 글이 급속도로 퍼지며 공포감을 조성했다. 이 문건은 이슬람교의 경전인 『꾸란』에 여성, 비이슬람교 신자를 흉포하게 대하는 13가지 교리가 있는데, 국민 대다수가 무슬림(이슬람교 신자)인 예멘에서 온 난민들이 국내에 정착하면 『꾸란』의 가르침을 그대로 실행하여 우리나라 여성들, 더 나아가 전 국민이 위험에 처할 것이라는 경고성 메시지를 담고 있다.

이 문건은 2014년쯤 영어권에서 유포된 '13 Doctrines of Radical Islam and ISIS'의 우리말 번역본으로 한동안 국내에서도 유통되다가 예멘 난민 신청자 입국 사태가 발생하면서

무함마드와 이슬람 이해하기

다시 부상했다. 영어 원문의 제목은 '급진(과격) 이슬람과 이슬람 국가의 13가지 교리'인데, 우리말 제목은 모든 무슬림이 따르는 것처럼 '『꾸란』에서 가르치는 이슬람의 13교리'로 교묘하게 바뀌었다. 영어 원본이나 우리말 번역본이나 모두 『꾸란』 구절을 적시하면서 13가지 교리를 설명하지만, 이들 교리를 인용한 『꾸란』 구절과 자세히 비교하면 서로 내용이 들어맞지 않는다.

아랍어를 모르더라도 한글 번역본 『꾸란』을 놓고 인용 구절과 내용을 잠시 비교만 해 보아도 금방 들통날 거짓말로 가득한 문건을 퍼 나르면서 난민 반대를 해야 할 필요가 있을가? 대한민국의 국제적 인지도가 높아가는 오늘날 우리 사회가 반이슬람 정서에 기댄 거짓말에 흔들린다는 사실이 알려진다면 참으로 낯 뜨거운 일이다. 그러한 일이 일어나지 않도록 유포된 문건에서 문제 삼은 『꾸란』 구절을 인용문으로 놓고 실제 『꾸란』 구절과 대조해 살펴 보자.

> 1. 사춘기 시작 안 한 여자아이를 강간, 결혼,
>   그리고 이혼해도 된다.
>   (『꾸란 65장 4절』)

해당 문건에서 인용 구절로 제시한 『꾸란』 65장 4절에는 실제 이러한 내용이 없다. 아내와 이혼할 때는 3개월을 기다리고, 임산부일 경우에는 출산 때까지 기다리라는 말뿐이다.

2. 다른 사람을 성노예와 노동 노예로 만들어도 된다.

(『꾸란』 4장 3절, 4장 24절, 5장 89절, 33장 50절, 58장 3절, 70장 30절)

문건에서 적시한 『꾸란』 구절 6개 모두 성노예나 노동 노예를 만들어도 된다고 하지만, 교리와는 무관하다. 『꾸란』은 이들 구절에서 무슬림 남성의 혼인과 관련한 가르침을 내리고 있을 뿐이다.

3. 노예와 아내는 때려도 된다.

(『꾸란』 4장 34절)

일단 『꾸란』 4장 34절에 노예를 때려도 된다는 말은 없다. 아내가 말을 듣지 않으면 먼저 충고하고, 잠자리하지 말라고 한다. 그리고 마지막 방법으로 "때리라"라고 이른다. 그런데 여기서 때린다는 말은 아랍어로 "다라바"라는 동사인데, 이 말은 '때린다'뿐 아니라 '멀리한다', '이별한다'라는 뜻도 가지고 있다. 그래서 『꾸란』이 아내를 때리라고 한 것이 아니라 아내를 멀리하라고 가르친다고 해석하는 무슬림도 있다. 역사적으로 보면 상당히 많은 이슬람 법학자들이 "때리라"라는 말과 달리 아내 구타를 금지했다.

4. 강간을 증명하기 위해서는 4명의 이슬람교 남성이 필요하다.

(『꾸란』 24장 4절)

『꾸란』 구절과 전혀 부합하지 않는 말이다. 『꾸란』 24장 4절은 "정숙한 여성을 비방하면서 4명의 증인을 데려오지 못하는 자들은 채찍질 80대에 처하고 이후 이들의 증언을 받아들이지 말라"고 이른다. 강간당한 것을 증명하기 위해 4명의 남성을 데려오라는 말이 아니라, 무고한 여성을 4명이 증인 없이 비방하면 매를 때리라는 말이다. 주장하는 내용과 『꾸란』 구절이 서로 맞지 않는다.

5. 유대인과 기독교인이 이슬람교로 안 바꾸면 그들을 죽이던지 세금을 내게 한다.

(『꾸란』 9장 29절)

해당 구절에는 유대인과 기독교인을 죽이라는 말은 없다. 다만 이들이 인두세를 낼 때까지 싸우라고 한다. 『꾸란』 구절과 관계없는 말이지만, 역사적으로 보면 초기 이슬람 팽창의 주원인은 선교가 아니라 경제였다. 이슬람으로 개종하면 인두세를 거둘 수 없었기 때문에 개종을 못 하도록 한 일도 있었다.

6. 이슬람교가 아닌 사람은 십자가에 못 박아
죽이든지 손과 발을 절단시켜라.

(『꾸란』 8장 12절, 47장 4절)

믿지 않는 사람을 십자가형에 처하거나 발을 절단하라는 말은 없고, 목과 손가락을 자르라고 한다. 그런데 여기서 분명히 해둘 것은 이러한 대상이 문건에서 말하는 대로 "이슬람교가 아닌 사람"이 아니라 "믿지 않는 사람"이라는 사실이다. 믿지 않는 사람은 바로 무함마드와 전투를 벌였던 메카의 다신교도들을 일컫는다. 622년 자신의 신앙을 인정하지 않고 박해를 가한 고향 메카 사람들을 피해 메디나로 이주한 무함마드가 630년 승리할 때까지 박해자들과 벌인 전투와 관련된 구절이다. 이러한 상황을 염두에 둬야 해석할 수 있다. 이러한 『꾸란』 구절을 현실에 바로 적용하는 현대 무슬림이 있는가? 이들은 일반 무슬림들이 극단주의 또는 무슬림이 아니라고 분류하는 극단주의자나 테러 분자뿐이다.

7. 이슬람교가 아닌 사람을 죽이면 천국에서 72명의 처녀를 상으로 받는다.

(『꾸란』 9장 111절)

해당 구절은 알라(이슬람교의 유일신을 가리키는 아랍어)를 위한 싸움에서 죽이거나 죽은 사람은 천국에 갈 것이라는 말과 함께 하나님이 유대인의 토라, 그리스도인의 복음서, 무슬림의 『꾸란』에서 그러한 약속을 했다고 이른다. 천국에서 72명의 처녀를 상으로 준다는 말은 전혀 나오지 않는다.

8. 이슬람교를 떠나는 사람은 죽여라.

(『꾸란』 2장 217절, 4장 89절)

인용한 두 구절 중 2장 217절에는 이슬람을 배교한 사람을 죽이라는 말이 없다. 이슬람 신앙을 버리고 불신자로 죽으면 이세상에서 한 행동이 모두 헛되고, 저승에서 영원한 불 속에서 고통을 받으리라고 경고한다. 두 번째 구절인 4장 89절을 그대로 옮기면 다음과 같다.

그들은 너희들이 믿지 않아서 그들과 같이 불신
자가 되길 바란다. 그들이 이주하여 하나님의
길에 들어선다면 함께 하라. 만일 그들이 등을
돌리면 발견하는 대로 죽여라. 동맹을 맺거나
도움을 얻지 말라.

이 구절 역시 무함마드의 이슬람 신앙공동체가 자신들을 박해
하던 메카 다신교도와 싸울 때 나온 구절이다. 따라서 이러한
특정한 시간과 공간 상황을 무시하고 이를 보편 교리로 이해
하는 것은 무리다.

9. 이슬람교가 아닌 사람은 목을 베어 죽여라.

(『꾸란』 8장 12절, 47장 4절)

이는 위 6번째 항목과 같은 내용이다. 7세기 이 구절이 관련된
역사적 상황을 고려하지 않은 해석이다.

10. 하나님 신을 위해 죽이고 순교하라.

(『꾸란』 9장 5절)

해당 『꾸란』 구절은 이슬람 공동체를 반대하던 메카인과 싸우

던 상황을 반영한다. 이슬람 신앙을 인정하지 않는 메카의 다신교도들을 전장에서 죽이고 포로로 잡되, 이들이 뉘우치고 예배와 회사(喜捨)를 하면 놓아주라고 이른다. 순교하라는 말은 없다.

11. 이슬람교가 아닌 사람들을 위협하라.
(『꾸란』8장 12절, 8장 60절)

이 두 구절 모두 무함마드와 싸움을 벌이던 메카인들을 두고 이른 말이다.

12. 이슬람교가 아닌 사람들의 것들을 훔쳐라.
(『꾸란』8장)

『꾸란』8장은 '전리품(戰利品)의 장'이라는 제목대로 전리품에 관한 가르침을 전한다. 전리품을 훔친 것으로 이해하여 『꾸란』이 이슬람교가 아닌 사람들의 것을 훔치는 것을 정당화한다고 보는 것은 어불성설이다. 해당 『꾸란』구절이 말하는 전리품은 무함마드의 이슬람 공동체가 메카의 다신교도와 전투를 벌인 역사적 상황에서 나온 물품을 말한다. 8장 1절은 전리품의 주인이 하나님과 그의 사도인 무함마드라고 하고, 41절은 하나님과 사도가 5분의 1을 갖고 나머지는 친척, 고아, 가난한 자, 여행자를 위한 몫임을 밝히고 있다.

13. 이슬람을 강화하기 위하여 거짓말을 하라.

(『꾸란』 3장 26절, 3장 54절, 9장 3절, 16장 106절, 40장 28절)

유포된 문건에서 적시한 해당 구절 5개 모두 어디에도 이슬람을 위해 거짓말을 하라는 말은 없다. 오히려 40장 28절은 거짓말하는 자를 하나님이 인도하지 않는다고 말하고 있다. 도대체 어떤 종교가 거짓말을 하라고 권장한단 말인가?

지금까지 살펴본 대로 '『꾸란』에서 가르치는 이슬람의 13교리'라는 문건은 제목과 달리 『꾸란』과 관계되는 구절이 희박하다. 적시한 구절에서 뽑아냈다고 하는 교리가 해당 구절에 나오지 않을 뿐 아니라, 나온다고 하더라도 『꾸란』 구절이 나온 7세기 이슬람 신앙 역사 상황을 고려하지 않고 문구만 추출하여 보편 교리라고 속인 셈이다.

사실 『꾸란』은 상당히 해석하기 어려운 경전이다. 분명 특정한 상황에서 하나님이 천사 가브리엘을 매개자로 선택하여 예언자 무함마드에게 계시를 내렸다고 무슬림은 믿는다. 그러나 『꾸란』은 구체적으로 어떤 일이 있어서 하나님이 가르침을 내렸는지 설명 없이 말만 전하기 때문이다. 서양의 이슬람 학자인 예수회 신부 피터스(F. E. Peters, 1927~2020)는 이러한 특징을 지닌 『꾸란』을 두고 '문맥 없는 말씀(a text without context)'이라고 부르기도 했다. 사정이 이러다 보니 이슬람사 초창기부터 무슬림들은 『꾸란』 계시의 역사적 배경을 정확하게 파악하기 위하여 노력했고, 그 결과 『꾸란』 해석학이 발전했다.

정확한 문맥 속에서 가르침을 이해하는 것은 이슬람교의 『꾸란』뿐 아니라 다른 종교의 경전 이해에도 중요한 일이다. 그러한 노력 없이 그냥 경전의 한 구절만 따오면 인용 구절이 본래의 뜻과 전혀 다르게 쓰이면서 훼손될 가능성이 크다. 예를 들어 그리스도교의 신약 성서에서 "내가 세상에 평화를 주러 왔다고 생각하지 마라. 평화가 아니라 칼을 주러 왔다(마태오 10장 34절)"라는 말만 툭 뽑아내어 예수가 테러를 조장하는 가르침을 주었다고 해설한다면 과연 그리스도인들이 수긍할까?

"여자는 일체 순종함으로 조용히 배우라. 여자가 가르치는 것과 남자를 주관하는 것을 허락하지 아니하노니 오직 조용할지니라. … 여자들이 만일 정숙함으로써 믿음과 사랑과 거룩함에 거하면 그의 해산함으로 구원을 얻으리라(디모데오전서 2장 11~15절)"와 함께 "여자는 교회에서 잠잠하라. 그들에게는 말하는 것을 허락함이 없나니 율법에 이른 것같이 오직 복종할 것이요, 만일 무엇을 배우려거든 집에서 자기 남편에게 물을지니, 여자가 교회에서 말하는 것은 부끄러운 것이라(고린도전서 14장 34~35절)"라는 신약 성서 구절 두 개를 뽑아내어 그리스도교는 여성의 인격을 무시한다고 주장한다면, 오늘날 그리스도인들은 수긍할까?

군이 그리스도교 신자들 마음이 불편하게 문맥을 고려하지 않고 성경 구절만 뽑아 예를 제시한 것은 반이슬람 정서에 기댄 『꾸란』 13교리 괴담이 그만큼 심각하다는 것을 보여주기 위해서다. 아니 어쩌면 그리스도교 성경의 예보다 더 왜곡됐다. 역사적 문맥을 무시할 뿐 아니라 『꾸란』에 존재하지도 않은 말을 만들어서 『꾸란』에 있다고 보란 듯이 거짓말을 하고 있기 때문이다.

문맥을 무시하고 문자 그대로 『꾸란』을 받아들여 자신들의 악행을 정당화하는 이들은 알카에다와 자칭 "이슬람 국가" 등 테러 분자, 극단주의자들이다. 자신들은 무슬림이라고 하지만 많은 무슬림들이 결코 무슬림으로 받아들이지 않는 이들이다. 우리 사회에 유포되고 있는 『꾸란』 13교리 괴담이 차라리 영어 원본 제목인 '급진(과격) 이슬람과 이슬람 국가의 13가지 교리'를 그대로 땄다면 좋았을 것이다. 원본과 달리, 마치 모든 무슬림이 받아들이는 교리처럼 제목을 바꾼 것은 의도적이라고 볼 수밖에 없다. 그리고 이러한 문건이 예멘 난민 신청

무함마드와 이슬람 이해하기

자 입국 시점과 맞물려 일어난 것도 그냥 우연이라고 간주할 수도 없다.

오늘날 무슬림 세계가 비무슬림 세계보다 보편적 인권, 자유, 민주주의라는 측면에서 아쉬운 점이 많다는 것은 사실이다. 개종과 선교의 자유까지 포함한 종교의 자유, 여성 인권, 성 소수자 권리 등에 대한 해석 차이 때문에 무슬림 다수 국가가 비무슬림 국제 사회와 보편적 인권 개념을 공유하지 못하고 있다. 지나치게 서구 중심적인 인권 해석이라는 반발도 적지 않다. 또 근대 서구의 식민 지배를 겪으면서 종교의 자유를 무슬림 국가 정체성을 해체하려는 외부의 음모로 이해하는 경향이 있는 것도 사실이다. 전 세계가 공감하는 보편적인 인권관을 확립하기에는 분명 더 많은 논의와 토론과 시간이 필요할 것이다.

그러나 그렇다고 해서 모든 무슬림이 일사불란하게 통일된 인권 개념이나 해석을 견지하고 있다고 보는 것은 위험하다. 무슬림 세계는 넓고 개인적 해석은 다양하다. 이슬람교는 로마 가톨릭처럼 중앙집권적이지 않다. 개신교처럼 자유로운 조직이다. 극보수부터 극진보까지 학자층이 넓게 퍼져 있다. 이들은 모두 『꾸란』을 다양하게 이해하고 해석한다. 단 하나의 불변한 이슬람 해석이 있다고 생각하는 것은 심각한 잘못이다. 그리스도교가 다양하듯, 이슬람교도 다양하다. 하나의 틀로 보아서는 안 된다.

난민을 반대할 수 있다. 문제가 있다면 반대하는 것이 당연하다. 그러나 반이슬람 정서에 기대어 거짓말을 근거로 반대하는 것은 크나큰 잘못이다. '알카에다'표 이슬람, 자칭 '이슬람 국가'표 이슬람을 보편 이슬람으로 보는 것도 모자라, 『꾸란』에 없는 말을 만들고 문맥을 무시하고 자의적으로 『꾸란』 구절을 해석한 것을 전 세계 무슬림이 믿는다고 거짓말하면서, 예멘 난민 신청자를 그런 이슬람을 믿는 폭도로 몰아붙이며 반대하는 것은 분명히 정의로운 모습은 아니다.

예언자의 결혼 스캔들

종교사를 공부하는 사람은 늘 자신이 지닌 편견을 의식하며 사료가 전해주는 것을 최대한 객관적으로 읽으려고 노력해야 한다. 그렇게 하지 않으면 자신이 사는 시대의 가치관을 기준으로 과거사를 마음대로 재단하여 평가하는 큰 잘못을 저지르기 쉽다. 이슬람사, 특히 초기 이슬람사를 공부하는 경우 그러한 오류를 범할 가능성이 매우 크다. 부지불식간에 7세기 아라비아 메카와 메디나의 생활 양식을 21세기 현대적 사고 체계에 비추어 주관적 판단을 내리는 경우가 적지 않기 때문이다.

대표적인 사례로 예언자 무함마드가 여러 번 결혼하여 많은 아내를 둔 사실을 들 수 있다. 대다수 국가가 일부일처를 보편적 규범으로 삼고 있는 동양 및 서구의 관점에서 보면 무함마드의 결혼은 이해하기 어렵다. 특히 그리스도교인의 경우 예수를 기준으로 종교인을 보는 경향이 강하기에 예수처럼 독신 생활을 하기는커녕 수많은 아내를 둔 무함마드를 좀처럼 이해하기 힘들어한다.

무슬림 전승에 따르면 무함마드는 기도, 여자, 향수를 좋아했다고 하는데, 기도를 빼면 지나치게 세속적이라는 생각에 '예언자가 어찜 저럴 수 있을까?' 하는 의문을 지니는 사람들이 적지 않다. 그러나 무슬림에게는 이러한 예언자의 모습이 오히려 훨씬 더 인간적이고 소박하게 다가온다는 것을 잊어서는 안 된다. 하나님의 아들이자 신인 예수와는 달리 무함마드는 이슬람 전통에서 신성과는 전혀 상관없이 인간적인, 그것도 너무나 인간적인 예언자이기 때문이다.

무함마드는 첫 번째 아내 카디자가 죽은 후 여러 번 결혼했는데, 그의 아내가 된 여자들은 대다수가 과부였다. 당시 사회에서 과부란 경제적으로 파산 선고를 받은 것과 다를 바 없었고, 결혼은 그야말로 경제적 안정을 가져다주는 가장 중요한 수단이었다. 따라서 과부를 돌볼 능력이 있다면 결혼을 여러 번 하더라도 문제가 될 이유는 없었다. 이상하다고 손가락질할 필요가 없는 관습이라 해도 과언이 아니다. 무함마드는 과부와 결혼함으로써 불행한 여인들의 경제적, 정신적 후견자가 되어주었을 뿐 아니라, 이러한 결혼을 통해 고려 시대 왕건처럼 주변 사람들과 유대 관계를 유지했다. 즉, 결혼이 일종의 정치적 행위였다.

그런데 3번째 아내인 아이샤는 그러한 과부가 아니었다. 무함마드의 절친한 후원자였던 아부 바크르의 딸 아이샤는 초등학생 나이인 10살쯤에 약 53살의 무함마드와 결혼한다. 가지고 놀던 장난감을 가지고 무함마드의 집으로 갔다는 이야기가 전해질 정도로 아이샤는 어린 나이에 결혼한 것이다. 오늘날 우리나라 법에 비추어보면 분명 미성년자 보호법에 어긋나는 결혼으로 처벌이 불가피한 일이다. 그러나 문제는 이러한 잣대가 오늘날의 것이라는 점이다. 적어도 당시 무함마드가 살던 사회에서 이러한 결혼은 문제가 되지 않았다. 오히려 당시 사회를 떠들썩하게 했던 것은 이 결혼이 아니라 무함마드가 자이납이라는 여자와 한 결혼이었다.

무함마드는 자신의 종이었던 자이드를 해방하며 양자로 삼았고, 자이드는 무함마드 외가 친척인 자이납과 결혼한다. 곧, 자이납은 무함마드의 며느리인 셈이다. 그런데 어느 날 무함마드는 자이드를 만나러 그의 집에 갔다가 홀로 있던 며느리를 보고 깜짝 놀라 혼잣말을 중얼거리고 발길을 돌린다. 아내로부터 이러한 소식을 전해 들은 자이드는 무함마드가 자신의 아내에게 마음이 있다는 것을 눈치채고 자이납과 이혼할 터이니 그녀와 결혼하시라고 간곡히 당부한다. 그러나 무함마드는 이러한 자이드의 청을 여러 차례 거절했다.

당시 사람들은 양자 역시 아들로 간주했다. 따라서 무함마드가 자이납과 결혼한다는 것은 곧 시아버지가 며느리와 결혼하는 것으로 이는 도저히 있을 수 없는 일이라 생각했다. 그런데 이러한 사회적 시각은 옳지 못하다는 내용의『꾸란』계시가 다음과 같이 내려온다.

> 하나님께서 은혜를 베푸셨고 그대가 은혜를 베풀었던 그에게 '네 아내를 네 곁에 간직하라. 그리고 하나님을 두려워하라'라고 그대가 말하였을 때 그대는 하나님께서 밝히시려 했던 것을 그대 마음속에 숨기었고 사람들을 두려워하였다. 그러나 그대는 하나님을 더욱 두려워했어야 했다. 자이드가 그녀와 결혼생활을 끝냈을 때 우리는 그녀를 그대의 아내로 삼았으니, 이는 양자들이 이혼했을 때, 믿는 사람들이 그들의 아내들과 결혼하는 데 어려움이 없도록 하기 위함이다. 하나님의 명령은 반드시 지켜야 하노라. 예언자가 하나님의 명령을 행함에 잘못은 없나니, 이는 예전 사람들에게도 하나님께서 행하신

순리니라. 하나님의 명령은 절대적이라.

(『꾸란』33장 37~38절)

말씀인즉슨, 양자 자이드가 무함마드를 위하여 아내와 이혼하려 할 때 무함마드는 주변 사람들의 시선이 두려워 하나님의 뜻을 어기면서 이를 말렸으나, 사실 이는 옳지 못한 행동이었다. 무함마드와 자이납의 결혼은 하나님께서 당시 사회적 관습이 올바르지 않음을 보여주시고 바른길을 제시하기 위해 내리신 명령이었기 때문이다. 양자와 이혼하면서 경제적 안정을 잃어버린 무슬림 며느리에게 경제적, 정신적 후견자가 될 수 있다는 것이기도 하다. 따라서 무함마드는 그 명령을 받들어 결혼함이 마땅하고, 그렇게 하는 것에 잘못이 없다는 말씀이다.

그런데 전승에 따르면 어린 아내 아이샤는 이러한 계시가 퍽 마음에 들지 않았던 것 같다. 하나님께서 무함마드에게 유리한 계시만 내려준다고 불평했다고 하니 말이다. 아이샤의 입장에서는 예언자의 사랑을 차지할 여인이 한 명 더 느는 것이 당연히 싫었으리라.

무함마드의 결혼에 대해 오늘날 왈가왈부하기가 쉽지는 않다. 7세기 아라비아 메카, 메디나라는 시공간을 21세기 현대 한국이라는 틀에서 읽고 판단하면 분명 문제가 있기 때문이다. 사실 오늘날의 눈으로 보면 어린 아이샤를 아내로 맞은 50대 무함마드는 미성년자 보호법을 어긴 범법자요, 양자의 이혼녀인 자이납과 결혼한 것은 적어도 우리나라 윤리 관념에도 맞지 않는다. 그런데 정작 당시 사회에 문제가 되었던 것은 전자가 아니라 후자였다.

시공간을 초월하는 보편적 윤리나 도덕이 존재하지 않는다고 강변하는 것은 아니다. 그렇지만 종교사를 제대로 이해하려면 일단 우리가 지닌 도덕적 관점을 괄호 안에 집어넣고 사료가 말하는 것을 있는 그대로 그 시대의 시각으로 읽어야 할 필요가 있다. 우리가 종교사를 공부하는 것은 판단하고 심판을 내리기 위해서가 아니라 이해하기 위해서니 말이다.

그럼 무함마드의 여자 관계에서 우리는 무엇을 읽어야 할까? 무엇보다도 예언자는 어디까지나 하나님의 말씀을 따르는 인간이라는 사실이 아닐는지. "꾸란이 좋아하는 것을 좋아하고 꾸란이 화낼 때 화를 냈다"라는 아이샤의 말마따나 무함마드의 성격은 『꾸란』이니, 그가 하나님의 말씀을 지극히 잘 따르는 것은 두말할 필요도 없을 것이다.

그러나 무함마드는 인간. 하나님보다 사람들의 이목을 더 두려워했기에 『꾸란』으로부터 혼나는 무함마드. 한순간 주춤하는 인간적인 면모. 그러나 다시 하나님 말씀대로 하는 모습. 너무나 인간적이면서도 순종하는 무함마드이기에 그의 결혼

스캔들이 꽤 시끄러웠음에도 불구하고 무슬림들이 그토록 좋아하는 것은 아닐까?

무슬림 세계의 여성 지도자

오늘날 '이슬람'이라고 하면 모르긴 해도 많은 사람이 '테러'와 함께 '여성 차별'을 제일 먼저 떠올릴 것이다. 수도자도 아닌데 수녀들처럼 머리를 가린 히잡, 두 눈만 노출하고 얼굴 전체를 검은 천으로 덮은 니깝, 얼굴 전체를 감추고 시야만 방충망 같은 그물망으로 낸 부르까 등을 착용한 여성 무슬림 때문에 사람들은 이슬람을 여성을 억압하는 비문명적인 종교로 인식하는 경우가 적잖다. 엎친 데 덮친 격으로 우리나라 사람들이 이슬람을 대표하는 나라로 여기는 사우디아라비아에서 여성의 운전을 2017년까지 허용하지 않았기에 더더욱 이슬람을 여성 억압의 종교로 생각한다.

그러나 이슬람을 신봉하는 사람들이 다수인 국가마다 여

성의 지위에는 차이가 있을 뿐 아니라, 사회 활동 면에서 우리나라보다 오히려 한 발 더 앞서는 나라도 있다. 얼굴을 가리고, 남자에 복종하고, 운전을 할 수 없다는 세간의 인식과 달리 우리나라보다 훨씬 먼저 여성 국가 지도자를 배출한 나라가 한두 곳이 아니라면 놀랄 것이다. 파키스탄의 4대 대통령(1971~1973), 9대 총리(1973~1977)를 역임한 줄피카르 알리 부토의 딸인 베나지르 부토(Benazir Bhutto, 1953~2007)는 1988년 민주적으로 선출된 무슬림 세계 최초의 여자 총리였다.

이슬람 신앙 전통에서 여성 정치 지도자에 대한 표현은 긍정과 부정이 공존한다. 어느 쪽에 더 방점을 찍어 부각하느냐에 따라 정치 문화가 가변적일 수 있다. 부정적인 전승은 다음과 같다. 『꾸란』 4장 34절은 남성이 여성을 책임져야 한다고 가르친다.

> 남자는 여자를 책임진다. 하나님께서 한쪽이 다른 쪽보다 더 우월하게 만드셨기에 그들은 자신의 재산을 써야 한다. 따라서 좋은 여성은 복종하고, 하나님께서 보호하시는 것을 은밀하게 잘 보호한다. 항거하는 여성은 혼을 내고 침대를 따로 쓰고 때려주어라. 그러나 복종하면 그렇게 하지 말라.

『꾸란』이 하나님의 말씀이라면, 예언자 무함마드의 언행을 기록한 것을 가리켜 '하디스(Hadith)'라고 한다. 하디스를 채록한 책의 제목은 저마다 다르지만, 통칭하여 하디스라고 부른다.

무슬림들이 가장 좋아하는 부카리(Bukhari, 810~870)의 하디스 모음집에는 다음과 같은 말이 전해 온다.

> "페르시아 사람들이 호스로(Khosrau)의 딸을 여왕으로 추대하였다는 말을 듣고 예언자께서는 이렇게 말씀하셨다. '여자를 지도자로 삼은 나라는 결코 성공하지 못할 것이다.'"

여기서 말하는 여왕은 호스로 2세의 딸로 630년에서 631년까지 1년간 페르시아를 다스린 여왕 아자르미도흐트(Azarmidokht)를 지칭한 듯하다. 또 부카리의 하디스 모음집 다른 곳에서는 다음과 같이 예언자의 말을 전한다.

> "남자는 집안을 보호하고 책임을 진다. 여자는 남편의 집과 아이들의 보호자로 책임을 진다. 남자의 노예는 주인의 재산을 보호하고 책임을 진다. 분명히 여러분 모두가 보호자로 각기 책임을 지고 있다."

위에서 인용한 『꾸란』과 하디스에는 확실히 남성 우월적인 표현이 도드라진다. 그러나 이와 달리 『꾸란』과 하디스는 여성 지도자에 대한 긍정적인 표현 또한 담고 있다. 『꾸란』은 27장에서 그리스도교 구약 성서처럼 시바의 여왕(Queen of Sheba)에 대한 이야기를 담고 있다. 성서에서는 시바지만, 『꾸란』의 아랍어로는 사바(Saba)다. 『꾸란』은 사바의 여왕을 이렇게 표현한다.

> 보라! 모든 것을 지닌 여왕이 나라를 다스리니.
> 그녀는 위대한 옥좌에 앉아 있노라.
>
> (『꾸란』 27장 23절)

강력하고 성공적으로 국가를 다스린 사바의 여왕 이야기를 『꾸란』이 담고 있다는 것은 이슬람이 여성 지도자를 인정한다는 생생한 증언이라고 현대 무슬림들은 입을 모은다. 여성의 뛰어난 통치력을 담은 이야기가 무슬림 남성들에게는 꺼림칙했을지도 모른다. 전해오는 이야기로는 사바의 여왕이 솔로몬과 혼인했다는 말도 있지만, 『꾸란』은 이에 대해 언급하지 않는다. 따라서 남성의 우위론을 견지하는 무슬림들이 주장하는바, 사바의 여왕이 나라를 잘 다스릴 수 있었던 것은 남편의 도움이 있었기 때문이라는 논리는 성립하지 않는다.

이처럼 여성의 지위에 관해 상반된 이야기가 전해지는 것은『꾸란』의 특징이기도 하다. 사정이 이러하므로『꾸란』을 제대로 해석하려면 언제 어떠한 상황에서 이러한 표현이 나왔는지 알아야 한다. 그러나『꾸란』이 그러한 문맥을 전해주지 않기에 해석 작업이 생각만큼 쉬운 일은 아니다. 자세히 잘 검토하지 않으면 이현령비현령, 내 논에 물 대기식 해석이 난무할 가능성이 대단히 크다. 실제로 IS와 같은 극단주의자들은 자신들의 입맛에 맞게『꾸란』을 해석하여 잔악한 행동을 정당화했다.

여성의 사회 참여에 부정적인 사람들은 당연히 여성에 대해 부정적인『꾸란』의 말씀과 예언자의 말을 금과옥조로 삼겠지만, 역사를 돌이켜보면 오늘날 외에도 과거에 무슬림이 다수인 지역을 여성들이 다스린 시대가 적잖게 있었다. 이스마일리 시아였던 아르와 앗술라이히(Arwah al-Sulayhi)는 1067년부터 1138년까지 예멘을 다스렸다. 금요일 합동 예배 때 예배 인도자는 그녀의 이름을 지도자로 늘 거명했다. 인도를 지배하던 델리(Delhi) 술탄국의 라지아 술타나(Razia Sultana, 재위 1236~1239), 이집트의 맘룩(Mamluk) 시대를 연 샤자라트 앗 두르(Shajarat al-Durr, 재위 1250~1257)와 더불어 인도네시아 아체(Aceh) 술탄국 역시 첫 여성 통치자가 1400년에서 1427년까지 27년간 다스린 후 1641년부터 1699년까지 58년 동안 4명의 여성 지도자가 술탄국을 통치했다.

현대 무슬림 세계는 두 번의 총리를 역임한 파키스탄의 부토를 시작으로 지금까지 11명의 여성 지도자를 배출했다. 부토 다음으로 무슬림 국가의 지도자가 된 여성은 방글라데시 최초의 여성 총리 칼레다 지아(Khaleda Zia)다. 지아의 배우자는 군인으로 7대 대통령(1977~1981)을 지낸 지아우르 라흐만(Ziaur Rahman)이다. 대통령 부인이었던 지아는 남편이 암살당한 후 야당인 방글라데시 민족당에서 정치가로 활동하다가 2차례에 걸쳐 10년간(1991~1996, 2001~2006) 총리직을 수행했다.

세 번째 여성 지도자는 현재까지 튀르키예 역사상 최초이자 유일한 여성 총리인 탄수 칠레르(Tansu Ciller) 30대 총리다. 1993년 대통령이 사망하자 총리이자 바른길(正道) 당 당수였던 데미렐이 대통령이 되면서 총리직이 공석이 되자 당내 경합이 치열해졌다. 이때 칠레르는 유력 후보가 아니었지만, 3명의 남성 후보들과 각축전을 벌였고, 1차 투표에서 11표가 모자랐지만 경쟁하던 후보들이 사퇴함에 따라 튀르키예 최초로 여성 총리가 되었다. 그녀의 아버지는 언론인으로 시작하여 튀르키예 동북부 빌레직(Bilecik)주 지사를 지낸 인물이다. 탄탄한 집안 출신으로 미국 코네티컷 대학교에서 박사학위를 받은 여성 경제학자 칠레르 총리는 중도좌파 공화인민당과 연정을 이끌면서 1996년까지 3년간 국정 책임을 졌다. 칠레르가 총리로 선출된 데에는 여성이라는 이유가 작용했다. 당시 언론은 그녀를 지지했는데, 대외적으로 여성이 총리가 됨에 따라 튀르키예가 현대에 어울리는 진보적인 국가라는 이미지를 향유할 수 있을 것이라는 희망어린 기대가 컸다. 여성이라는 프리미엄을 안고 총리가 된 것이다.

네 번째 여성 지도자는 방글라데시 현 총리인 셰이크 하시나 와제드(Sheikh Hasina Wazed)다. 방글라데시 최초의 여성 총리 칼레다 지아에 이어 1996년 방글라데시 역사상 두 번째 총리가 된 셰이크 하시나는 현재를 포함하여 모두 4번에 걸쳐 (1996~2001, 2009~2014, 2014~2019, 2019~현재) 총리가 되어 국정을 이끌고 있다. 방글라데시 초대 대통령의 딸인 그녀의 가장 큰 정적은 총리직을 주거니 받거니 한 칼레다 지아다. 이 두 여인의 정치적 역정을 보면 아마도 방글라데시가 무슬림 세계뿐 아니라 전 세계에서 여성의 정치력이 가장 돋보이는 나라라고 해도 과언이 아니다. 1991년 칼레다 지아를 시작으로 3년(2006~2009년)을 제외하고 현재까지 무려 30년 넘게 여성이 총리직을 수행하고 있으니 말이다. 다섯 번째 지도자는 국민의 90% 이상이 무슬림인 세네갈 최초의 여성 총리 맘 마디오르 보이(Mame Madior Boye)다. 2001년 3월부터 약 20개월간 국정을 이끌었다.

여섯 번째 여성 지도자는 세계에서 가장 무슬림이 많

은 나라인 인도네시아의 8대 부통령(1999~2001), 5대 대통령(2001~2004)을 역임한 메가와티 수카르노푸트리(Megawati Sukarnoputri)다. 메가와티는 인도네시아의 독립영웅이자 국부로 추앙받는 수카르노 초대 대통령의 딸이다. 부통령이었던 그녀는 와히드 대통령이 물러나자 대통령직을 승계했다.

일곱 번째는 중앙아시아 무슬림 국가인 키르기즈스탄의 로자 오툰바예바(Roza Otunbayeva)다. 외교관 출신으로 2010년 4월부터 이듬해 12월까지 약 20개월간 대통령으로 재임한 오툰바예바는 4월 혁명으로 바키예브 대통령이 물러나자 후임으로 국정 중단의 위기를 관리했다. 여성을 거의 찾아볼 수 없는 남성 일변도의 키르기즈스탄 정계에서 오툰바예바의 존재는 국내외에서 대단한 주목을 끌었다. 선거를 통해 새로운 정부가 구성될 때까지 위기를 관리하는 것을 사명으로 여겼고, 이를 실현해냈다. 특히 그녀가 라마단 단식월에 국민들에게 인내와 용서를 강조하면서 평화적 공존을 이슬람의 인본주의적 가르침으로 강조한 것은 깊은 인상을 남겼다.

여덟 번째 인물은 국민의 90% 이상이 무슬림으로 말리키 법학파를 따르고 수피 신비주의의 영향을 받은 아프리카 말리 공화국의 시세 마리암 카이다마 시디베(Cisse Mariam Kaidama Sidibe)이다. 그녀는 2011년 4월부터 이듬해 3월까지 약 1년간 최초의 여성 총리로 재임했는데, 쿠데타로 헌정이 중단

되면서 총리직에서 물러났다.

아홉 번째 여성 지도자로는 3개월이 채 못 되는 단명으로 끝나긴 했지만, 시벨 시베르(Sibel Siber) 북키프러스 총리를 들 수 있다. 이르센 퀴칙 정부가 2013년 6월 13일 불신임 투표로 붕괴되자 9월 2일까지 최초의 여성 총리로 국정 위기를 관리했다. 열 번째 여성 지도자로는 인도양의 작은 섬나라 모리셔스(Mauritius)의 대통령 아미나 구립-파킴(Ameenah Gurib-Fakim)이다. 2015년 6월 5일 국회에서 대통령으로 선출되어 2018년까지 6대 대통령을 지낸 아미나 구립-파킴은 생물다양성을 연구하는 과학자 출신이다.

지금까지 거론한 10명의 여성 지도자 중 네 번째 인물인 셰이크 하시나 와제드 방글라데시 현 총리와 함께 지금 현재 현직 국가 지도자로 활약하고 있는 인물은 비오사 오스마니 사드리우(Vjosa Osmani-Sadriu) 대통령이다. 2011년 코소보 역사상 최초의 여성 대통령이자 최연소 대통령으로 취임한 아티페테 자흐자가(Atifete Jahjaga)에 이어 2021년 5대 대통령으로 취임했다. 자흐자가는 유럽의 화약고로 불리는 발칸반도 최초의 여성 국가수반이자 남동 유럽 국가 내 최고위직 여성이라는 신기원을 세웠다. 전·현직 두 여성 대통령은 신생 코소보 공화국을 유럽연합과 국제연합의 회원국으로 만들겠다고 온 힘을 다 쏟고 있다.

이처럼 무슬림이 다수인 국가에서 많은 여성이 지도자로서 국정에서 핵심적인 역할을 하고 있다는 사실을 확인하면서 그동안 이슬람을 단순히 여성 차별의 종교로만 보았던 기존의 시각을 교정해야만 한다. 그러나 한계도 있다. 여성 지도자를 배출하거나 국가수반으로 선택한 나라들이 이슬람 문화의 중심국이 아니라는 점이다. 즉, 이른바 이슬람 문화가 제일 먼저 태동했을 뿐 아니라 여전히 강력한 종교적 문화가 강한 사회를 형성하고 있는 아라비아반도 국가와 이란에서는 아직 여성 최고 지도자 탄생을 기대하기 어렵다는 것이다. 물론 이란 루하니 행정부에서 두 명의 여성이 부통령직을 수행했다. 그중 한 명인 마수메 엡테카르(Masoumeh Ebtekar)는 우리나라를 방문한 바 있다. 아랍에미레이트, 카타르, 사우디아라비아, 쿠웨이트 등에서도 여성을 장관에 임명했다. 그러나 여성 국가수반은 아직 나온 적이 없다. 부카리의 하디스가 전한 대로 이슬람 이전 시대에 여성이 이란의 왕정을 책임졌지만 말이다.

그러나 비관적이지만은 않다. 여성들의 교육 수준이 높아감에 따라 여성들의 사회 참여가 활발해지면서 남성 중심의 무슬림 사회가 조금씩 변하고 있으니 말이다. 변화의 바람은 비무슬림 국가의 무슬림 사회에서도 분다. 2015년 캐나다 총선에서 당선된 11명의 무슬림 의원 중 4명이 여성이었는데, 이들은 모두 히잡을 쓰지 않았다. 현재 캐나다 무슬림 여성 의

원은 상하원 각각 2명씩 모두 4명이 의정활동을 펼치고 있다. 이제 바야흐로 위풍당당 여성의 세기라는 시대정신을 무슬림 다수 국가나 비무슬림 국가나 피해 가기는 어려운 때인 듯하다.

이란 최초의 여성 판사였던 시린 에바디(Shirin Ebadi) 여사는 이슬람 혁명 직후 판사직에서 쫓겨나 법원 말단 행정 일을 해야만 했다. 이유는 간단하다. 남성의 상속액을 여성의 두 배로 규정한 『꾸란』 4장 11절의 계시를 확대 해석하여 여성의 지적 능력이 남성의 반밖에 안 된다고 보았기 때문이다. 판사직을 수행할 수 없다는 해석이다. 이래서 해석이 중요하다. 강력하고 훌륭한 통치력을 지닌 사바의 여왕 이야기를 담은 『꾸란』에 집중하면 이러한 일은 없을 것이다. 사바의 여왕이 넘쳐나는 무슬림 세계를 꿈꾸는 진보적 현대 무슬림의 꿈을 조용히 응원해 본다.

여자는 남자의 반(半)

이슬람교의 경전 『꾸란』이 계시되기 직전 7세기 아라비아 사회에서 여성은 상속권이 없었다. 여자는 상속자가 아니라 상속될 재산으로 여겼다. 남자도 전쟁에 참여할 능력이 되는 사람에게만 상속권이 있었다. 따라서 부자 아버지가 죽어도 어린 아들은 단 한 푼도 수중에 넣지 못했다. 아버지 재산은 조부모와 아버지의 남자 형제들이 나눠 가졌다.

그런데 『꾸란』은 여성의 상속권을 인정하고 자녀들의 상속권에 대해서도 남아는 여아의 2배를 받는다는 계시(4장 11절)를 내린다. 여성에겐 상속권이 없던 7세기 아라비아 사회 환경을 생각하면 대단히 혁신적인 개혁 입법이다. 이슬람에서 얼마나 여성을 존중하는지 입에 침이 마르도록 설명할 때,

무슬림들이 지금까지 꼭 예로 드는 자랑스러운 하나님의 가르침이다.

오늘날의 시각으로 보았을 때는 남녀 상속재산 분배가 1:1이 아니라 2:1인 점이 눈에 거슬리지만, 7세기라는 것을 염두에 두면 놀라울 정도로 훌륭하고 선진적인 가르침임은 분명하다. 그런데 문제는 현대 무슬림들이 여성의 지위를 급부상시킨 『꾸란』 가르침의 정신보다는 자구(字句)에 집착한다는 데 있다.

2009년 만해 평화상 수상을 위해 내한한 2003년 노벨평화상 수상자 시린 에바디 여사는 바로 『꾸란』의 남녀 상속 비율 2:1 계시 때문에 이란에서 성차별을 겪은 대표적인 인물이다. 『꾸란』 말씀을 문자 그대로 이해하려는 원리주의적 무슬림들이 남녀 상속 비율을 남녀의 능력 차이로 확대 해석하기 때문이다. 여자는 남자의 반밖에 안 된다고 이해하기 때문에 지적 능력에서 남자의 반밖에 안 되는 여성이 재판을 담당하는 것은 불가능하다는 결론에 내렸고, 그 결과 에바디 여사는 법복을 벗어야 했다. 1979년 시아파 종교 법학자들이 정권을 잡자마자 일어난 일이다.

그런데 이는 비단 이란에만 국한된 일은 아니다. 종교적 열정에 휩싸여 계시의 진정한 의미를 제대로 파악하지 못하면 이성은 제대로 활용할 수 없는 법. 파키스탄의 지아울 하끄

(1928~1988) 대통령은 1977년 계엄사령관으로 권력을 휘두르기 시작한 후 본격적으로 이슬람법을 도입했는데, 이에 따르면 여성의 경우 2명의 증인이 남성 증인 1명의 효력을 지닌다. 이러한 법의 근거 역시 위 『꾸란』의 상속 계시다. 텍스트가 콘텍스트에서 분리되어 유추의 과정을 거치면서 명백하게 상속에 관한 가르침이 남녀 간 태생적 불평등을 증언하는 강력한 근거로 변형된 것이다.

국내 언론 보도에 따르면 에바디 여사는 "이란을 비롯한 이슬람권 국가들에 여성차별적 제도가 있는 이유는 이슬람 율법 때문이 아니라 가부장적 전통 때문"이라고 진단하면서 "가부장제 문화는 민주주의의 '혈우병'이다. 이 병은 어머니의 유전자가 아들에게 전이되는 일종의 유전병이다. 이 문화는 여성과 남성 모두에게 억압을 주고 있습니다. 모든 여성은 이 문화에 맞서 싸워야 한다"라고 역설했다. 더 나아가 그녀는 "이 문제의 해결을 위해서는 종교와 정치를 분리해 정부가 종교를 빌미로 여성을 탄압하지 못하게 해야 한다"라고 주장한다. 바로 남성 우월적 사유를 지닌 무슬림들이 보편적 『꾸란』의 가르침을 자신들의 가부장적 세계관 안에서 이리저리 재단하여 마치 하나님의 뜻인 양 선포하고 있다는 말이다.

사실 현대 이슬람 세계에서는 종교법의 이름으로 비이슬람 세계에서 도저히 받아들이기 힘든 일들이 여성과 관련하여 이슬람의 이름으로 일어나고 있다. 『꾸란』과 예언자 무함마드의 언행에 바탕을 둔 이슬람 법 체계는 중세라는 환경에서 이뤄진 것으로, 현대의 생활 양식이나 의식 체계와 상당히 동떨어져 있다. 그런데도 이를 개량 없이 현대에 적용하려다 보니 문제가 자꾸 더 불거진다. 두 가지 예를 들어보자.

먼저 여성이 주 피해자인 성범죄인 강간이 발생하면, 4명의 증인이 이를 증거 해야만 한다. 그런데 이 증인은 반드시 남자들이어야만 한다. 남자 증인 4명이 강간이라고 증언하지 못하면 이는 강간이 아니라 간통이 된다. 간통한 여인은 매질을 당한다. 강간 피해자가 간통 죄인이 되는 기막힌 경우가 생긴다. 이혼의 경우도 심각하다. 남편이 정상적이 아니거나 불신자일 경우 등 여성 측에서 이혼을 제기할 수 있는 법은 있다. 그러나 사실상 이혼 주도권은 남성이 지니고 있다. 하나님께서 가장 싫어하시는 것이 이혼이지만, 인간은 이혼한다. 무슬림 남성은 아내에게 반드시 이유를 밝힐 필요 없이 '딸라끄', 즉 '이혼한다'는 말을 세 번 하면 이혼이 성립된다. 문자 메시지로 보내도 된다. 이미 사우디아라비아와 말레이시아 법원은 이를 합법적이라고 판단했다.

이처럼 이슬람을 빙자해서 자행하는 여성에 대한 불평등한 대우는 현대 이슬람 세계가 타개해야 할 큰 짐이다. 여성 생식기의 음핵을 잘라내어 성감을 없애는 여성할례, 집안에서 허락하지 않은 남성과 교제하면 아버지나 남자 형제들의 손에 죽임을 당하는 명예 살인 등은 이슬람과 관계가 없지만 무슬림이 행하고 있을 뿐 아니라 이슬람의 가르침으로 포장되기도 한다. 여성의 복장에 대한 지나친 규제 역시 여성의 자유로운 의사에 따르는 것이 아니라 억압적인 강요이기에 문제다. 여성에 관한 이러한 제반 문제들을 재고하지 않으면 남녀평등이 불변의 사회 규범으로 자리 잡은 현대 문명사회에서 무슬림이 설 땅은 점점 좁아질 수밖에 없다.

『꾸란』 해석의 독점권을 휘두르는 이슬람 원리주의적 경건한 남자들이 가장 두려워하는 적은 여성인 것 같다는 느낌마저 든다. 립스틱, 짧은 치마, 확 드러낸 머리칼이 핵무기나 테러보다 더 무서운 걸까? 그래봤자 '여자는 남자의 반'밖에 안 되는데도 말이다. 그런데 가만히 생각해보면 무슬림들보다는 훨씬 온건하기는 해도 우리 사회 역시 여성 문제에 대해서는 그리 큰소리를 칠 입장도 못 되는 것 같다. 눈에 보이지 않은 남녀차별의 벽이 여전히 두껍기 때문이다. 에바디 여사가 말한 유전병적 가부장제 문화에서 한국이 진정 자유롭다고 할 수 있을까? 곰곰이, 차분히 짚어 보아야 할 일이다.

무슬림의 시간: 이슬람력

달력은 해를 기준으로 하면 태양력, 달의 움직임을 우선하면 태음력으로 나뉜다. 그런데 태양력은 1년이 365일이고 해마다 계절의 변화가 제때 오는 데 비해 태음력은 한 해가 태양력보다 11일 빠른 354일이라서 계절이 바뀌는 것을 따라가지 못한다. 그래서 보통 8년에 3일, 11년에 4일, 19년에 7일, 30년에 11일의 윤일(閏日)을 넣어 태양력과 맞추는데, 이를 태음태양력(太陰太陽歷)이라고 한다. 우리가 흔히 음력이라고 부르는 역법도, 유대인들의 음력도 모두 태음태양력이다. 농경 사회에서는 태양의 움직임을 모르면 먹고사는데 중요한 농사를 지을 수가 없다. 24절기를 달이 아니라 해의 동선을 따라 고안한 것도 이런 이유 때문이다.

그런데 태음태양력과 달리 무슬림들이 쓰는 이슬람력은
윤일을 전혀 사용하지 않는 태음력이기 때문에 순태음력(純太
陰曆)이라고 한다. 『꾸란』에 따르면 1년은 12개월로 고정되어
있고, 윤일을 써서는 안 된다.

> 하나님께는 달의 수가 천지를 창조하신 날 기록
> 한 대로 12달이나니. 이들 중 4달은 성스럽다.
>
> (『꾸란』 9장 36절)

> (성스러운 달을) 미루면 불신이 늘어나 믿지 않는
> 이들이 미혹되리라. 그들은 한 해는 하고 다른
> 해는 그르다고 하면서 하나님께서 금하신 달의
> 수에 맞추기 위하여 한 해는 허하고, 다른 해는
> 금하며 (하나님께서) 금하신 것을 허한다. 그들의
> 사악한 행동은 그들에게만 즐거운 일이니라. 하
> 나님께서는 믿지 않는 자들을 인도하시지 않는
> 다.
>
> (『꾸란』 9장 37절)

위 『꾸란』 구절은 역사적 상황이 명확하지 않기에 해석하기
가 쉽지는 않지만, 아마도 하나님이 정해놓은 역법을 어기면

서 윤일을 사용해 순례의 달을 고정하지 않고 후일로 미루거나 성스러운 달을 미루어 성스럽지 않은 달로 연기하는 것으로 보통 이해한다. 즉, 『꾸란』은 윤일 사용을 금지한다.

이처럼 『꾸란』 말씀에 따라 무슬림은 한 해가 12달이고 윤일이 없는 이슬람력을 사용한다. 632년 예언자 무함마드가 죽은 지 6년째 되는 해인 638년 당시 무슬림 공동체 지도자였던 우마르가 이슬람력의 기원 1년을 622년으로 정했다. 무함마드는 고향 메카에서 유일신 신앙을 알리려고 했지만 반대파의 공세에 시달리다가 이 해에 위험을 무릅쓰고 무슬림 공동체를 북쪽 오아시스 도시 야스립(Yathrib)으로 옮겼다. 이를 '히즈라(hijrah)'라고 하는데, 우리말로 '이주(移住)'라는 뜻이다. 야스립은 무함마드가 온 이후 예언자의 도시라는 뜻인 '마디나툰 나비(Madinat an-Nabi)'로 불렸고, 이를 줄여 아랍어로 '메디나(Medinah)'로 부른다. 우리말로는 '도시(都市)'다. 메카와 메디나는 비행기로 339km, 자동차로 437km 떨어져 있다.

최초의 무함마드 전기 작가인 이븐 이스하끄(Ibn Ishaq)에 따르면 무함마드가 메디나 남쪽 꾸바으(Quba')에 도착한 때가 무슬림력으로 라비으 알아으왈(Rabiʿ al-Awwal)월 12일이었다고 한다. 이를 서력으로 환산하면 대략 622년 9월 24일이다. 그런데 무슬림력에서 이 달은 3번째 달이다. 따라서 역산하여 첫번째 달 첫날인 무하르람(Muharram)월 1일을 이슬람력의 기원으로 삼았다. 서력으로는 7월 15일(목)과 16일(금) 사이인데, 7월 16일을 시작점으로 삼는다.

이슬람력은 히즈라를 기준으로 하였기에 히즈라력이라고 한다. 히즈라의 형용사형인 '히즈리(Hijri)'를 써서 영어로는 '히즈리 캘린더(Hijri Calendar)'라고 부른다. 서구 문헌에서는 오늘날 우리가 쓰는 예수 탄생을 기점으로 삼아 서기를 표현할 때 A.D.라고 하는데, 이는 라틴어로 '안노 도미니(Anno Domini)'의 약자로 '주님의 해'라는 뜻이다. 이슬람력은 '히즈리 해(Anno Hijri)'라고 하여 A.H.라는 약어를 쓴다. 물론 요즘 영어권에서는 A.D가 지나치게 그리스도교적 색채가 강하다고 하여 공원(公元, Common Era)의 약자인 C.E.로 표기한다.

태양력을 사용하는 서양 그리스도교 전통과 달리 이슬람교는 음력을 쓴다. 유대교 신앙 전통도 음력을 사용하지만, 이슬람력과는 달리 태양력에 맞추기 위해 윤달을 쓴다. 그러나 이슬람 전통은 유대 전통처럼 윤달을 쓰지 않기에 순태음력이다.

순태음력인 이슬람력은 태양력인 그레고리우스 서력보다 해마다 11일이 짧고, 33년이면 둘 사이에 1년의 차이가 생긴다. 이슬람력이 622년에 시작했기에 서력보다 연도 수가 적다. 2024년인 올해는 이슬람력으로 1445년과 1446년이 다 들어 있다. 역사를 공부하는 사람에게 연도만큼 중요한 것이 없는데, 이슬람력을 서력으로 환산하는 작업은 쉬운 일이 아니다. 두 역법을 환산하는 데에 다음 두 가지 공식을 쓴다.

---

1. 이슬람력을 서력으로 바꿀 때

방법 1. 서력 연도 = [(32 × 이슬람력 연도) ÷ 33] + 622

방법 2. 서력 연도 = 이슬람력 연도 + 622 - (이슬람력 연도/33)

2. 서력을 이슬람력으로 바꿀 때

방법 1. 이슬람력 연도 = 서력 연도 - 622 + (서력연도 - 622/33)

방법 2. 이슬람력 연도 = [(서력 연도 - 622) × 33] ÷ 32

전문 서적에는 두 연도가 모두 등장할 때가 적잖은데, 그럴 때에는 흔히 빗금(/)을 써서 표기한다. 예를 들자면, 이슬람력을 히즈라를 기준으로 만든 우마르의 재위 연도는 이슬람력으로 13년에서 23년이고, 서력으로는 634년에서 644년이다. 그래서 이를 '재위 13~23/634~644'라고 적는다.

그런데 이슬람력의 연도가 최소한 달과 함께 표기되지 않는다면 서력으로 연도를 정확하게 환산하기 어렵다. 왜냐하면 이슬람력은 종종 서력으로 2년에 걸친 경우가 있기 때문이다. 올해 2024년을 예로 들자면, 2023년 7월 19일에 이슬람력으로 1445년이 시작되어 올해 7월까지 이어진다. 즉, 1445

년은 서력으로 2023~2024년이다. 따라서 적어도 최소한 무슨 달인지 모르면 2023년인지, 2024년인지 구분하기 어려워 1년이라는 차이가 난다. 역사학에서 1년의 오차는 어마어마하다.

사실 이보다 더 복잡한 문제는 전통적으로 이슬람력에서 새로운 달이 아랍어로 '힐랄(Hilal)'이라고 부르는 초승달을 육안으로 보아야만 시작한다는 점이다. 초승달을 보지 못하면 현재의 달이 하루를 더 이어진다. 달이 차고 기우는 주기가 29.5일이니 한 달이 29일이나 30일이 되는데, 초승달을 맨눈으로 확인하지 못하면 해당 월이 31일까지 이어질 수 있다는 말이다. 이러한 법칙을 적용하지 않는 유일한 달은 한 달 내내 해가 떠 있는 동안 단식하는 9번째 라마단(Ramadan)뿐이다. 라마단 29일에 초승달이 보이지 않으면 30일까지 단식을 이어가고, 30일째 되는 날에 초승달이 안 보이더라도 단식을 30일에 마친다. 라마단 단식은 30일을 넘어서는 안 된다는 예언자의 전승을 준수하는 것이다.

맨눈으로 초승달을 확인하는 것은 결코 쉬운 일이 아니다. 과학적으로는 분명 초승달이 떠 있는 시기라 해도 천체 환경에 따라 보이지 않는 경우가 있기 때문이다. 또 어느 지역에서는 보이지 않아도 다른 곳에서는 보이는 경우도 있다. 그럼에도 전통적으로 무슬림 세계에서는 초승달 확인 원칙을 고수

해왔다. 무슬림 중에서 이스마일 시아파만 천문학적으로 계산하여 달력을 만들어왔다.

그런데 전통적인 방식을 고집하다 보니 전 세계 모든 무슬림에게 보편적으로 적용할 수 있는 표준 이슬람력이 없다. 초승달이 보여야만 새로운 달이 시작되기에 일상생활에 혼란이 일어난다. 초승달 관측 여부에 따라 새해 결정이 늦어지면서 휴일이 유동적이기에 학교 시험이나 여행 계획에 차질이 생기는 것이다. 매달 첫날이 이처럼 초승달에 달려 있다 보니 사전 계획을 세워도 변동이 있을 수밖에 없다.

초승달 육안 관측이 지닌 문제점을 해결하고자 사우디아라비아는 나름의 방법으로 이슬람력을 만들고 있다. 초승달을 직접 보지 않더라도 천문학적인 지식을 이용하여 새로운 달의 시작을 정하는 것이다. 이에 따르면 메카를 기준으로 만일 순태음력 29일 일몰 전에 지구에서 보았을 때 새로운 달이 태양과 같은 방향에 있고, 달이 일몰 후에 진다면 다음 날을 새로운 달의 첫날로 정한다. 이러한 두 가지 조건에 부합하지 않으면 그달은 30일까지 이어지는 것으로 간주한다. 천문 관측가들은 사우디아라비아의 방식이 초승달 육안 관측을 보장하지 않는다고 말한다. 말인즉, 곧 사우디아라비아가 직접 눈으로 초승달을 보지 않고도 새로운 달의 첫날을 정한다는 것을 뜻한다.

무함마드와 이슬람 이해하기

그러나 여러 무슬림 국가에서는 맨눈으로 직접 초승달을 보아야만 새로운 달의 첫날이 시작한다. 따라서 이슬람력을 둘러싼 논란은 불가피하다. 모든 무슬림이 보편적으로 따를 수 있는 이슬람력 제정 요구가 있지만, 전통을 뒤엎기에는 아직 목소리가 약하다. 물론 사우디아라비아처럼 국가 차원에서 국내 이슬람력의 통일을 시도하는 움직임은 있다. 아랍에미레이트의 경우 2017년 처음으로 이슬람법과 과학적 원칙에 따라 국내 어느 곳에서나 적용될 수 있는 통일된 이슬람력 1439년 달력을 제정하여 모든 아부다비, 두바이, 샤르자 등 7개의 연방소속 아미르국에서 사용할 수 있도록 달력과 예배 시간표를 제공했다.

우리가 음력에 맞추어 설날, 부처님오신날, 추석을 공휴일로 쇠듯, 이슬람 종교와 관련된 여러 의례, 행사, 축일을 이슬람력에 따라 지낸다. 라마단 단식과 단식을 마치고 지내는 단식 종료제인 '이드 알피뜨르', 메카 대순례인 '핫즈', 핫즈 때 행하는 희생제인 '이드 알아드하' 등 굵직굵직한 종교 축일을 이슬람력에 따라 지낸다. 앞서 말했듯 초승달 관측 여부 때문에 이러한 기념일이 지역마다 차이가 나서 무슬림들이 어려움을 겪기도 한다. 특별히 라마단 단식 시작과 종료, 그리고 종료 후 행하는 단식 종료제 이드 알피뜨르가 그러한데, 준수 일이 하루 정도씩 차이가 나서 전 세계 모든 무슬림들이 같은 이슬람력을 써도 같은 날 형제애를 느끼며 동시에 단식을 시작하거나 마치기가 어렵다.

초승달이 보여야 새로운 달의 첫날이 시작한다는 말은 하루의 시작인 아침이 아니라 밤이라는 뜻이다. 그렇다면 요일은 어떨까? 널리 알려졌다시피 무슬림들은 금요일 정오 예배를 합동으로 한다. 유대인들은 금요일 일몰부터 토요일 일몰 직전까지가 안식일이지만, 무슬림들은 금요일 합동 예배일이 휴일이다. 그리스도인들은 일요일에 미사나 예배를 한다. 유대계 미국인 학자인 고이타인(Shelomo Dov Goitein, 1900~1985)은 초기 이슬람 시대에 무함마드가 유대인들을 이슬람 신앙으로 초대하기 위해서 유대인들이 많이 모이는 장에 가서 예배한 것이 금요일 합동 예배의 기원이라고 주장한다. 안식일에는 아무것도 할 수 없기에 유대인들은 금요일 일몰 직전에 미리 장에 보며 안식일 준비를 했는데, 이때 무함마드가 예배했다는 것이다.

오늘날 무슬림 국가는 튀르키예, 인도네시아, 2023년 아랍에미리트 등을 제외하고는 거의 모두 금요일을 공휴일로 지정했다. 국제 사회와 무역 거래에 지장을 덜 주기 위하여 사우디아라비아, 쿠웨이트, 오만, 이라크 등은 금요일과 토요일에 쉬지만, 이란은 목요일 오후부터 금요일까지 쉬기에 사실상 국제 사회와 상거래를 할 수 있는 요일이 사실상 월요일부터 수요일까지 3일뿐이다. 아랍 국가의 요일 이름을 보면, 금요일은 예배를 위해 모이기에 모임의 날이고, 토요일은 안식일, 일요일은 제1일, 화요일은 제2일, 수요일은 제3일, 목요일은 제4일이라고 부른다. 이란의 요일은 아랍어와 같이 금요일은 예배를 위한 모임의 날, 토요일은 안식일이라는 뜻을 지니지만, 일요일부터 목요일까지는 1, 2, 3, 4, 5 토요일이라고 부른다.

오늘날 무슬림 세계는 이슬람력과 함께 서양력을 사용한다. 이란은 이란 고유의 태양력을 쓴다. 이를 이슬람 태양력이라고 부르고, 이슬람력을 이슬람 음력이라고 한다. 이란의 태양력은 1년이 365일이다. 첫 6달은 31일이고, 이후 5달은 30일, 마지막 달은 29일이다. 4년마다 마지막 달에 하루를 더해 30일을 만든다. 한 해의 시작은 3월 20일/21일 춘분이다. 이란의 달력은 12개 별자리와 기간이 같다. 이를테면 첫 번째 달인 파르바르딘(Farvardin)은 3월 20일/21일에 시작하여 4월 20일에 끝나는데, 양자리(Aries)다.

이란에서는 이슬람 양력, 이슬람 음력, 서양력을 다 쓰는데, 거의 모든 신문이나 공공매체에 이 셋이 모두 표기되는 경우를 흔히 볼 수 있다. 공식적으로 이슬람 양력과 이슬람 음력을 모두 인정하나 정부 기관은 이슬람 양력을 따른다. 이슬람 음력은 이슬람과 관련한 종교행사나 의례를 준수할 때 쓰고, 이슬람 양력은 이슬람 종교 외 경축일을 기념할 때 사용한다. 예를 들어 이란의 설날은 '노루즈(새로운 날)'인데, 2024년 춘분은 3월 20일이다. 전통적으로 기념해온 조로아스터교 관련 의례를 다른 이름으로 바꾸기도 한다. 새해 13번째 되는 날, 2024년 올해 4월 1일은 불운을 막기 위해 모두가 집 밖으로 나가는 날인데, '시즈다흐 베다르(Sizdah bedar)'라는 전통적인 이름 대신 '자연의 날'로 개명했다.

이슬람 양력은 이슬람 음력과 마찬가지로 무함마드가 메카에서 메디나로 이주한 622년을 기점으로 한다. 파흘라비 왕정 시대에 레자 샤(Reza Shah)는 키루스(Cyrus) 대왕이 즉위한 기원전 559년을 양력의 기원으로 삼아 해를 세었으나, 1979년 이슬람 혁명 이후 양력의 시작점이 현재처럼 바뀌었다. 그래서 2024년 올해는 이슬람 양력으로 1403년이다. 1403년은 올해 3월 20일에 시작하고, 내년 2025년 3월 19일에 끝난다. 이란에서 이슬람력 1445년의 첫날은 7월 19일이었다. 즉, 이란에서 2023년 7월 19일은 이슬람 음력 1445년 1월 1일(무하르람월 1일)이었고, 이란 정부가 공식적으로 사용하는 이슬람 양력에 따르면 1402년 4월 28일(티르 28일)이었다.

우리 모두는 똑같은 시간을 쓰지만, 시간을 운영하는 방법은 이처럼 무슬림과 비무슬림이 서로 다르고, 무슬림끼리도 다르다. 초승달에 의존하는 이슬람력이 혼란스럽게 보이긴

무함마드와 이슬람 이해하기

하지만 적어도 단식을 하는 무슬림에게는 참으로 공평한 달력일 것이다. 계절과 궤를 같이하지 않기 때문에 해가 있는 동안 한 달 내내 단식을 하는 라마단월은 해가 긴 한여름에도 해가 짧은 한겨울에도 공평하게 오니 말이다. 그러니 비무슬림의 눈으로 무질서하다고 이슬람력을 함부로 재단할 일은 아니다. 무슬림의 시간을 이해하고 존중하는 마음이 필요하다.

라마단

이슬람력으로 12달 중 9번째 달의 이름은 라마단이다. '라마단'이라는 말은 '타는 듯이 뜨겁고 참기 어렵게 건조한 것'을 뜻하는 단어에서 나왔다. '올바른 행위를 함으로써 불볕더위를 잠재우기에 라마단이라 부른다'는 멋들어진 해석도 있다.

윤달을 쓰지 않기에 이슬람 순태음력에서 9월 라마단은 해마다 10일씩 당겨진다. 순태음력의 특성상 한여름에 라마단이 올 수 있고 한겨울에 올 수도 있다.

첫 초승달이 맨눈으로 보이는 날, 라마단도 시작한다. 보통 날씨가 좋지 않으면 초승달을 못 볼 수 있다. 그런데 대다수 이슬람 문화권 국가에서 라마단은 초승달을 맨눈으로 확인해야 시작한다. 이슬람력에서 홀수 달은 30일, 짝수 달은 29일이다. 9월 라마단은 그래서 30일이다. 그러나 초승달 관찰이 여의찮으면 실제 단식 기간이 다소 짧아질 수 있다.

새로운 초승달이 뜨는 다음 달 첫날 시작 전까지 전 세계 무슬림들은 해가 떠서 질 때까지 물을 포함해서 모든 음식을 먹지 않는 단식에 들어간다. 침마저 삼키지 않는 무슬림도 있다. 실로 아무것도 식도로 넘기지 않는 말 그대로 진정한 의미의 단식이다. 비록 해가 진 후, 해가 뜨기 전에 음식을 먹을 수 있긴 하지만 그렇다고 해서 라마단 단식이 결코 쉬운 것은 아니다. 한여름이든 한겨울이든 두말할 것도 없이 단 하루라도 한다면 감히 단식이 별거 아니라고 말할 수는 없다.

사실 숨이 가쁘게 정신없이 돌아가는 현대 사회에서 우리는 단 하루, 아니 단 한 순간도 제대로 살고 있는지 반성하지 않고 보낸다. 마음의 여유가 없다는 핑계로 말이다. 비교해보건대 한 달 내내 그런 마음으로 지내는 무슬림이 대단하다고 평가할 수밖에 없다.

음식뿐만이 아니다. 부부간 성행위도, 흡연도 하지 않는다. 올바르지 못한 행동, 말, 생각 역시 금기다. 말 그대로 근신하는 삶이다. 이 기간에 세상의 주님이신 하나님을 기억하고 그분이 만드신 세상에 대해 깊이 생각한다. 삶을 되돌아보고 나보다 불우한 이웃을 보살피며 한 달을 보낸다. 병자나 노약자, 임산부, 어린아이, 여행자는 단식하지 않아도 된다. 또 부득이하게 한 달 단식을 다 지키지 못했으면 라마단이 끝나고 빠진 날만큼 단식하면 된다. 단식은 자발적으로 하는 것이지 누가 강제하는 것은 아니기 때문이다.

전승에 따르면 한 무슬림이 단식 기간에 아내와 사랑을 나누었다고 고백하면서 예언자 무함마드에게 어떻게 해야 하냐고 물었다고 한다. 무함마드는 속죄의 표시로 소유하고 있는 노예를 해방하라고 권했으나 노예가 없다고 하자, 두 달 동안 단식을 할 수 있느냐고 다시 물었다. 못하겠다고 하자 이번에는 60명을 먹일 능력이 있냐고 물었다. 그러나 그럴만한 재산이 없다고 답했다. 이에 무함마드는 두 바구니 가득 대추를 주며 자신보다 더 가난한 사람에게 나누어 주라고 했으나 그는 자신보다 더 가난한 사람이 없다고 대답했다. 이에 무함마드는 "당신 가족들에게 나누어주라"라고 이르며 돌려보냈다. 이 이야기에서 볼 수 있듯 단식재를 제대로 못 지킨다고 해서 벌을 받는 것은 아니다. 유혹을 이기지 못한 나약함을 자선(慈善, 남을 불쌍히 여겨 도와줌)으로 씻고 마음을 굳건히 갖는 것이 중요한 것이다.

이슬람 역사상 초기 무슬림들은 유대인들을 따라 유대력 새해 첫 달인 음력 7월 티슈리 달 10일 속죄의 날, 곧 욤킵푸르(Yom Kippur)에 단식했다. 지난 한 해 하나님께 지은 죄를 생각하며 하루 동안 완전히 단식하는 날이다. 이러한 유대 전통을 따르다가 라마단 한 달 단식으로 변경된 것이다. 역사적으로 특기할 만한 사실은, 유대인들이 속죄의 날을 모세가 시나이 산에서 두 번째로 계명을 받은 날로 기억하는 것처럼 무슬림 들은 이슬람 경전 『꾸란』이 라마단에 처음 계시되었다고 믿는 다. 유일신께서 인간에게 올바르게 따르며 살아야 할 말씀을 내려주신 때로서 속죄의 날이나 라마단이나 특별한 위치를 차지하는 것이다.

라마단 단식은 유혹과 싸우며 진중하게 자신의 덕성을 함양하는, 말 그대로 큰 투쟁, 곧 '지하드'다. 언론매체에서 흔히 성전으로 잘못 옮기는 '지하드'라는 말은 투쟁을 의미하는 것으로, 이슬람 신앙 전통에서 진정한 지하드는 '악의 유혹으로부터 자신을 지키는 내적 투쟁'을 의미한다. 라마단 한 달 동안 무슬림들은 진정한 지하드를 하는 것이다. 운동을 직업으로 삼는 프로 선수들 역시 단식한다. 결코 쉬운 일이 아님에도 불구하고 많은 무슬림 선수는 단식할 뿐 아니라 이 시기에 더 좋은 성적을 내기도 한다. 안정환 선수와 독일 프로축구 리그에서 함께 뛴 적이 있는 모로코 출신 아한푸프라는 선수는 한 시즌에 기록한 9골 중 거의 반을 차지하는 4골을 라마단 기간 중 기록했다. 외적인 조건보다 더 중요한 내적인 힘을 한 달 단식 동안 얻기 때문이리라.

라마단은 내적인 지하드 기간인 동시에 잔치다. 하루 단

라마단 단식 기간 중 함께 하는 저녁 식사 ⓒ이원주

무함마드와 이슬람 이해하기

식의 끝에는 즐거운 식사 시간이 기다리고 있기 때문이다. 이 때 무슬림들은 서로 음식을 나누며 즐겁게 지낸다. 단식과 잔치라는 전혀 어울릴 것 같지 않은 단어가 그 말뜻을 100% 온전히 발휘하는 기간이 바로 라마단이다. 라마단 단식이 끝나면 우리네 추석 명절과 같이 무슬림들은 서로 선물을 나누며 즐겁게 지낸다. 아랍어로 '이둘 피뜨르'라고 하는데 단식 종료를 알리는 잔칫날이다.

라마단 단식이 크리스마스처럼 상업화되어간다는 보도가 해마다 늘어나고 있다. 진정한 의미의 단식을 하는 신앙인이 있는가 하면 그렇지 못한 무슬림 역시 만만찮게 많은 것도 부인할 수 없는 사실이다. 해가 떠 있는 기간 동안 내내 잠을 자고 해가 지면 일어나 고급 호텔에서 맘껏 먹는 부유한 무슬림에 관한 기사나, 라마단 기간 특수를 노린 호텔의 특별 식사 프로그램에 대한 비판적 여론도 들린다. 또 일몰 후 폭식으로 비만이 증가하고 건강에 이상이 있을 수 있다는 의료 전문가들의 경고도 빠지지 않고 해마다 들려온다. 단식 기간이 끝나고 지나친 선물을 서로 나눔으로써 경제적 부담이 는다는 불평도 있다.

그런데도 지난 1,400여 년 동안 이슬람 문화권에서 라마단 단식 전통이 면면히 이어져 내려 온 것은 인생에 대한 진지한 태도와 내적인 힘을 키워 올바른 삶으로 이끄는 힘이 단식에 있기 때문일 것이다. 마음의 때를 씻고 새롭게 태어나는 라마단 한 달. 비움으로써 채우는 무슬림에게 경의를 표하고 싶다.

우리말 속의 이슬람: 세계의 중심 메카

"젊은층의 패션 메카 홍대 인근," "신라학의 메카 경주," "아마추어 야구의 메카 동대문운동장" 등 우리는 중심지라는 뜻으로 '메카'라는 말을 자주 쓴다. 서울이라는 말을 써도 좋을 성싶지만 아무래도 왠지 낯설다. 메카가 우리 입에 확실히 자리 잡은 까닭이다. 다 알다시피 메카는 현재 사우디아라비아 왕국에 속해 있는 도시로 이슬람 종교 전통이 시작한 곳이다. 이슬람 최후의 예언자 무함마드가 태어나 자랐고 예언자 소명을 받아 하나님의 뜻을 전하려다 박해받아 떠났다가 승리자로 다시 돌아온 도시다. 매일 하루에 다섯 번 무슬림이 하나님께 예배를 드릴 때 향하고, 평생에 한 번 순례하길 원하는 곳이다. 한국인은 이슬람에 대해서는 문외한이지만 재미있게도 이슬람 역사에서 중요한 역할을 하는 도시 메카는 우리말에 굳건히 터를 잡았다.

그런데 엄밀하게 말하자면 메카는 메카가 아니다. 아랍어 이름은 '막카'다. 더 잘 풀어 말하면 '막카툴 무카르라마', 즉 '명예로운, 존경받는 막카'다. 아랍어로 모든 도시의 어머니라는 뜻의 '움물 꾸라'라는 별칭도 있다. 라틴 알파벳 공식 표기도 'Mecca'가 아니라 'Makkah'다. 같은 이슬람 문화권의 다른 언어인 페르시아어로는 '막케(Makkeh)', 튀르키예어로는 '메케(Mekkeh)'다. 한자 문헌에서는 '묵극(墨克, 모커)'이라고 했다. 그런데 우리말에서는 어떤 일로 메카가 되었을까? 아무래도 서구어와 일어의 영향일 듯싶다. 프랑스어로는 '멕크(la Mekke, la Mecque)'라고 하지만 라틴어, 이탈리아어, 스페인어, 독어, 영어는 각기 'Mecca', 'la Mecca', 'la Meca', 'Mekka', 'Mecca'로 불렀고, 일어는 '멕카(メッカ)'이니 아무래도 우리말 메카는 이들 서구어의 영향을 받은 일어를 통해 들어온 듯하다.

1980년대 이래 사우디 정부는 메카를 'Mecca'가 아니라 'Makkah'로 표기하고 있다. 서구, 특히 영어권에서 첫 글자를 소문자로 쓰는 'mecca'가 중심지라는 뜻으로 자리 잡은 이래 메카라는 말이 부정적인 것의 중심지가 되는 경우가 많기 때문이다. 예를 들자면 이슬람은 술이나 마약, 도박, 매춘을 철저히 금하는데 언론에서는 그런 일이 성행하는 중심지를 가리킬

때 음주의 메카, 도박의 메카 등으로 표현함으로써 메카의 이미지를 크게 손상한다. 우리말 서울이 그런 식으로 활용된다면 기분이 썩 좋지만은 않을 것이다. 더군다나 메카는 단순한 도시가 아니라 전 세계 무슬림의 마음에서 지난 1,400여 년간 이슬람 문화권의 종교적 중심지 기능을 해 온 고귀한 곳이기에 더 그러할 것이다.

무슬림은 하루 다섯 번 하나님께 예배드릴 때나, 금요 합동 예배할 때 언제나 반드시 메카를 향한다. 이슬람에서 천문학이 발전한 이유 중 하나도 자신이 어디에 있든 간에 메카를 향해야 하는 예배 방식과도 관련이 있다. 메카의 위치를 정확히 찾는 것이 급선무이니 말이다. 희생제를 올릴 때도 희생제물이 되는 동물을 기도 방향 쪽으로 향해 데려간다. 또 이슬람 태음력으로 마지막 12번째인 달인 둘힛자(Dhu al-Hijja)에는 경제적 능력이 되고 신체적으로 건강한 법적 성인이라면 평생 한 번 반드시 메카를 순례해야 한다. 그럼 도대체 왜 메카를 향해 기도하고 이곳을 순례해야 하는가?

메카가 예언자 무함마드의 고향이요, 그가 예언자 소명을 받은 곳이라서? 그보다는 유일신 신앙이 이곳에서 시작했기 때문이다. 최초의 인간 아담이 건설하였으나 노아의 대홍수로 무너지자 이브라힘(아브라함)이 그의 아들 이스마일(이스마엘)과 함께 다시 세웠다고 하는 카으바(Ka'ba)가 여기에 있다.

카으바의 뜻은 '육면체(cube)'다. 즉, '육면체로 만든 성소'다. 카으바 내 동쪽 한 곳에 검은 돌이 있는데, 무슬림들은 이를 아담 시대 때로 거슬러 올라간다고 믿는다. 무함마드가 예언자 소명을 받기 전에 메카 사람들이 카으바를 재건했는데, 그때 이 검은 돌을 무함마드가 지금 자리에 다시 놓았다고 한다. 직경 30cm인 이 검은 돌에 예언자가 입 맞추었다는 전승에 따라 지금도 무슬림들은 그렇게 하려고 한다. 한자로는 천방(天房), 곧 하늘의 집이라고 불렀지만, 이후 다신 숭배에 빠진 인간들로 인해 더럽혀졌고, 최후의 예언자 무함마드가 메카를 정복한 후 정화하여 오늘날에 이른다고 무슬림들은 믿는다.

현재 약 13m 높이인 메카의 카으바는 하늘에 있는 "세상의 집[알바이트 알마으무르(al-Bayt al-Ma'mur)]"의 복사판이라고 할 수 있다. 첫 창조물 아담과 연결되는 카으바는 아랍어로 '바이튤라', 곧 '하나님의 집'이라고도 불리는데, 바로 인류 최초의 유일신 신앙이 자리 잡은 세계의 중심지다. 그래서 이 성소가 있는 메카를 '세상의 배꼽'이라고 불렀다. 아담으로부터 이어온 유일신 신앙 이슬람을 무함마드가 다시 확립하여 바로 이곳 메카에서 온 세상으로 알렸다고 한다.

이슬람력 12월 8일부터 12~13일까지는 이곳 메카를 순례하는 기간이다. '핫즈(Hajj)'라고 하는 순례에는 전 세계 무슬림이 참여한다. 그러나 모든 희망자를 다 받아들일 수 없기에 메카를 관장하는 사우디아라비아 정부는 국가별로 순례자 수를 제한한다. 약 50만의 사우디 순례자를 포함하여 해마다 약 200만 명의 무슬림이 약 6,000여 대의 비행기에 나누어 타고 제다 공항에 내려 1만 5,000대의 버스에 올라 순례지로 향한다. 순례자들은 메카에 가까이 다가가면서 "오, 신이시여, 제가 여기 왔습니다"라며 외친다. 하나님의 현존을 강렬히 느끼는 것이다. 그리고 성소에 들어가면서 특별히 다음 『꾸란』 구절을 암송한다.

> 말하라! 주여, 진실의 문으로 들어가 진실의 출
> 구로 나오게 하여 주시고, 제게 도움을 주소서.
> 말하라! 진리가 이르렀으니 거짓은 사라지리라.
> 실로 거짓은 사라진다.
>
> (『꾸란』 17장 80~81절)

순례자들은 메카 인근 미나에 사우디 정부가 준비해놓은 약 4만 3,000여 개의 임시 텐트에 묵는다. 순례하는 동안 무슬림 남성은 국적, 인종, 직업, 지위와 관계없이 모두 똑같이 재봉선 없이 통천으로 된 하얀 옷을 입는데, 이를 '이흐람'이라고 한다. 여성은 이러한 규정이 없어 각기 정숙한 옷을 입으면 된다. 남성의 하얀 옷은 이슬람의 통일성을 보여 주고, 여성의 복장은 이슬람의 다양성을 나타낸다.

순례자들은 카으바를 시계 반대 방향으로 7번 돌고, 목마른 어린 아들 이스마일을 위해 물을 찾아 나선 하자르(하갈)를 기억하여 사파와 마르와 두 언덕 사이의 길을 7번 왕복하며, 하나님의 뜻에 순종하여 자기 아들 이스마일을 희생하려 한 이브라힘을 생각하고, 자신의 삶을 되돌아보며 내세에 대해 숙고하는 시간을 아라파트 평원에서 가지며, 정오부터 해질 때까지 서서 명상과 함께 하나님을 찬미한다. 예언자가 최후의 설교를 했다고 알려진 아라파트 평원에 있는 자비의 산에서 하는 명상의 시간에 무슬림은 하나님의 현존을 깊이 체험한다. 이러한 명상을 하지 않으면 순례 자체가 무효다.

아라파트에서 의례가 끝나면 미나로 가서 이스마일을 유혹한 사탄에게 돌을 던지고 양, 염소, 소 등 동물을 하나님의 이름으로 도축 후 희생제를 올려 가족, 친구, 이웃, 가난한 사람들과 나누어 먹는다. 이날 희생제에 도축하는 동물만 100만 마리가 넘는다. 순례에 참여하지 못한 무슬림도 세계 곳곳에서 희생제를 올린다. 이슬람력으로 12월 10일에 행하는 이 엄청난 규모의 전 지구적 희생제를 '이둘 아드하(Id al-Adha)'라고 하는데 무슬림 최대 축제라 해도 결코 지나친 말이 아니다. 희생제를 마친 후 메카로 다시 돌아오면서 순례가 끝나는데, 바로 귀향하지 않고 예언자 묘소가 있는 메디나에 가기도 한다.

메카 카으바 성원 ⓒWikimedia

지난 14세기 동안 무슬림은 메카 순례가 예언자 무함마드가 행한 대로 재현하는 의례라고 믿고 따랐다. 하나님의 현존을 느끼면서 말이다. 홍해로부터 80km 떨어져 있고 해발 277m인 메카는 이슬람 문명 이전이나 이후에나 경제적으로나 문화적으로 결코 풍요로운 곳은 아니었다. 이슬람 문명의 중심지는 메소포타미아 지역이었다. 바그다드는 중세 세계의 중심이었고, 카이로는 예나 지금이나 아름다운 도시로 이슬람 문화권의 자랑이었으며, 알람브라 궁전이 있는 그라나다와 무슬림 스페인의 수도 코르도바는 이슬람 문화권 서부의 핵심이었고, 이스탄불과 에스파한은 빼놓을 수 없는 무슬림 문화의 중핵 도시였다.

그러나 이들 도시는 모두 인간의 도시일 뿐! 무슬림이 창조의 숨결을, 유일신 신앙의 손길을 느낄 수 있는 곳은 바로 다름 아닌 메카다. 그래서 메카 순례를 마친 사람은 예나 지금이나 특별히 이름 앞에 '핫지'라는 칭호가 붙어 주변의 부러움과 함께 존경심을 자아낸다. 그러나 메카는 무슬림만 갈 수 있다. 참으로 아쉬운 일이 아닐 수 없다. 메카가 비무슬림에게도 개방되어, 초월에 마음 열린 사람들도 세상의 중심에서 하늘의 집 향기를 느낄 수 있다면 정말 좋겠다.

할랄과 하람

이슬람교는 먹을 수 있는 것과 먹을 수 없는 것을 엄격히 구분한다. 아랍어로 전자를 '할랄(Halal, 허용된 것)', 후자를 '하람(Haram, 금지된 것)'이라고 부른다. 서울 이태원에 있는 이슬람 중앙성원에 가다 보면 할랄푸드(Halal Food)라는 광고문이 적혀 있는 상점이나 음식점을 어렵지 않게 볼 수 있는데, 이는 이슬람교 신자들, 즉 무슬림들이 안심하고 먹을 수 있는 음식이나 식자재를 판매한다는 뜻이다.

무슬림에게는 안 먹는 것이 아니라 못 먹는 것이 엄연히 존재하는데, 이렇게 먹을 수 없는 것을 하람이라고 한다. 아마 독자 여러분은 '술탄의 여인들이 거주하는 곳'이라는 의미를 지닌 '하렘'이라는 말을 한 번쯤 들어보았을 것이다. '하렘'은

'하람'의 튀르키예어 발음이다. 황제 외에는 누구도 접근할 수 없는 여인들이 머물기에 접근이 금지된 장소라는 뜻이다.

음식을 할랄과 하람으로 나누는 기준은 『꾸란』의 가르침이다. 천사 가브리엘을 통해 무함마드에게 전한 하나님의 계시가 담긴 책이 이슬람교의 경전 『꾸란』이다. 여기에는 음식에 관한 하나님의 가르침이 다음과 같이 적혀 있다.

> 믿는 자들이여, 너희가 진정 하나님을 숭배한다면 하나님께서 주신 좋은 것을 먹고 감사하라. 죽은 동물, 피, 돼지고기, 하나님께 바쳐지지 않은 것은 먹지 말라. 욕심을 내거나 일부러 그런 것이 아니라 어쩔 수 없이 먹을 때에는 죄가 아니다. 진정 하나님은 관용을 베푸시고 자애로우시도다.
>
> (『꾸란』 2장 172~173절)

위 『꾸란』 구절이 말해주듯 기본적으로 이슬람에서 금기시하는 것은 죽은 동물, 피, 돼지고기이며, 하나님 외의 우상에 바친 것이지만 생존을 위해서라면 금기를 깨고 먹어도 좋다고 한다. 이러한 금기 음식과 더불어 『꾸란』은 술을 금지한다(2장 216절). 16장 69절에서는 하나님이 인간들에게 베푼 은총 중

하나로 술을 거론한다. 또 역사 속에서 무슬림들은 술을 종종 천국의 음식으로 표현하기도 했다.

그러나 음주는 철저히 하람, 즉 금지된 것이다. 전승에 따르면 술에 취한 채 예배에 참여하는 사람들 때문이라고 한다. 실제 중동 지역에 가면 무슬림들은 술 없이도 즐겁고 유쾌하게 잘 논다. 무슬림들은 술 대신 차를 마시며 친구들과 이런저런 이야기를 도란도란 나눈다. 종교적인 이유를 떠나 중동과 같이 뜨거운 나라에서 술까지 마시면 더워서 견디기 힘들 것이다. 『꾸란』은 금기 음식에 대해 좀 더 상세히 설명한다.

죽은 동물, 피, 돼지고기, 하나님에게 바쳐지지 않은 것, 목 졸라 죽인 것, 때려죽인 것, 떨어져 죽은 것, 뿔에 찔려 죽은 것, 목숨이 살아 있어 도살할 수 있는 경우를 제외하고 야생동물이 먹은 것, 제물로 희생된 것, 점괘로 잡은 것은 금지된다. (…중략…) 그러나 죄를 지을 의도 없이 극심한 배고픔 때문에 먹는 것은 허용한다. 진정 하나님은 관용을 베푸시고 자애로우시다.

(『꾸란』5장 3절)

종교를 가지고 있지 않은 사람들 눈에는 이슬람교의 금기 음식이 다른 종교에 비해 많은 것으로 보일 것이다. 그런데 종교를 떠나 한국인들 역시 낯설어 가리는 음식이 적지 않을뿐더러 아무 고기나 마구 먹지는 않는다. 낯설다는 말은 깨끗한지 아닌지, 즉 안전한지 아닌지 자신할 수 없다는 의미도 된다. 이슬람교에서도 마찬가지다. 정결(淨潔)을 중요시하는 이슬람교에서는 허용 음식과 금기 음식의 기준은 정결이다.

"정결이 신앙의 반"이라는 말이 있을 정도로 이슬람에서 정결은 대단히 중요한 신앙 덕목이다. 섬세하게 발전한 정결례(淨潔禮)가 이를 말해 준다. 종교를 가진 사람들은 대체로 깨끗한 몸과 마음가짐으로 각자의 종교시설에 가서 경건하게 의례에 참가한다. 그런데 의례에 참가하기 전 청결 유무와 관계없이 의례에 앞서 씻는 시설을 갖춘 곳은 이슬람교가 거의 유일할 것이다.

무슬림들은 예배에 참여하기 직전에 머리, 얼굴, 입, 손, 발을 씻는다. 이를 위해 성원 한쪽에 따로 세정실을 따로 마련해 놓는다. 집에서 아무리 깨끗하게 씻고 왔어도, 예배 직전에 찜질방에 가서 목욕하고 왔어도 반드시 세정의례를 행해야 한다. 그렇지 않으면 예배 자체가 무효다.

먹는 것도 이와 마찬가지다. 『꾸란』 가르침대로 정결한 것만 섭취해야 하는데, 『꾸란』이 금기시하는 음식은 대략 다음과 같이 정리할 수 있다.

- 돼지고기와 햄, 페페로니, 베이컨 등 이를 함유한 모든 제품
- 돼지고기를 원료로 쓰는 제품이나 부산품
- 포식동물, 그리고 뱀, 파충류, 벌레, 곤충 등 귀가 없는 동물
- 피 및 피와 관련된 제품
- 알코올(모든 주류)
- 하나님의 이름으로 정당하게 도살되지 않은 동물, 그리고 도살 전에 죽은 동물

그런데 요즘처럼 다양한 음식이 상업적으로 판매되고 있는 상황에서 무슬림들이 모르고 금기 식품을 먹을 가능성이 크다. 그래서 세계 각국의 무슬림들은 할랄 음식 인증위원회를 만들어 식품을 일일이 조사하여 소비해도 된다고 결정한 제품에 할랄 인증표를 부여하고 있다. 먹는 것뿐만 아니라 화장품, 의약품 등 일상생활에 사용되는 모든 제품이 할랄 인증 대상이다. 예를 들면 동물 지방이 원료로 사용될 가능성이 큰 젤라틴이나 글리세린, 그리고 알코올이 원료가 되는 바닐라는 하람이기에 이들 원료가 들어간 제품은 할랄 인증을 받을 수 없다. 젤라틴의 경우 식물성 원료 젤라틴은 괜찮다.

육류의 경우 하나님(알라)의 이름으로 도살한 것만이 할

랄이다. 무슬림들은 소, 닭, 양 등 섭취가 허락된 동물을 도살할 때 먼저 물을 마시게 한 후, 도축장으로 들여 "알라(하나님)의 이름으로, 알라(하나님)는 위대하시다"라고 엄숙히 낭송하고 메카 쪽을 향하게 한 후 목 부분의 동맥이나 식도, 또는 호흡관 부위를 베어 동물을 죽여야 한다. 이때 피가 자연스럽게 빠진다. 도축할 때 목이 머리에서 떨어져 나가게 해서도, 신경계를 파괴해서도 안 된다. 도살자는 반드시 정상적인 정신을 소유한 무슬림 남성이어야 한다. 다른 동물들이 보지 못하게 차단한 후 개별적으로 도살한다. 보통 무슬림들은 하나님의 이름을 거론할 때 "자비로우시고 자애로우신 알라(하나님)의 이름으로"라고 말하는데, 이때만은 그렇게 하지 않는다. 도살이 자비, 자애와 거리가 멀기 때문이다. 이렇게 도살된 동물만이 할랄 고기로 섭취할 수 있다.

우리 기준에서 보면 돼지를 안 먹는 것은 이해하기가 쉽지 않을 것이다. 우리가 돼지를 너무 즐겨 먹기 때문이다. 무슬림들은 악천후에도 잘 견디는 인내심, 새끼에 대한 어미의 사랑, 가축으로 키우기 쉬운 점, 높은 증식력 등 돼지가 지닌 좋은 점을 인식하고 있었음에도 『꾸란』에서 명백히 금하기에 소비하지 않는다.

무슬림들은 돼지가 정결하지 못하다고 생각한다. 요즘이야 깨끗한 환경에서 돼지를 키우지만, 과거 우리나라 돼지

우리도 참 정결하지 못했다. 게다가 돼지 몸에 들어간 병균은 잘 사라지지 않기에 인간에게 치명적인 병을 옮긴다고 한다. 그래서인지 돼지는 잘 먹어야 본전이라고 했다. 저장이 쉽지 않고 잘 상하고, 잘 익혀 먹지 않으면 문제가 심각하다. 그래서 예부터 여름에는 돼지고기 먹는 것을 피했다. 이러한 요인들이 복합적으로 작용하여 이슬람교에서 금했는지도 모르겠다. 여하튼 『꾸란』은 돼지고기 섭취를 금할 뿐만 아니라, 하나님의 분노를 불러일으키는 자들은 하나님께서 친히 원숭이와 돼지로 만든다고 경고한다(5장 60절).

하나님의 이름으로 올바르게 도축한 고기와 허락된 정결한 음식만을 먹는 무슬림들은 먹을 때 오른손으로 먹고 과식하지 않도록 주의한다. 『꾸란』은 과하게 먹고 마시는 사람은 하나님의 사랑을 받지 못한다며 절제를 가르친다. 『꾸란』에 오른손으로 먹으라는 말은 없지만, 예언자 전승에 있기에 따른다. 먹을 때는 올바른 자세가 중요하다. 서서 또는 기대서 먹어서는 안 된다. 음식을 먹는 마음이 경건해야 한다는 것은 동서고금의 진리로 이슬람 역시 마찬가지다.

사실 무슬림들은 그 누구보다도 음식의 소중함을 깊이 깨닫는 사람들이다. 해마다 무슬림 순태음력으로 9번째 달인 라마단에 새벽 전부터 해가 질 때까지 물 한 모금 마시지 않고 단식하기 때문이다. 한 달간 지속되는 단식 기간에 무슬림들은 절제와 감사를 배운다. 일몰 후 예배를 드리고 난 뒤 갖는 저녁 식사는 친지, 친구 및 가난한 이웃과 음식을 나누는 감사의 시간이다.

지난 1,400여 년간 무슬림들이 신앙을 지켜 온 것은 이렇게 강인한 절제의 정신, 공동체 사랑, 그리고 자신의 삶을 가능하게 해 준 창조주 하나님에 대한 감사의 마음이 있었기 때문일 것이다. 할랄과 하람의 경계를 지키는 무슬림으로부터 아름다운 절제의 삶을 배운다. 올바른 척도가 편법에 밀리는 사회에 살아서 그런지 답답할 정도로 지키면서 사는 무슬림의 모습이 경이롭다.

이자를 금하라

이슬람 학자들은 이슬람 이전 무함마드가 살던 사회에서 이자놀이가 있었다고 보고 있다. 여러 전승을 종합해 보면 빌린 돈을 이자와 함께 기간 내에 갚지 못한 채무자는 상환 기간을 연장할 수는 있지만 그런 경우 갚을 돈이 2배로 늘어나는, 실로 대단히 지독한 돈놀이가 존재했다는 것이다. 그러나 『꾸란』은 돈 놓고 돈 먹는 이자놀이를 명백한 어조로 금지한다.

믿는 자들이여, 상환금을 2배로 늘리면서 이자
를 받아먹지 말라. 하나님을 두려워하라.

(『꾸란』 3장 130절)

『꾸란』에서 이자는 '리바(riba)'라고 하는데, 문자적으로는 '증가'라는 뜻이지만, 전문적인 용어로는 부당하게 재산이 증식한 것을 의미한다. 3장 130절은 믿는 자들에게 이자를 걷지 않고 하나님을 두려워하면 번성한다고 가르친다. 30장 39절은 이자로 부를 쌓지 않고 가난한 이웃을 위해 희사해야 하나님께서 그 이로움을 배로 증가해주실 것이라고 한다. 2장 275절은 이자놀이를 하는 사람들은 불지옥에 떨어진다고 강력하게 경고한다. 하나님께서는 상행위는 허락하시나 이자놀이를 금하시며, 이자놀이를 했더라도 이제라도 단념한다면 용서하실 것이라는 희망의 말을 더하면서 말이다.

이자놀이를 계속하던 유대인들은 특별히 『꾸란』 계시에서 강력한 비난을 받는다.

> 금지된 이자를 계속 거둬들이고 사람들의 재산을 부당하게 써버린 불신자들에게 고통스러운 형벌을 준비해 놓았다.
>
> (『꾸란』 4장 161절)

이처럼 이자를 명확히 금지하는 『꾸란』의 가르침에 따라 무슬림들은 어떻게 해서라도 이자놀이를 피해 보려고 노력해왔다. 다소의 위험이 따르는 투자로 얻은 소득은 이자가 아니지만, 돈놀이는 이자놀이고 이는 곧 지옥행, 그것도 불 지옥행의 지름길이기에 어떻게 해서든지 하지 않으려고 애쓴 것이다. 그런데 사실 이자놀이를 하지 않는 게 쉬운 일이 아니다. 우리네 인간들은 동서고금을 막론하고 이왕이면 다홍치마라고 힘들지 않게 돈 버는 것을 좋아하는 못된 유전자를 지녔기 때문이다. 따라서 중세 무슬림 세계에서는 『꾸란』의 말씀은 지키되, 돈은 불리기 위해 '이중판매(二重販賣 double sale)'라는 묘책을 고안해냈다.

홍길동이가 대학 등록금을 내기 위해 돈이 필요해서 허균에게 돈을 빌려달라고 하니, 허균이 이자놀이를 피하려고 홍길동이가 아끼는 핸드폰을 500만 원에 산다. 그리고는 약속한 기간에 홍길동이가 허균에게서 다시 그 핸드폰을 500만 원 넘는 돈으로 다시 사 오는 것이다. 엄밀히 말해 내용상 이자놀이지만, 형식은 상행위니 불타는 지옥행은 피했다! 삐딱하게 보면 편법이다. 그래도 『꾸란』의 가르침을 조금이라도 따라보려는 마음가짐은 진실하다.

압도적인 서구의 힘에 눌린 근대 이후 이자에 바탕을 둔 서구식 금융이 도입되면서 계시와 현실의 괴리는 무슬림 사회의 근심거리가 되었고, 이러한 현실을 타개하기 위한 몸부림 속에서 무이자 이슬람 은행이 등장하기에 이른다. 1970년대 이전만 해도 무이자 경제는 이론으로만 가능했다. 그러다가 1970년대 이후 오일달러로 중동 산유국들이 부유해지면서 『꾸란』의 가르침을 현실화해보자는 적극적 움직임이 구체화 되면서 이슬람 은행이 등장했다. 이슬람은 이자는 금하지만, 다소의 위험이 따르는 투자나 매매는 허용하기 때문에 이슬람 은행이 가능한 대안이 된 것이다.

오늘날 무슬림 세계에서 인기를 끌고 있는 무이자 은행도 돈이 만능인 현대에서 『꾸란』의 가르침대로 살고자 하는 무슬림의 고뇌에서 나온 장치라고 보면 된다. 돈을 맡겨도 이자를 주지 않기에 분명 일반 은행보다 불리하지만, 그래도 무슬림들이 무이자 은행을 찾는 이유는 눈앞의 경제적 이익보다는 올바른 믿음의 행위를 통해 느끼는 윤리적 만족감이 더 크기 때문이다.

1억 원짜리 집을 산다고 가정해보자. 우리나라의 경우 모자라는 돈을 은행에서 빌려 집을 사고 빌린 돈을 여러 해에 걸쳐 이자와 함께 상환한다. 그런데 이슬람 무이자 은행은 이자가 발생해서는 안 되기에 상환액이 '원금+이자'가 아니라 '사용료+집주인의 지분을 늘리기 위한 비용' 형식으로 계산된다. 은행과 집주인이 공동출자 형식으로 집을 사는 것으로 시간이 흐를수록 집주인의 몫이 늘어나 어느 시점에 가면 집주인의 몫이 100%가 된다. 또 2,000만 원짜리 차를 산다고 생각해보자. 은행은 판매자에게 차를 2,000만 원에 사서 구매자에게 넘겨주고 구매자는 은행에 수수료가 붙은 금액, 예를 들어 2,100만 원을 주는 것이다. 이 경우 100만 원은 이자가 아니라 거래에 따른 수익이기에 이자의 저축을 받지 않는다. 비용 가산 방식의 판매 계약이다. 곰곰이 생각하면 돈 놓고 돈 먹기만 안 할 뿐 어차피 원가보다 더 할증되는 것은 이자나 차이가 없는 것 같지만 산출 배경이 다르니 같다고 할 수 없다. 돈놀이가 아니라 매매이기 때문이다.

아직은 무이자 은행이 일반 은행보다 상대적으로 훨씬 소수에 머물고 있고, 『꾸란』의 이자놀이 금지 가르침을 따르면서도 현대 경제생활의 기대치를 동시에 만족시켜야 하기에 고도의 금융 기법이 필요하다. 신심 깊은 무슬림의 고민이 날로 깊어 가지 않을 수 없다. 그래도 그 진지한 노력 하나만큼은 높이 평가할 필요가 있다.

사실 이슬람법을 굳이 들먹이지 않더라도 이자 때문에 발생하는 비인간이고도 비윤리적인 현실을 우리는 익히 알고 있다. 대출을 못 갚아 신용불량이 되어 은행길이 막히자 사채에 기댔다가 인생을 비극적으로 마감한 이웃들이 얼마나 많은가. 돈 때문에 몸을 팔고, 인신매매 당해 매춘을 강요당하고 또 팔려 온 몸값을 갚으려고 빚을 지고, 그 빚은 이자가 붙어 태산이 되고, 태산 앞에 절망해 목숨을 끊는 기막힌 현실을 자주 보지 않는가? 또 "이자에 녹아난다"는 말은 우리가 자주 쓰는 표현이 아닌가?

고리대금을 막기 위해 이자제한법까지 마련했지만, 제한한 최대 이자율 역시 여전히 고금리였다. 이자를 완전히 없애는 것은 비현실적이지만 그렇다고 가만히 두고 볼 수만은 없어서 만든 법이지만 여전히 이자의 폐해를 막지는 못한다. 이자는 자본주의 경제의 핵심으로 필요악임을 부인할 수는 없다. 그렇다고 필요악이 존재의 정당성을 절대적으로 부여하는 것은 아니지 않는가? 이러한 측면에서 보면 무슬림의 무이자 집착을 충분히 이해할 수 있다.

『꾸란』의 이자놀이 금지가 공동선을 지향하는 한 이를 어느 특정 종교의 가르침으로 과소평가하면서 외면할 수는 없다. "말은 새끼를 낳지만, 돈은 새끼를 낳지 못한다"고 하면서 화폐를 교환을 위한 것으로만 보고 화폐불임설을 주장한 아리스토텔레스를 비롯해서 중세 그리스도교회도, 개신교의 원조 종교개혁가 마르틴 루터도 모두 눈을 부라리며 이자놀이 하는 자들을 경멸하고 죄악시했다. 이자에 관한 생각을 전환한 장로교회의 아버지 칼뱅도 개인을 상대로 한 이자는 단죄하고 오로지 상업적 목적을 위한 이자만 인정했다. 이쯤 되면 돈 놓고 돈 먹는 이자놀이가 그다지 바람직하지 못하다는 것은 이슬람에만 국한된 이상한 가르침이 아니라 보편 윤리적 명령이라고 하는 것이 옳다. 비록 힘들지만, 최소한 윤리적으로 살고자 무이자 원칙을 고수하려는 무슬림을 단순히 '반자본주의적 근본주의자'라고 부를 수 없는 이유도 여기에 있다.

이명박 정부 시절 무이자를 전제로 한 이슬람 채권을 국내에서도 발행할 수 있도록 하려는 정부의 움직임이 특정 종교 우대라는 비판에 막힌 적이 있다. 막대한 중동의 산유국 자금을 유치해 외화 도입선을 다원화하려는 정부의 계획이 무산됐다. 세계 최초의 이슬람 채권은 비이슬람 회사인 셸(Shell)이 1991년 말레이시아에서 발행했다. 일본의 노무라홀딩스는 이미 2009년 7월 말레이시아에서 1억 달러 규모 이슬람 채권을 발행했다.

이슬람 채권은 이슬람 법학자들의 의견을 들어야 하는데, 의견들이 통일된 적이 없다. 다양성이 상존한다. 또 이들이 공통으로 금지하는 것은 도박, 매춘, 마약, 술, 돼지고기 등 이슬람에서 금하는 비윤리적인 사업에 투자해서는 안 된다는 것이다. 돼지만 제한다면 다른 것은 누가 봐도 옳지 않은 것임이 틀림없다.

현대 경제를 움직이는 필요악이기에 어쩔 수 없이 쓰고 있지만, 가능하다면 이자를 더 나은 방식으로 대체하려고 노력하는 것이 인간성을 회복하는 지름길은 아닐까? 이자보다는 회사를 더 소중히 여기고, 이를 통해 우리의 삶이 윤리적으로 더 풍요로울 수만 있다면 얼마나 좋겠는가. 그 아름다운 길을 가는데 종교의 구분이 진정 필요할까?

기원전 1세기 라틴 작가 푸블릴리우스 시루스(Publilius Syrus)의 말을 옮겨 적는다.

"돈은 욕심을 자극할 뿐, 만족시키지는 못한다."

(Pecunia avarum irritat, non satiat)

예루살렘: 무슬림의 성지 알하람 앗샤리프

성전산(聖殿山, Temple Mount). 예루살렘 구도시 모리아(Moriah) 산언덕에 있는 솔로몬 성전 터를 가리키는 말이다. 북쪽의 길 이가 310m, 남쪽은 281m, 서쪽은 491m, 동쪽은 462m로 사 각형 모양의 땅이다.

2000년 9월 28일 당시 이스라엘 야당 리쿠드(Likud)당 당 수였던 아리엘 샤론(Ariel Sharon)이 성전산을 방문한 후 팔레 스타인 주민이 봉기한 제2차 인티파다(Intifada)가 일어났다. 2017년 7월 14일에는 아랍계 남성 3명이 이스라엘 경찰 2명 을 살해하자 이스라엘 당국이 출입 금지조치와 함께, 7월 16 일 알아끄사(Al-Aqsa) 모스크로 들어가는 성전산 입구에 금속 탐지기를 설치했다. 이에 팔레스타인 주민들의 분노가 폭발하여 거센 시위가 일어났다. 사태를 진정시키기 위해 금속탐지기 대신 감시카메라를 설치해 보안을 강화했다. 2023년 4월에는 이스라엘 경찰이 성전산 내 알아끄사 모스크에 진입하여 예배하던 무슬림을 구타하고 최루탄을 쏘는 등 폭력 사건이 발생하여 10월 7일 하마스가 이스라엘을 침공하는 계기가 되었다.

사실 아리엘 샤론 때나 지금이나 성전산이 누구의 것이냐는 문제가 첨예한 현안이다. 이 질문의 답은 늘 두 개다. 이스라엘은 성전산을 포기할 수 없는 유대인의 영원한 지성소(至聖所)라고 하며 소유권을 주장하고 있다. 단순히 이스라엘이라는 나라의 국토가 아니라 전 세계 유대인의 성지라고 강조한다. 이에 대해 팔레스타인, 더 나아가 전 세계 무슬림은 '고귀한 성소'라는 뜻의 아랍어 '알하람 앗샤리프(al-Haram al-Sharif)'라고 부르는 성전산을 팔레스타인의 땅이요, 더 나아가 무슬림의 성지라고 확언하며 단 한 치의 양보도 할 마음이 없다.

유대인의 히브리 성서, 즉 그리스도인의 구약 성서 이사야서 45장은 기원전 538년 유대인을 바빌론 포로 생활에서 해방해 준 페르시아 황제 고레스를 메시아로 부르며 칭찬한다. "시온을 생각하며 바빌론 강가에서 울던" 유대인을 고향으로 돌려보내 주었으니 고르스야말로 진정 유대인에게는 은인 중의 은인이다. 고향으로 돌아온 유대인은 모리아산 솔로몬 성전 터에 페르시아 제국의 도움을 받아 제2의 성전을 세웠다. 솔로몬 성전은 586년 바빌론 제국이 남유대 왕국을 멸하면서 파괴됐고, 성전이 무너지고 유대인은 노예가 되어 바빌론으로 끌려갔던 것이다.

기원전 20년에 로마 치하 유대왕국 헤롯 대왕이 성전 확장 공사를 벌였다. 그러나 식민지배자 로마에 저항하여 벌인 제1차 독립전쟁(66~70)에서 성전은 다시 속절없이 무너졌다. 기원전 70년에 로마군은 서쪽 벽, 이른바 '통곡의 벽'만 남겨두고 성전을 파괴했다. 유대인은 '통곡의 벽'이라는 말을 절대 쓰지 않는다. 그냥 서쪽 벽이다. 서쪽 벽은 성전의 일부가 아니라 외벽이었기에 로마군이 굳이 부수어야 할 필요성을 느끼지 못했던 것 같다.

유대인이 기원전 70년 독립전쟁에서 로마에게 패해 쫓겨난 이래 성전산은 로마 제국, 비잔티움 제국, 무슬림 손을 거쳐 1967년 6일 전쟁 때 이스라엘이 재점령했다. 따라서 이스라엘은 성전산이 우리 땅이기에 유대인이 방문하는 것이나 보안장치를 설치하는 것이 하나도 이상한 일이 아니라고 본다. "이스라엘 유대인은 성전산을 방문할 권리가 있다. 성전산은 여전히 우리 손안에 있다"라고 한 샤론의 발언은 지금 더 널리 깊게 이스라엘 유대인의 가슴에 자리 잡았다.

반면 팔레스타인 사람들은 예나 지금이나 이러한 이스라엘의 움직임에 꿈쩍도 하지 않는다. 중세기 십자군 전쟁으로 부침이 있긴 했지만, 638년 아랍 무슬림군이 예루살렘을 정복한 이래 6일 전쟁 때까지 아랍 무슬림들이 이곳을 차지했고, 6일 전쟁에서 이스라엘이 요르단으로부터 뺏고 점령했지만, 관리는 무슬림에게 맡겼다.

2000년 샤론의 도발에 대해 당시 팔레스타인 고위 관리였던 파이살 후세이니(Faisal Husseini)는 이스라엘이 군사력과 강권력은 가지고 있어도 성전산에 대해서는 주권이 없다고 강조했다. 바로 이러한 믿음의 연장선상에서 팔레스타인 사람들은 아무런 권리도 없는 이스라엘이 보안장치를 설치한다는 것을 받아들이지 못했다. 실제로 이스라엘 정부가 금속탐지기를 설치하자 팔레스타인 무슬림은 성전산 출입을 거부했다. 탐지기를 통과하면 이스라엘이 성전산 주권을 가지고 있다는 것을 인정하는 것이라고 여겼기 때문이다.

이처럼 성전산은 실로 양쪽으로부터 단 한 치의 양보도 기대할 수 없는 난제 중 난제다. 성전산이 유대인의 성소인 것은 이름에서부터 쉽게 짐작할 수 있다. 히브리 성서에서 유일신의 명령에 따라 아브라함이 아들 이삭을 제물로 바치려 했던 곳이 바로 이곳이라고 하니, 유대인들에게 얼마나 중요한 곳인지는 굳이 다른 설명을 붙이지 않아도 될 것이다. 그러나 왜 이곳이 무슬림의 성소인지는 설명이 필요하다. 도대체 왜 일까?

일단 무슬림은 예루살렘을 '꾸드스(Quds)'라고 부른다. '성스러운 곳'이라는 뜻이다. 예루살렘은 카으바 성원이 있는 메카, 예언자 무함마드의 묘가 있는 메디나에 이어 이슬람 신 앙 전통에서 3번째로 중요한 성소(聖所, 성스럽고 고귀한 장소)다. 알아끄사 모스크와 '황금 돔 바위 성원(Dome of the Rock)'이 있 기 때문이다. 논란이 있긴 하지만, 일부 이슬람 학자들은 최초 의 예배 방향도 예루살렘이었다가 메카로 변경되었다고 보기 도 한다.

638년 아랍 무슬림 군이 비잔티움 제국으로부터 예루살 렘을 빼앗았을 때 성전산은 쓰레기 더미였다. 로마나 비잔티 움은 그리스도인의 제국이었기에 유대인의 성소에는 그다지 신경을 쓰지 않았다. 말 그대로 폐허로 방치했다. 새로운 주 인이 된 두 번째 칼리파 우마르(재위 634~644)가 폐허의 쓰레기 더미를 청소하기 시작했다고 한다. 그리고 무슬림들이 세운 두 개의 건축물이 오늘날까지 예루살렘을 압도하고 있다. 바 로 알아끄사 모스크와 황금 돔 바위 성원이다.

시기적으로 보면 두 건축물 모두 우마이야조 칼리파 압 둘 말리크(재위 685~705)의 역작이다. 7세기 후반 우마이야조 칼리파 무아위야 1세(재위 661~680) 때 이곳을 방문한 그리스도교 주교 또는 수도사 아르퀼프(Arculf)에 따르면 허름한 폐허 동쪽에 허름한 예배당이 있었다고 한다. 이 예배당이 우마르 시대에 만든 것인지, 아니면 무아위야 1세 때 건축한 것인지 의견이 분분하지만, 오늘날 성전산 남서쪽에 자리 잡은 알아끄사 모스크와 얼마나 관련되었는지는 불분명하다. 그동안 학자들의 연구를 종합하면 황금 돔 바위 성원을 지은 압둘 말리크가 건축했다고 보는 것이 맞는 듯하다. 건축 후에도 오랫동안 수차에 걸친 개·증축 과정을 거쳤다.

황금 돔 바위 성원은 바위를 안에 감싸고 지은 성원이다. 이 바위는 유대인의 믿음에 따르면 이 바위에서 아브라함이 신의 명령에 따라 아들 이삭을 제물로 바치려고 했다고 한다. 무슬림도 아브라함의 번제에 동의하나 아들과 장소가 다르다. 무슬림 전승에 따르면 아브라함(이브라힘)은 이삭(이스하끄)이 아니라 이스마엘(이스마일)을, 예루살렘 모리아산이 아니라 메카 인근 아라파트(Arafat) 산에서 번제물로 바치려 했다고 믿는다. 지금도 해마다 무슬림들은 메카 순례 때 이스마엘을 바치려 한 아브라함의 신앙을 본받아 순례 끝에 소나 양 등 동물을 바치는 이드 알아드하(Id al-Adha) 의례를 행한다.

알아끄사 모스크와 황금 돔 바위 성원은 이슬람 신앙 전통에서 예언자 무함마드의 천상 여행과 밀접하게 연결되어 있다. 『꾸란』 17장 1절은 다음과 같이 말한다.

무슬림의 성지 알하람 앗샤리프

그분의 종을 밤새 알마스지드 알하람에서 알마
스지드 알아끄사로 대려가신 그분께 영광! 그
일대를 우리가 축복하였다. 우리의 징표를 그에
게 보여주었으니. 실로 그분은 들으시고 보시노
라!

알마스지드 알하람(al-Masjid al-Haram)은 메카 성지 카으바(Ka'
ba) 성원을 가리키지만, 알마스지드 알아끄사(al-Masjid al-Aqsa)
는 해석이 상당히 어려운 용어다. 말 그대로 하면 알아끄사 모
스크다. 그렇다면 바로 윗부분에서 말하는 예루살렘의 알아
끄사 모스크라고 혼동할 수도 있다. 알아끄사라는 말을 고유
명사로 보지 않고 뜻 그대로 해석하면, '가장 멀리 있는'이라
는 말이다. 따라서 알마스지드 알아끄사는 '가장 멀리 있는 모
스크'라고 풀이할 수 있다. 『꾸란』에 따르면 신은 무함마드를
하룻밤 사이에 카으바에서 가장 멀리 있는 모스크까지 여행
을 시켜주었다.

　　그런데 가장 멀리 있는 모스크는 어디였을까? 세 가지
해석이 가능하다. 첫째, 카으바 주변에서 가장 먼 모스크다.
둘째, 지상에 있는 카으바의 원형이 하늘에 있다는 믿음에 따
라 천상의 카으바가 바로 가장 먼 모스크다. 셋째, 예루살렘
성전산이다. 첫째와 셋째는 카으바에서 횡적으로, 둘째는 종

적으로 가능한 여행이다. 『꾸란』이 말한 여행을 물리적인 여행이 아니라 영적인 여행으로 풀이하는 무슬림 학자와 영성가가 적지 않지만, 대중적인 믿음은 그렇지 않았다. 물리적인 여행으로 본다. 무함마드 당시에는 성전산에 알아끄사 모스크가 존재하지 않았다. 무함마드가 예언자 되기 전에 예루살렘을 가보았다는 기록도 없다.

그런데도 『꾸란』 구절을 근거로 무함마드의 천상 여행에 대한 믿음의 전통이 형성됐다. 하룻밤 사이에 신이 내려준 노새보다는 작고 당나귀보다는 큰 흰색의 영험한 동물 부락(Buraq)을 타고 메카의 카으바에서 예루살렘 성전산으로 가서, 황금 돔 바위 성원 안에 있는 바위를 밟고 하늘로 올라 천상 여행을 한다. 횡적인 여행과 종적인 여행이 합쳐져 완벽한 천상 여행 일정을 만든 것이다. 이제 성전산의 알아끄사 모스크는 바로 『꾸란』에서 말하는바 알마스지드 알아끄사, 즉 가장 멀리 있는 모스크고, 황금 돔 바위 성원 안의 바위에는 무함마드가 천상 여행을 할 때 남긴 발자국이 선명하게 지금도 남아 있다고 무슬림들은 믿는다.

그렇다면 무함마드는 하늘에 올라가서 어떤 일을 경험했을까? 무함마드의 언행을 기록한 무슬림 전승을 하디스라고 하는데, 무슬림 세계에서 가장 오래되었고, 가장 인기 있는 부카리의 하디스 모음집에 천상 여행 일정이 자세히 나와 있다.

친사 가브리엘(지브릴)과 하늘에 오른 무함마드는 첫 번째 하늘에서 아담, 두 번째 하늘에서 세례자 요한(야흐야)과 예수(이사), 세 번째 하늘에서 히브리 성서의 요셉(유수프), 네 번째 하늘에서 이드리스(Idris)를, 다섯 번째 하늘에서 아론(하룬)을 만난다. 이드리스는 『꾸란』에 나오는 예언자인데, 무슬림 전승에 따르면 아담과 셋에 이은 인류 세 번째 예언자라고 한다. 또 히브리 성서 창세기에 나오는 에녹(Enoch)과 같은 인물이라고도 한다.

여섯 번째 하늘에서 만난 모세(무사)는 무함마드가 일곱 번째 하늘로 떠나자 울었는데, "나 다음에 젊은 예언자가 나왔고, 그를 따르는 사람들이 나를 따르는 사람들보다 더 많이 천국에 들어갈 것이기 때문에 운다"라고 말한다. 물론 여기서 젊은 예언자는 무함마드를 가리킨다. 이슬람이 성공한 종교가 될 것이라고 모세가 예언한 것이다.

일곱 번째 하늘에서 무함마드는 아브라함을 만난 후 하늘을 한 층 더 올라가서 '시드라트 알문타하(Sidrat al-Muntaha)'라는 무변광대(無邊廣大)한 생명의 나무를 보고, 코끼리 귀와 같이 큰 잎과 거대한 열매에 압도당한다. 천사 가브리엘은 무함마드에게 4개의 강이 있다고 설명하는데, 강 2개는 숨겨져 있는 천국의 강이고 나머지 2개는 나일강과 유프라테스강이라고 한다. 이어서 성스러운 곳을 본 후 술, 우유, 꿀이 각각 가득 담긴 용기가 나오자 무함마드는 우유를 선택했다. 그러자 천사 가브리엘은 무함마드에게 "그것이 바로 당신과 당신을 따르는 사람들이 선택한 이슬람이요"라고 말했다. 이어서 무함마드에게 하루에 예배를 50번 하라는 명령이 내려왔다.

하늘에서 내려오는 길에 무함마드는 모세를 다시 만났다. 모세는 무함마드에게 어떤 명령을 받았느냐고 물었고, 이에 무함마드가 예배 50번이라고 답하자 모세는 불가능한 일이라고 난감한 표정을 지었다. 자신이 이스라엘 사람들에게 시도해보니 어림도 없었다고 하면서 다시 올라가 주님께 예배 횟수를 좀 줄여달라고 부탁드리라고 충고한다. 모세의 말을 따른 무함마드는 10번이 깎인 40번을 가지고 왔지만, 다시 모세가 그것도 어렵다고 하여 다시 올라갔다 내려오는 과정을 반복했다. 30번으로 깎이고 10번으로 줄더니 최후에는 5번 예배라는 조정 명령을 받았다.

모세는 자신의 경험상 5번도 어렵다고 하면서 더 줄여달라고 요청하라고 했는데, 이에 무함마드는 더는 부끄러워서 못하겠다고 하면서 5번으로 만족한다고 답했다. 그러자 신은 이렇게 말했다고 한다. "명을 내렸고, 나를 경배하는 자들의 짐을 덜어주었노라." 무슬림들이 하루에 5번 예배 의무가 이처럼 천상 여행에서 결정됐다. 모세의 진심 어린 충고가 아니었더라면 50번이 될 수도 있었다는 말이다.

예언자의 천상 여행에 포함된 알아끄사 모스크와 황금 돔 바위 성원이 무슬림에게 얼마나 중요한 곳인지는 이제 굳이 부연해 설명하지 않아도 충분할 것이다. 알아끄사 모스크는 지금도 무슬림이 예배를 하는 곳이다. 그런데 황금 돔 바위 성원은 그 용도가 알아끄사 모스크와 달리 독특하다. 일단 모스크 용도로 만든 건축물이 아니다. 오늘날 예루살렘에서 가장 돋보이는 건축물인데 모스크가 아니라면 왜 성전산에 지었을까?

알아끄사 모스크와 황금 돔 바위 성원 건축의 주역은 전술한 바와 같이 압둘 말리크(Abd al-Malik, 646/7~705)다. 632년 이슬람의 예언자 무함마드가 죽은 이후 무슬림은 아라비아를 넘어 중동을 장악했지만, 이슬람이라는 종교와 아랍어라는 언어를 피지배민에게 강요하지 않았다. 비잔티움 지역에서는 비잔티움 행정으로 페르시아 사산 제국 지역에서는 페르시아 전통에 따라 제국을 운영했다. 동전을 예로 들자면, 비잔티움 동전이나 사산 제국 동전을 그대로 쓰면서 조금씩 아랍어로 종교적 문구를 넣는 수준에서 그쳤다. 그러나 압둘 말리크 시대에 이르면 제국 운영에 자신감이 붙어 제국의 공용어로 아랍어를 쓰고, 동전도 이슬람 예술 양식에 맞춰 주조하기 시작한다.

무함마드와 이슬람 이해하기

황금 돔 바위 성원의 건축도 이러한 시대적 상황의 산물일 것이다. 그러나 692년 완성된 것으로 알려진 이 건물을 왜 지었는지 이슬람 학자들은 아직 정확한 답을 내어놓지 못하고 있지만, 대개 두 가지 가능성을 들 수 있다. 첫째, 정치 종교적 이유로 압둘 말리크와 이븐 앗주바이르(Ibn al-Zubayr, 624~692)의 다툼이 원인일 것이다. 압둘 말리크의 우마이야 칼리파 제국의 수도는 시리아의 다마스쿠스였다. 그런데 당시 메카 지역은 이븐 알 주바이르가 자신을 칼리파라고 선언하고 우마이야 칼리파조와 대치하면서 장악하고 있었다. 그래서 압둘 말리크가 메카의 카으바 성원 대신 새로운 순례지로 황금 돔 바위 성원을 지었다고 추측하기도 한다. 그런데 성원 안팎을 둘러싼 아랍어 문구 어디에도 두 무슬림 정권 간 정치 종교적 패권 다툼을 반영하는 증거가 없는 것이 문제다.

두 번째 가능성은 바로 성원 안팎에서 발견할 수 있는 아랍어 문구가 유일신 신앙을 강조하고 그리스도교의 예수 신성론을 비판한 점에서 볼 수 있듯, 주민 대다수를 차지하는 그리스도인들에게 새로운 지배자가 무슬림임을 보여주기 위해 바위 성원을 세웠을 것이다. 외벽에 적힌 아름다운 서체의 『꾸란』112장은 유일신 신앙을 강조한다.

자비롭고 자애로운 하나님의 이름으로. 말하라,

그분은 하나님, 유일하신 분. 하나님, 영원하신
분. 낳으시지도 태어나시지도 않으신다. 그분과
같은 이 없도다.

또 내부에는 특별히 예수를 하나님으로 여기는 그리스도인들
에게 예수는 단지 예언자일 뿐이라고 하면서, 오로지 하나님
만을 섬기라고 충고하는 『꾸란』 구절(19장 30~33절)이 적혀 있
다. 무슬림이 지배하던 지역 주민 다수가 그리스도인이었다
는 점을 고려하고 이러한 문구를 보면 바위 성원은 새로운 지
배자가 무슬림이라고 선포하면서 비잔티움 건축 양식으로 지
배자의 종교를 각인시키기 위해 만들었을 것 같다. 특히 높은
곳에 있어 예수 성묘성당을 내려다보는 압도적인 모습은 나
름 상징적인 의미가 있지 않았을까? 마치 구한말 경복궁을 내
려다보도록 명동성당을 지은 것처럼 말이다.

그렇다면 혹시 반유대적인 뜻은 없었을까? 성원 어디에
도 유대교나 유대인을 언급하는 문구는 없다. 아브라함이 이
삭을 번제물로 바쳤던 바위를 감싸고 지었다는 점, 그리고 성
전산을 차지하고 있다는 사실은 어떻게 이해해야 할까? 아브
라함은 이슬람에서 대단히 중요한 인물이다. 신앙의 선조로,
아브라함의 신앙이 곧 이슬람 신앙이라고 한다. 아브라함을
이슬람화하여 이슬람과 유대교가 하나라는 것을 강조하려는

의도였을까? 아니면 아브라함을 두고 유대교와 경쟁하려고 한 것이었을까?

안타깝게도 오늘날 정치 현실은 후자다. 알아끄사와 황금 돔 바위 성원은 이스라엘-팔레스타인 분쟁의 화약고를 넘어, 전 세계 유대인과 무슬림의 성지 전쟁터가 되었다. 보수적인 유대 율법 학자들은 성전산이 지극히 성스러운 곳이기에 유대인들이 접근해서는 안 된다고 가르친다. 그러나 유대인의 영원한 성지를 되찾고 예루살렘을 수도로 삼으려는 사람들은 아리엘 샤론처럼 좀 더 당당하게 성전산이 유대인의 것임을 보여주고 싶어 한다. 그러나 팔레스타인 사람들 역시 성전산이 있는 예루살렘을 수도로 팔레스타인 국가를 세우려고 한다.

이스라엘이 점령하고 무슬림이 관리하는 성전산. 유대인과 무슬림이 믿는 유일신이 해결해 줄 수 있을까? 1916년 영국과 프랑스가 사이크스-피코 협약(Sykes-Picot Agreement)을 체결하면서 양국이 예루살렘을 공동 관리 구역으로 놓은 이유를 다시금 떠올린다. 앞으로 누가 어떻게 잠재적 대량 유혈의 장인 성전산 문제를 현명하게 해결할 수 있을까? 무슬림 표현마냥 "오로지 하나님만이 아시리!" 알라후 아을람(Allahu A'lam)!

아랍에미리트 아부다비에 있는 아브라함의 집.
이슬람, 그리스도교, 유대교의 화합을 상징하여 모스크, 성당, 회당이 함께 있다.

40

동양 유가 전통에서 40은 진정한 성인이 되는 나이를 가리키는 숫자다. 공자는 『논어』「위정(爲政)」편에서 "사십이불혹(四十而不惑)"이라 하며 어떠한 것에도 미혹되지 않는다고 했고, 맹자는 「공손추(公孫丑)」편에서 "아사십이부동심(我四十不動心)," 즉 사십부터 마음이 동요되는 일이 없다고 했다.

그런데 40이라는 숫자가 유가에서만 의미 있는 숫자는 아니다. 고대 중근동문화에서 40이 악신을 쫓아내는 지하수신의 숫자이며, 정결의 상징이다. 수메르문화에서부터 볼 수 있는 이러한 상징은 중동 전역에 퍼져 후대에 유대교, 그리스도교, 이슬람교에서도 예외 없이 정결, 성숙, 완성의 상징으로 두루 쓰인다. 유가의 불혹 역시 성숙을 의미하니 유가와 중근동 문화전통 모두에서 40의 의미는 다를 바 없다고 해도 과언이 아니다.

실례를 들어보자. 히브리 성경에 따르면 노아의 홍수 때 40일 동안 비가 내렸고, 유대인을 이끌고 이집트를 탈출한 모세는 십계명을 받으면서 시나이산에서 40일 동안 머물고, 광야에서 40년 동안 헤맸으며, 엘리야는 호렙산에서 신을 만나기 전까지 40일 동안 광야에 있었다. 고대 유대인들은 아이가 태어난 지 40일이 지나야 영혼이 육신으로 들어간다고 믿었다. 그리스도교인들의 신약성경에서 예수는 사탄의 유혹을 받으며 40일 동안 광야에서 기도했다. 모두 인고의 시간을 거쳐 무엇인가 완성되어 나오는 기간을 40일, 40년으로 표현한 것이다.

『꾸란』 46장 15절 "그가 성년이 되고 나이 사십이 되면"이라는 구절에서 볼 수 있듯 이슬람교 전통에서도 40은 성숙, 완성 및 '많다'라는 뜻을 지닌 상징적 숫자다. 문헌에 따르면 예언자 무함마드는 25세일 때 40세의 카디자와 결혼한다. 카디자는 무함마드와 결혼하기 전에 2번 결혼한 경력을 지닌 여자로 아들 둘, 딸 하나를 낳았다. 그런데 카디자는 무함마드와 결혼해서 적어도 딸 넷, 아들 하나를 더 낳는다. 의학이 발달한 현대 사회에서도 40세 여인이 하나도 아니고 자그마치 다섯 아이를 낳기는 어려운 일이다. 따라서 카디자가 무함마드와 결혼 당시 40세였다는 말은 생물학적인 나이를 나타낸 말이 아니라 그만큼 성숙한 여인이었다는 표현이었을 것이다. 무함마드가 예언자가 된 나이도 40세라는 전승이 가장 많은데 이 역시 완성을 나타내는 상징적 표현으로 볼 수 있다.

무슬림 말에 조금 더 귀를 기울이면 40에 관한 한층 흥미로운 이야기들을 무궁무진하게 발견할 수 있다. 하나님께서는 두 손으로 40일 동안 아담을 빚을 원재료인 흙을 만드셨고, 다른 사람에 대해 험담을 일삼는 사람의 기도를 40일 밤낮 동안 안 들어주시며, 예언자 언행을 40개 기억하는 사람을 부활의 날 뛰어난 학자로 삼으신다. 눈먼 사람을 도와 40 발자국 거리를 안내하는 사람은 천국에 들어갈 자격을 얻고, 술을 마신 사람의 기도는 40일 동안 아무런 효과가 없을 것이며, 40일 동안 밤낮으로 기도해야 지혜의 샘이 마음과 혀에서 터져 나온다. 무슬림들이 신앙의 5가지 의무 중 하나로 중요시하는 희사(喜捨)에서도 40이라는 숫자가 등장하는데, 희사액은 1년 동안 번 돈에서 제반 비용을 제한 순수익의 40분의 1이다. 산모가 아이를 낳은 후 일상생활로 돌아갈 때까지 지키는 기간도 40일이다.

이슬람교의 순니에 비해 소수인 시아 역사에서도 40은 특별한 의미를 지닌다. 이슬람력 61년 1월 10일 (서력 680년 10월 9일)은 예언자 무함마드의 둘째 손자 후세인이 지금의 이라크 카르발라에서 당시 무슬림 우마이야 왕조 칼리파였던 야지드가 보낸 군대에 의해 무참히 살해된 날로 전 세계 모든 시아가 애도하는 아슈라(Ashura) 기일이다. 아슈라는 10일이라는 뜻이다. 그런데 이날로부터 40일째 되는 날 시아들은 카르발라에 있는 후세인 기념 모스크에 모여 후세인을 기리는 행사를 치르는데 이를 '아르바인(Arbain)'이라고 한다. 40이라는 뜻이다. 운집하는 시아파 무슬림 수가 해마다 거의 1,000만 명에 이르는 엄청난 규모의 행사다.

무슬림 역사 기록을 보면 40의 배수가 '많다'라는 의미로 재미있고 다양하게 사용된다는 것을 쉽게 알 수 있다. 이븐 압둘 하캄(803~870)의 『이집트 정복기』에 따르면, 이집트의 유서 깊은 도시 알렉산드리아를 점령한 아므르 이브닐 아스(573?~664) 장군은 당시 칼리파 우마르에게 다음과 같이 보고한다. "4,000개의 목욕탕이 있는 4,000채의 집, 인두세를 낼 40,000명의 유대인, 400개의 궁립 유흥 시설이 있는 도시를 점령했습니다."

따바리(838~923)의 『예언자와 왕들의 역사』에 보면 8세기 바그다드에서 일하던 두 명의 궁정 관리들은 당시 칼리파의 통치 기간이 10년이 될 것이라는 예언 기록이 있는 책을 발견했는데, 이미 칼리파가 10년을 통치한 상태라 그가 곧 죽을 것이 두려워 10년을 40년으로 고친다. 또 "적그리스도가 나타나 무슬림 공동체에 40이라는 기간 동안 머문다"라는 전승이 있는데, 40이라는 숫자가 무엇을 의미하는지에 관한 무슬림의 해석은 "40일인지, 40개월인지, 40년인지 정확히 알수 없다"는 것이다. 따라서 무슬림 전승이나 역사 기록에서 40이라는 숫자가 나오면 구체적인 기간이나 역사적 시간 개념으로 이해하기보다는 정결, 완성, 성숙 혹은 '많다'라는 뜻으로 보는 게 좋다.

폭력적 근본주의자들의 귀환은
이슬람 세계의 수치이자 신앙 모독이다.

5장

현대 무슬림 이해하기:
이슬람 근본주의와 탈레반

무슬림 세계는 왜 뒤처졌는가

근본주의(fundamentalism)는 진화론 등 과학의 발전에 힘입은 새로운 신학 사조에 대응하여 기독교의 근본을 지킨다는 취지로 발행한 출판물 *The Fundamentals: A Testimony to the Truth*(Testimony Publishing Company of Chicago, 1910~1915)에서 나온 용어다. 20세기 초반 미국 개신교라는 배경에서 태동한 말이기에, 종교의 역사·문화적 맥락이 다른 이슬람교에 적용하기에는 어려움이 있다. 물론 1990년대 마티(Martin E. Marty)와 애플비(R. Scott Appleby)가 주도한 근본주의 프로젝트(The Fundamentalism Project)가 보여주듯, 모든 종교에 적용되어 보편성을 확보하기도 했다. 그러나 현대 이슬람 학자들은 근본주의라는 말보다는 이슬람주의(Islamism), 이슬람 극단주의(Islamic Radicalism,

Islamic Extremism), 정치이슬람 (Political Islam) 등의 단어를 더 선호하는 편이다. 여기서는 편의상 이슬람 근본주의로 쓰겠다.

여느 종교와 마찬가지로 이슬람 역시 역사 속에서 늘 구태를 제거하여 원래의 순수한 모습을 찾으려고 노력한다. 이슬람 전통에는 개혁을 뜻하는 단어로 '이슬라흐(Islah)'와 '타즈디드(Tajdid)'가 있다. 이슬라흐는 『꾸란』의 용어로 개혁을 일컫는데, 유일신을 믿는 사람들이 잘못된 길을 갈 때마다 하나님이 예언자를 보낸다. 하나님의 부름을 받은 예언자들이 죄를 지은 사람들에게 올바르게 살 것을 가르치면서 바른 길로 인도하고, 잘못된 믿음과 관습을 개혁한다. 『꾸란』은 다음과 같이 말한다.

경전을 따르고 예배를 하는 사람들. 보라, 우리는 개혁가들에게 보상할 것이다.

(『꾸란』7장 170절)

너의 주님은 사람들이 개혁을 하였더라면 도시를 파괴하시지 않으셨을 것이다.

(『꾸란』11장 117절)

너는 올바른 일을 하는 사람이 되려 하지 않는

구나.

(『꾸란』28장 19절)

반면 타즈디드는 이슬람의 예언자 무함마드의 언행록에 나오는 말로 '쇄신'을 뜻한다. 언행록(하디스)에 따르면, 무함마드는 매 세기마다 하나님이 무슬림 공동체에 쇄신자를 보내어 믿음을 새롭게 한다고 말했다. 아랍어로 '무잣디드'라고 하는 쇄신자는 무함마드가 메디나에 세운 공동체를 모범으로 삼아 잘못된 신앙과 신행(信行)을 비판하고, 비이슬람적인 요소를 제거하여 『꾸란』과 예언자의 언행에 맞는 삶을 제시한다.

무함마드를 따랐던 아부 후라이라(Abu Huraira)는 "하나님께서 매 세기가 시작할 때마다 신앙을 새롭게 할 사람을 세우신다고 하나님의 사도가 말씀하셨다"라고 말했다.

쇄신과 개혁은 모두 이슬람의 원천인 『꾸란』과 예언자의 전통으로 돌아갈 것을 요구한다. 역사 속에서 파생되었거나 비이슬람적인 요소를 제거하라는 말이다.

이슬람의 개혁 운동은 서양의 본격적인 침탈이 시작하는 19세기를 기점으로 변화를 겪었다. 19세기 이전에는 무슬림의 도덕적, 영적 타락을 질타하는 내부 정화 운동이었지만, 19세기 이후 유럽 식민주의 등 외부의 영향에 반응하면서 '근대화와 이슬람'을 화두로 이슬람 전통을 다시 바라보는 양상을 띠었다.

이슬람 근대주의의 효시인 이란 출신 자말룻딘 알아프
가니(Jamal al-Din al-Afghani, 1838~1897)는 종교와 일상을 분리하
는 서구와 달리 이슬람은 '총체적 삶의 양식'으로 서구가 이분
법적으로 접근하는 성과 속 전부를 포괄한다고 주장했다. 또
한 이슬람이 이성과 과학을 중시하는 종교라고 하면서, 서양
의 과학 문명을 무슬림 세계가 수용해야 한다고 보았다.

알아프가니에 따르면, 무슬림 사회는 과학적인 사고의
틀을 가지고 있었지만 잃어버렸다. 그런데 서양의 과학은 서
양의 것이 아니라 과거 무슬림 세계가 전해준 것이기 때문에,
이슬람과 관계없는 이질적인 것을 받아들이는 게 아니라 무
슬림 고유의 것을 되찾는 것이라고 강조했다. 따라서 서양의
문물을 겁내지 말고 받아들이라고 한다. 원래 무슬림의 것이
니 말이다.

알아프가니에게 루터는 유럽을 야만에서 문명으로 변화
시킨 인물이었다. 이슬람과 마찬가지로 기독교 또한 종교가
발전을 가로막는 장애물이었으나, 일단 장애물을 제거하자
급격하게 발전했듯, 종교의 굴레에서 벗어나면 무슬림 사회
도 문명의 길을 걸으리라 기대했다. 이를 위해 『꾸란』을 중시
하고, 새로운 해석으로 무슬림 사회를 무지와 퇴보에서 구하
여 발전시켜야 한다고 주장했다.

알아프가니와 함께 활동한 이집트 출신 무함마드 압두 (Muhammad Abduh, 1849~1905)도 무슬림 사회가 창조성과 역동성을 발휘하지 못하여 서구에 비해 쇠퇴했다고 진단했다. 압두는 일부다처를 새롭게 해석한다. 『꾸란』 4장 3절은 4명의 아내까지 얻을 수 있지만, 공정할 자신이 없다면 단 한 명과 혼인의 연을 맺으라고 한다. 이는 예언자 무함마드 시절의 상황을 반영하여 하나님이 허락한 것일 뿐, 명령한 것은 아니라고 한다. 더욱이 같은 장 129절에서 『꾸란』은 인간이 제아무리 노력해도 여러 아내를 결코 공정하게 대할 수 없다고 한다. 압두는 따라서 『꾸란』의 혼인관은 일부다처제가 아니라 일부일처제라고 주장한다.

알아프가니와 압두의 고민을 튀르키예의 전신 오스만 제국의 사상가이자 시인이었던 괴칼프(Ziya Gokalp, 1876~1924) 역시 공유했다. 가톨릭과 달리 개신교는 이슬람처럼 교황도, 공의회도, 종교 재판도 없다는 점에서 루터가 종교 개혁으로 "이슬람화한 기독교"를 만들었다고 괴칼프는 생각했다. 그런데 유럽 사회를 발전시킨 개신교와 달리, 개신교의 종교 개혁보다 1,000년이나 앞서 개혁 신앙을 보여준 무슬림 세계가 서구처럼 발전하지 못하고 오히려 뒤쳐진 이유를 괴칼프는 깊게 고민했다.

괴칼프와 동시대에 활동한 자룰라 비기(Musa Jarullah Bigi,

1875~1949)는 교회의 권위로부터 이성을 지키며 발전한 서구와 달리 무슬림 세계는 창의적이지 못한 법학자와 철학자의 손에 사로잡혀 생명력을 잃고 동력을 상실하여 쇠락했다며 통렬한 반성문●을 썼다.

위대한 개혁가 마르틴 루터가 산 시절은 오스만 제국에서 가장 위대한 술탄이었던 쉴레이만 대제(1494~1566) 시기와 겹친다. 당시 기독교 국가들은 이슬람 국가보다 약했다. 그러나 마르틴 루터와 같은 개혁가들 덕분에 기독교 세계는 진보의 길로 들어섰다. 반면 이븐 케말(약 1468~1534), 에붓수우드(1491~1574)와 같은 종교 학자와 지도자들 때문에 무슬림 세계는 퇴락했다. 문명 세계가 이성의 자유 덕에 진보한 반면, 무슬림 세계는 이성을 포로로 잡는 바람에 퇴보했다. 마치 이러한 역사적 사실을 예언이라도 하듯 맹인 무슬림 철학자인 아부 알알라으(아랍 시인, 973~1057)는 시집 『루주미야트』에서 이렇게 읊었다.

"그들은 앞서 나아갔지만 우리는 잠들러 갔네. 우리가 쇠락한 덕에 그들이 올라갔다네."

19세기 무슬림 세계에 알아프가니, 압두, 괴칼프, 비기와

● Bigi, Khaliq Nazarina Bernicha Mas'al (Qazan: Electro-Tipografiya Umid, 1912)

같은 지식인들의 자기반성만 있었던 것은 아니다. 서구의 침탈에 강력하게 반응하면서 새로운 세상을 꿈꾸려는 사람들이 역동적인 종교 운동을 펼쳤다. 탈레반과 같은 폭력적 근본주의가 똬리를 튼 것이다. 그 효시는 이집트에서 탄생한 무슬림 형제단이다.

무슬림형제단

이집트 수도 카이로 북서쪽 마흐무디야 출신으로 한발리학파 법학자의 아들인 22세 청년 하산 알반나(Hasan al-Banna, 1906~1949)는 공립초등학교 아랍어 교사로 재직하던 1928년, 6명의 동지와 함께 이슬람에 목숨을 바친다고 맹세하면서 무슬림형제단을 창설했다.

이슬람사에서 칼리파는 예언자 무함마드가 남긴 이슬람 공동체를 이끄는 지도자로, 예언자의 대리자를 뜻한다. 632년 아부 바크르가 첫 번째 칼리파인데, 1258년 몽골군이 압바스조의 칼리파를 살해한 후 실질적으로는 사라진 것과 다를 바 없으나 명목상, 상징적인 존재로 존속하다가 1924년 튀르키예 공화국이 칼리파제를 폐지하면서 사라졌다. 하산 알반나는 칼리파 제도 재건을 목표로 삼고, 아랍 세계의 도덕적 개혁을 촉구했다. 1936년 800명이었던 회원은 1938년 20만 명으로 늘었고, 이집트 내에만 50개 지부가 생겼다. 이후 전 아랍 지역에 2,000개 지부로 확장되었다. 독일이 나치를 앞세워 아리안족의 세계 지배를 꿈꿨다면, 하산 알반나는 이슬람으로 무슬림 세계 지배를 기대하며 세속독립국가를 거부했다. 칼리파 아래 이슬람으로 하나가 되는 범이슬람국가 건설을 목표로 삼은 것이다. 무슬림형제단은 제2차 세계대전 때 히틀러, 무솔리니와 협력하며, 반(反)영국의 기치를 내걸고 이집트 왕정을 반대했다.

하산 알반나는 역사적으로 페르시아, 맘룩, 튀르크 등 무슬림 제국이 실패한 이유는 이들 지도층이 이슬람을 제대로 이해하지 못했고, 하나님의 말씀인 『꾸란』을 읽어도 아랍어를 잘 몰라서 개념을 제대로 깨닫지 못해 『꾸란』을 마음 깊이 받아들이지 못했기 때문이라고 진단했다. 더 나아가 하산 알반나는 무슬림 모두가 지하드[聖戰]를 해야 한다고 강조하면서, "적과 싸우는 것은 의무다. 무슬림 지도자는 반드시 전쟁의 땅에 해마다 적어도 한 번 또는 두 번은 정복군을 보내야 하고 무슬림들은 지도자의 이러한 행위를 지지해야 한다"라고 주장했다. 이집트 왕정에 반대한 하산 알반나는 형제단 단원이 총리를 암살한 후 그에 대한 보복으로 1949년 2월 혼잡한 카이로 시장에서 목숨을 잃었다.

하산 알반나의 뒤를 이어 무슬림형제단의 사상을 이끈 이는 사이드 꾸뜹(Sayyid Qutb, 1906~1966)이다. 교사였던 꾸뜹은 2년간 이집트 정부의 미국 교육연수 프로그램에 참가한 후 반미, 반서구로 돌아서 무슬림형제단에 가입했고, 왕정타파 투쟁의 대열에 들어섰다. 당시 무슬림형제단은 1952년 왕정을 붕괴한 군사 쿠데타를 지지했으나 이내 나세르(Gamal Abdel Nasser, 1918~1970) 혁명 정권의 세속적인 태도에 반기를 들었고, 무려 3차례나 나세르 암살을 기도했다. 꾸뜹은 1964~1965년 1년을 제외하고는 감옥에 갇혀 지냈고, 결국 1966년 10월 처형당했다. 꾸뜹은 전통적으로 이슬람 이전 사회를 가리키던 자힐리야(Jahiliyyah, 야만의 시대)를 당시 무슬림 세계에 적용했다. 이슬람 태동기에 존재했던 야만의 시대가 꾸뜹의 시대에 더 심하게 펼쳐지고 있다는 말이다. 꾸뜹이 보기에 당시 이집트 사회는 무슬림 세계라고 부를 수 없을 정도로 이슬람 이전 시대의 야만성이 흐르고 있었다. 꾸뜹은 이를 이렇게 표현했다.

- 오늘날 우리는 이슬람 여명기 때와 같은 무지의 시대(자힐리야, Jahiliyyah)에 살고 있다. 사실 그때보다 더 심하다. 무지의 시대가 우리를 완전히

둘러싸고 있다.

- 하나님 외에 숭배할 신은 없다는 가르침을 이슬람이 인류에게 전한 그날로 돌아갈 때가 왔다. 인류는 가르침을 저버리고 (주인인 하나님 대신) 종을 섬기고 있기 때문이다.
- 이슬람을 따르는 나라는 더는 존재하지 않는다. 오랫동안 그래왔다.●

칼리파가 없으니 금요일에 모두 모여 예배를 함께하는 것도 필요하지 않다고 본 꾸뜹은 야만의 시대를 버리고 『꾸란』에 바탕을 둔 이슬람 사회를 건설해야 한다고 역설했다.

무슬림형제단은 가장 성공적으로 영국에 저항했고, 나세르의 자유장교단과 협력해 친영 왕정을 무너뜨렸지만, 종교관의 차이로 세속정부를 지향한 군사정부의 탄압을 받았다. 더욱이 무슬림형제단에서 나온 무장조직이 1979년 이스라엘과 평화조약을 맺은 사다트 대통령을 1981년 살해하면서 위기를 맞았다.

이후 폭력 노선을 바꾸어 "이슬람이 해법이다(Islam huwa

● al-Banna, "Risalat al-Jihad", in *Majmu'at al-Rasa'il al-Imam al-Shahid* (Beirut: al-Mu'assasa al-Islamiyya, n.d.)

hal)"라는 구호를 내걸고 이집트 정치에 참여했고, 동시에 저소득층 국민 구호 작업에 열정적으로 집중하며 바닥 민심을 휘어잡았다. 1984년 무소속으로 의회 선거에 처음 진출했지만, 정부의 집요한 방해에 번번이 고배를 들다가, 2011년 '아랍의 봄' 시위가 성공해 2012년에 열린 최초의 민주주의 대선에서 무슬림형제단 후보 무르시가 대통령으로 선출되는 쾌거를 이루었다.

그러나 새로운 헌법과 정치 활동에 이슬람적 가치를 지나치게 고집하다가 세속주의자들의 반발을 샀고, 결국 2013년 국방장관 시시(Abdul Fatah al-Sisi) 주도의 쿠데타로 무르시(Mohamed Mursi, 1951~2019) 대통령은 권력을 잃고 투옥됐고, 2019년 옥중에서 사망했다. 무슬림형제단은 현재 불법화되어 단원들이 주변 국가로 도피하는 중이다.

아프가니스탄의 괴물들

그렇다면 무슬림형제단과 같은 근본주의 조직은 무슬림 세계에서 왜 인기를 끄는가? 무엇보다도 서구 열강의 중동 지배에서 답을 찾을 수 있다. 무슬림들은 서구의 지배를 받으면서 심각한 정체성의 위기를 겪었다. 제1차 세계대전 중 영국과 프랑스가 국경선을 그렸고 전쟁 후 보호국으로 지배한 무슬림 국가들은 서구 열강의 지배에서 독립했지만 서구에 여전히 굴종하는 상태였고 가난에서 벗어나지도 못했다.

  이러한 상태에 있던 무슬림 세계는 1973년 아랍-이스라엘 전쟁으로 인해 자신감을 회복했다. 1967년 이스라엘의 기습 선제공격으로 시작한 제3차 아랍-이스라엘 전쟁, 이른바 '6일 전쟁'에서 참혹한 패배를 겪은 후 아랍은 복수의 칼을 갈았고, 1973년 10월 이스라엘의 허를 찌른 기습 선제공격으로 제4차 아랍-이스라엘 전쟁을 시작했다. 이때 참전하지 않은 아랍 산유국들이 친이스라엘 국가에 석유 판매를 중단하면서 세계적인 석유파동을 불러왔고, 전 세계가 경제적 어려움을 겪는 것을 확인하면서 자원을 도구로 삼아 새로운 자신감을 얻었다. 이어 1979년 친미 세속 왕정을 무너뜨린 이란의 이슬람 혁명으로 무슬림들은 이슬람식으로 국가를 이끌 수 있다는 희열을 만끽했다. 이제 서구가 아니라 무슬림이 익숙한 이슬람식으로, 동쪽(소련)도 서쪽(미국)도 아닌 이슬람식으로 정치 공동체를 꾸려 갈 수 있다고 확신한 것이다. 원시 이슬람 공동체에서 그동안 잊고 있었던 오래된 새 길을 찾았다.

　1979년 12월 24일 소련이 친소 공산정권을 수호하기 위해 아프가니스탄에 병력을 증파하면서 시작된 이른바 아프가니스탄 전쟁은 현대 세계에 알카에다, IS, 탈레반이라는 괴물을 낳았다. 미국은 소련에 대항하는 반소 무자헤딘(지하드 전사)을 지원했고, 무신론자 소련과 싸우기 위해 전 세계 무슬림 전사들이 참전했다. 오사마 빈라덴은 아프가니스탄 밖의 무슬림을 모아 전사로 투입하는 사업을 진행했고, 1988년 아프가니스탄에서 알카에다를 조직했다. 미국은 무자헤딘에게 지대공 스팅어 미사일을 제공해 소련을 곤혹스럽게 만들었다. 훗날 힐러리 클린턴이 미국 상원 청문회에서 밝힌 대로, 냉전 시대의 소련을 제압하기 위해 미국은 훗날 자신들과 싸울 조직을 스스로 만든 셈이다.

패배한 소련이 퇴각한 직후, 요르단의 부랑아 출신 자르까위(Abu Musab al-Zarqawi, 1966~2006)가 아프가니스탄에 와서 오사마 빈라덴을 만나고 전사 훈련 캠프를 차렸다. 자르까위의 조직은 훗날 2014년 6월 29일 전 세계를 향해 새로운 칼리파 국가 건립을 알린 IS의 모체이다.

1992년 아프가니스탄이 내전에 들어가자 칸다하르의 치안 질서 유지를 위해 대소 항쟁 전사(무자헤딘) 출신인 오마르가 1994년에 만든 조직이 탈레반이다. 탈레반은 학생을 뜻하는 아랍어 '탈렙/탈립(taleb, talib)'에 파슈툰어의 복수 접미사 '안(an)'이 붙은 형태의 말로, 이슬람을 공부하는 '신학생들'을 뜻한다. 파키스탄 정보국의 지원으로 1996년 아프가니스탄을 장악하고 2001년 미국의 침공으로 무너질 때까지 국가를 운영했다. 그리고 2021년 8월 15일 수도 카불을 장악하면서 다시 정권을 잡았다.

알카에다, IS, 탈레반은 모두 이슬람 근본주의 조직으로 이슬람의 세상을 꿈꾸는데, 이슬람 공동체의 규모와 건설 방식에서 서로 차이점이 있다. 알카에다와 IS는 초국가적인 이슬람 세계 건설을 지향하나, 탈레반은 일단 아프가니스탄 이슬람 국가 건설을 목표로 한다. 알카에다는 무슬림 지도자들이 서구에 굴종하기 때문에 무슬림 세계에 현재 제대로 된 이슬람이 실현되지 않는다고 본다. 따라서 가까이에 있는 적을 때려잡아 진정한 이슬람 세계를 만들려면 먼저 멀리에 있는 적(서구)을 공격해서 무너뜨려야 한다고 믿는다. 이것이 9·11 테러를 자행한 이유다.

반면 IS는 멀리 있는 적보다는 가까이에 있는 적을 먼저 무너뜨려야 한다고 본다. 먼저 이슬람이 제대로 실현되지 않고 있는 나라에서 나와 공동체를 형성하고 불신자를 공격하여 영토를 차지한 후 이슬람 국가를 건설하고 확장하는 것을 목표로 삼는다. 이라크와 시리아 일부를 장악하여 이슬람 국가 개창을 선언한 이유다.

근본주의의 지향점과 문제점

근본주의 또는 이슬람주의라고 부르는 무슬림이나 조직은 무엇보다도 이슬람법이 지배하는 이슬람 국가 건설을 지향한다. 그런데 문제는 이슬람법이 구체적이지 않고 해석에 따라 다를 수 있다는 점이다. 게다가 이슬람법을 중시하는 이들이 제대로 된 전통적인 이슬람법 교육을 받은 적이 없다는 사실이다. 이슬람법을 제대로 공부하지 않은 이들이 이슬람법 구현을 목표로 한다는 사실 자체가 희극이다. 유일한 예외는 이란이다. 이란은 전통적인 이슬람법 교육 기관에서 전문가를 양성하는 전통을 1,000년 넘게 이어오고 있다.

반면 탈레반은 데오반디(Deobandi), 와하비(Wahhabi), 파슈툰왈리(Pashtunwali)의 영향 아래 이슬람법을 해석한다. 데오반디란 영국 식민지 시대에 이슬람을 부흥시키기 위한 교육을 실시한 인도 델리 북쪽 150km에 위치한 데오반드(Deoband)의 이슬람 학교이다. 1947년 인도와 파키스탄이 갈라진 후 타 종교와 공존을 시도한 인도의 데오반디와 달리 파키스탄의 데오반디는 비관용적이고 과격한 정치적 운동에 몰입했다. 특히 1979년 이란의 이슬람 혁명 전파를 막으려던 사우디아라비아가 극보수 근본주의인 와하비(Wahhabi) 이슬람법 사상을 무슬림 세계 곳곳에 전파하면서, 와하비 사상의 영향권에 들어가 한층 더 과격해진 파키스탄의 데오반디 사상이 아프가니스탄의 탈레반에 고스란히 전해졌다. 여기에 탈레반의 주축을 이루는 파슈툰족의 오랜 관습인 남성 중심적 파슈툰왈리가 더해져 탈레반의 이슬람법 해석이 성립했다. 전통적인 이슬람법과는 다를 수밖에 없다.

근본주의자들에게 이상적인 시간은 초기 이슬람 공동체다. 가장 완벽한 시간과 공간이다. 문제는 IS와 같은 문자적인 근본주의자들이 초기 공동체의 정신보다 실질적인 현상을 그대로 적용하려고 한다는 사실이다. 일례로 IS가 지배하던 지역에서는 축구 경기 시청 자체를 금지했다. 이유는 이상적인 초기 공동체에서는 하지 않던 일이기 때문에!

또한 근본주의자들은 반서구, 반이스라엘을 역설한다. 서구적 가치는 배격의 대상이고, 시온주의자들이 건설한 이스라엘은 절멸의 대상이다. 현재 반이스라엘 투쟁의 선봉은 이란이다. 억압받는 자의 해방을 혁명 정신으로 삼고 있는 이란은 팔레스타인 사람들을 해방의 대상, 시온주의 이스라엘을 타도의 대상으로 삼는다. 레바논에 이란이 만든 시아파 헤즈볼라는 반이스라엘 투쟁의 선봉에 서 있다. 이란은 헤즈볼라를 지원하기 위해 2011년 내전에 휩싸인 시리아를 수호하고자 전력을 기울였다. 시리아를 잃으면 레바논 헤즈볼라를 지원하는 게 불가능하기 때문이다. 또 팔레스타인해방기구의 미적지근하고 세속적인 접근 방식에 불만을 표하며 탄생한 하마스는 순니 조직이지만, 반이스라엘 무장투쟁을 하기 때문에 종파가 다름에도 불구하고 시아파 이란이 지원한다. 무슬림형제단, IS 역시 반서구, 반이스라엘이라는 사실은 두말할 나위가 없다.

　끝으로 근본주의자들은 비무슬림과 여성, 성소수자의 인권과 자유를 보장하지 않는다. 또한 무슬림이라고 하더라도 신앙을 자의적으로 검증하면서 자신들의 기준에 맞지 않으면 목숨까지 위협한다. 폭력적 근본주의자들의 손에 죽은 무슬림의 수는 헤아리기도 어렵다. 신앙을 경건하게 지키려는 사람은 존중받아야 한다. 그러나 폭력적 근본주의자들에게 그러한 호의를 베푸는 것은 사치다. 타인을 심사하기 전에 스스로 자신을 돌아볼 수 있는 지혜의 시간을 먼저 가질 수 있기를 기대하지만, 그 전망은 암울하다.

무슬림들은 이슬람을 평화의 종교로 이야기한다. 그러나 탈레반의 이슬람에서는 평화를 찾아볼 수 없다. 약자를 짓밟고 독선적인 신앙 해석을 약자에게 강요한다. 그것도 총칼로 말이다. 칼로 일어선 자 칼로 망하는 법. 이제 탈레반은 자신들과 함께 미국을 공격했던 아프가니스탄 내 IS의 자살폭탄테러에 시달리는 중이다. IS는 탈레반이 이슬람의 대의를 저리고 위구르 무슬림을 박해하는 중국에 고분고분하다고 비난한다. 알카에다는 탈레반의 아프가니스탄 정복을 기뻐하며 축하했다. 알카에다나, IS나, 탈레반은 이슬람을 평화의 종교로 자랑스러워하는 무슬림에게는 부끄러운 존재일 뿐이다. 폭력적 근본주의자들의 귀환은 실로 이슬람 세계의 수치이자 신앙 모독이다.

비무슬림의
이슬람 설명서

무함마드의 삶을 살피고, 무함마드를 따르는 사람들의 삶을 돌이켜보면서 우리 사회에서는 소수인 무슬림의 믿음을 이해하는 데 조금이라도 도움을 주고자 『이슬람교를 위한 변명』이라는 제목의 글을 쓰면서 부제는 '무함마드에 대한 우리의 오만과 편견에 관하여'라고 붙였다.

친이슬람, 친무슬림적인 글이 아니냐는 항의가 있으리라 생각한다. 그러나 천주교 신앙을 가진 필자가 굳이 없는 이야기를 지어 이슬람을 좋게 이야기할 필요는 조금도 없다. 종교와 정치는 이야기하지 않는 게 현명하다고 하지만, 사실이 아닌 이야기로 이웃인 무슬림을 경시하고 미워하는 일이 있어서는 안 된다는 마음이다.

1,400년 전이나 지금이나 무함마드는 무슬림 삶의 이정표로 살아 있다. 우리나라에서는 극소수이지만, 전 세계적으로는 믿는 사람의 수가 20억에 가까운 무슬림의 신앙을 이해하지 못하고서는 우리나라가 물질적으로나 정신적으로 좋은 나라가 되기는 어렵다. 무슬림은 우리나라와 오랫동안 떼려야 뗄 수 없는 관계를 맺어 온 중국에도 2,500만 명이 넘으니 적은 수가 아니다.

지난 1,000년 이상 중국 무슬림은 이슬람 신앙을 유지하며 소수로 존재했다. 17세기에 들어서야 비로소 아랍어나 페르시아어가 아닌 한문으로 자신의 믿음을 표현했다. 이슬람 중심지 아라비아반도에서 멀리 떨어져 소수 민족으로 살면서도 중국 무슬림은 예언자 무함마드를 존경하며 따랐다. 세계 곳곳의 무슬림 형제나 자매와 마찬가지로 중국 무슬림의 마음속에 무함마드는 깊게 자리 잡았다. 다만, 언어와 문화가 달라서 중국 밖 무슬림이 보면 쉽게 이해하기는 어려운 방식으로 무함마드를 표현했다. 예언자 개념이 없는 중국 문화에서 무함마드는 천사(天使), 스승[師], 성인으로 불렸고, 청나라 시대에는 황제의 말을 전하는 흠차(欽差)를 빌려 썼다.

18세기 중국 무슬림 유지(刘智, 1644~1730)는 『천방지성실록(天方至聖實錄)』의 「지성찬(至聖讚)」에서 "위대하신 성인이시여, 성인의 공덕은 천지의 능력과 함께하고, 도(道)는 인간과 신적인 존재의 모범으로 뛰어나십니다(大哉聖人, 功同天地之能, 道冠人神之表)"라고 무함마드를 칭송하면서 성인의 가르침을 이렇게 표현했다.

"동서양 막론하고 사람들은 무함마드를 따라 남녀가 바르고, 노인과 젊은이 사이에는 우선순위가 있고, 높은 자와 낮은 자 사이에는 구별이 있으며, 가까운 사람과 먼 사람을 구분했다. 임금은 공명정대하고 신하는 청렴하며, 아버지는 자비롭고 아들은 효도하며, 형은 너그럽고 동생은 참으며, 남편은 자애롭고 아내는 순종하며, 스승은 엄격하여 가르침을 존중하며, 충성과 믿음을 높이고 사악함을 금했다. 장례를 돕고 병자를 돌보며, 소송과 분쟁을 해결하고, 가족을 사랑하고 이웃과 화목하며, 고아와 약자를 동정하고, 가난한 자를 불쌍히 여기며, 징벌적 제재가 없어도 강도가 없었다. 땅에 선을 그으니 아무도 길에 떨어진 물건을 줍지 않는다(迄今千載而下 率土東西 遵聖人之化. 見其男女正 長幼序, 貴賤分, 親疏別; 君義臣行, 父慈子孝, 兄寬弟忍, 夫和婦順, 師嚴道崇; 篤忠信, 禁奸詭; 助喪問病, 息訟解爭, 顧愛親戚, 和睦鄰里; 恤孤弱, 憫困貧; 刑罰不設, 盜賊不興. 畫地而禁, 道不拾遺)."

18세기에 유지는 이슬람이 이상한 종교가 아님을 알리고 인정받기 위해 무함마드 찬가를 썼다. '무함마드 찬가'임을 모르고 읽으면, 우리가 익히 아는 유가의 가르침이다.

필자가 굳이 중국 무슬림의 신앙을 예로 든 이유는 언제 어디서나 무슬림은 무함마드의 가르침을 등대로 삼아 자신이 처한 문화적 환경에 맞게 소화한다는 사실을 보여 주기 위해서다. 우리나라에서 이슬람의 역사는 짧고 무슬림은 극소수이고 주로 외국인이다. 아직 우리 한국인이 편히 이해할 만큼 세련된 우리말로 이슬람에 관해 써서 알릴 지식층이 탄탄하게 형성되지 않았다.

이 책은 그러한 날이 올 때까지 한시적으로 도움을 주기 위해 썼다. 한국 무슬림이 믿음을 담아 친절하게 우리말로 이슬람을 설명하는 좋은 책이 나올 때까지 조금이라도 이슬람 문맹을 깰 수 있길 바라는 마음을 담았다. '비무슬림의 이슬람 설명서'로 너그러이 받아주길 바라며….

이슬람 종파 구조도

© 박현도, 이수정

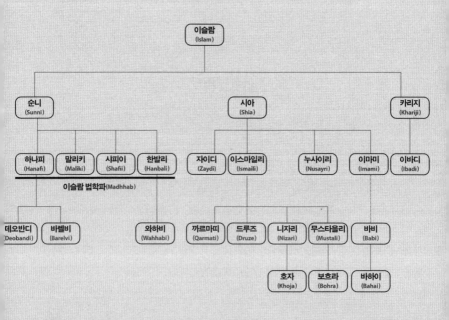

이슬람
(Islam)

순니
(Sunni)

하나피 (Hanafi)　말리키 (Maliki)　샤피이 (Shafii)　한발리 (Hanbali)

이슬람 법학파(Madhhab)

데오반디 (Deobandi)　바렐비 (Barelvi)

와하비 (Wahhabi)

시아
(Shia)

자이디 (Zaydi)　이스마일리 (Ismaili)　누사이리 (Nusayri)　이마미 (Imami)　이바디 (Ibadi)

까르마띠 (Qarmati)　드루즈 (Druze)　니자리 (Nizari)　무스타울리 (Mustali)　바비 (Babi)

호자 (Khoja)　보흐라 (Bohra)　바하이 (Bahai)

카리지
(Khariji)

수피(Sufi)

베크타시 (Bektashi)	치슈티 (Chishti)	마올라위 (Mawlawi)
나끄시반디 (Naqshbandi)	우와이시 (Uwaisi)	까디리 (Qadiri)
수흐라와르디 (Suhrawardi)	티자니 (Tijani)	무리디 (Muridi)
샤딜리 (Shadhili)	이외 다수 존재	

시아파 구조도
© 박현도, 이수정

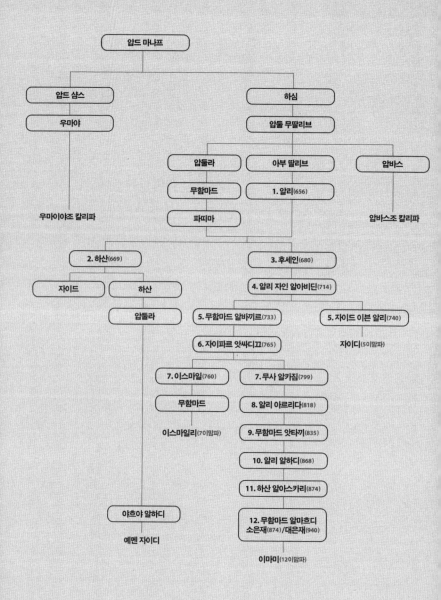

압드 마나프

압드 샴스 — 하심

우마야 — 압둘 무딸리브

우마이야조 칼리파

압둘라 — 아부 딸리브 — 압바스

무함마드 — 1. 알리(656) — 압바스조 칼리파

파띠마

2. 하산(669) — 3. 후세인(680)

자이드 — 하산 — 4. 알리 자인 알아비딘(714)

압둘라 — 5. 무함마드 알바끼르(733) — 5. 자이드 이븐 알리(740)

6. 자이파르 앗싸디끄(765) — 자이디(5이맘파)

7. 이스마일(760) — 7. 무사 알카짐(799)

무함마드 — 8. 알리 아르리다(818)

이스마일리(7이맘파) — 9. 무함마드 앗타끼(835)

10. 알리 알하디(868)

11. 하산 알아스카리(874)

야흐야 알하디 — 12. 무함마드 알마흐디 소은재(874)/대은재(940)

예멘 자이디 — 이마미(12이맘파)

종교문해력 총서 4 이슬람교

무함마드에 대한 우리의 오만과 편견에 관하여

이슬람교를 위한 변명

ⓒ박현도, 2024

2024년 3월 8일 초판 1쇄 발행
2024년 12월 17일 초판 4쇄 발행

지은이 박현도
발행인 박상근(至弘) • 편집인 류지호 • 편집이사 양동민
책임편집 최호승 • 편집 김재호, 양민호, 김소영, 하다해, 정유리 • 디자인 쿠담디자인
제작 김명환 • 마케팅 김대현, 이선호, 류지수 • 관리 윤정안
콘텐츠국 유권준, 김대우, 김희준
펴낸 곳 불광출판사 (03169) 서울시 종로구 사직로10길 17 인왕빌딩 301호
　　　　대표전화 02) 420-3200 편집부 02) 420-3300 팩시밀리 02) 420-3400
　　　　출판등록 제300-2009-130호(1979. 10. 10.)

ISBN 979-11-93454-61-9(04200)
ISBN 979-11-93454-57-2(04200) 세트

값 22,000원

_ '종교문해력 총서'는 재단법인 플라톤 아카데미의 지원을 받아 발간되었음 _